抓住线图 股民变股神

朱家泓 著

中国青年出版社
CHINA YOUTH PRESS

图书在版编目（CIP）数据

抓住线图，股民变股神 / 朱家泓著.
—北京：中国青年出版社，2022.10
ISBN 978-7-5153-6750-7
Ⅰ.①抓… Ⅱ.①朱… Ⅲ.①股票交易—基本知识 Ⅳ.①F830.91
中国版本图书馆CIP数据核字（2022）第149956号

本书通过四川一览文化传播广告有限公司代理，
经金尉股份有限公司授权出版中文简体字版本

抓住线图，股民变股神

作　　者：朱家泓
责任编辑：于明丽
文字编辑：高　凡
美术编辑：杜雨萃
出　　版：中国青年出版社
发　　行：北京中青文文化传媒有限公司
电　　话：010-65511272 / 65516873
公司网址：www.cyb.com.cn
购书网址：zqwts.tmall.com
印　　刷：大厂回族自治县益利印刷有限公司
版　　次：2022年10月第1版
印　　次：2022年10月第1次印刷
开　　本：787 × 1092　1/16
字　　数：218千字
印　　张：20.5
京权图字：01-2022-2783
书　　号：ISBN 978-7-5153-6750-7
定　　价：79.90元

Contents 目录

Contents目录

第4篇 ▶ 抓住线图的长短线操作战法

Contents 目录

我的经验谈 ❶

相信技术分析
你也能成为股神

我，当了22年的股市菜鸟，在57岁的年纪才开始学技术分析，历经3年克服人性弱点，在60岁时加倍收割，2009年、2010年股市操作每年获利都能达到1倍的目标。

当不少投资人刚摆脱2008年金融海啸阴霾，却又在2011年欧债风暴中再次被烫伤时，我因为笃信技术分析会领先基本面，得以躲过欧债风暴。

相信技术分析！回想台股[①]自2011年2月8日高点9220点开始连续4天出现长黑日K线，让我看到大盘多头行情结束的征兆；2011年6月10日，台股技术线形呈现三重顶头部形态，令我再次确认多头行情已经结束，因而得以及早降低手上的持股部位到最低，避免亏损，并且反多为空，跟着趋势操作获利。

现在，来上我讲授技术分析课的同学，场场爆满，连走道上都排满座位，挤得水泄不通；有人甚至从美国特地请长假回来上课，有人则每周从台中、桃园坐高铁来上课；即使是技术分析基础课程，有人一上就是2遍、3遍，甚至5遍以上，希望能迈向股票操作

① 本书的台股为中国台湾股市的简称。

自序 1

2011年多头行情结束的技术面现象

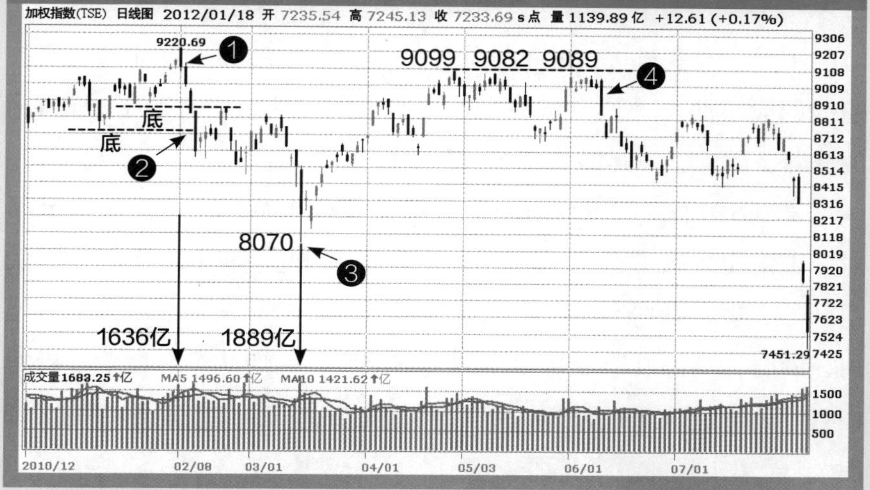

资料来源：富邦e01电子交易系统

▲上图说明：

❶ 2011年2月8日大盘出现1636亿元大量，加权指数创下9220点新高，收盘为下跌的长黑K线，是高档转折的讯号。

❷ 自2011年2月8日起，出现连续下跌4天长黑K线，跌破前面两个底，是高档吞噬的头部形态。

❸ 之后大盘出现“头头低”下跌的局面，跌到2011年3月15日的8070点，共下跌1150点。

❹ 在2011年4月至6月反弹到高点，出现9099点、9082点、9089点的三重顶头部形态，自2011年6月10日当天的长黑K线起，开始长达半年的下跌走势，后来跌到2011年12月19日的6609点，一共下跌2228点。

的致富之路。

不想再一直赔钱 深刻反省自己赔钱的原因

不过，在我过去27年的股市生涯中，前面的22年就如同大多数赔钱的股市朋友一样，始终在追逐赚钱的方法，而忽略了“定心”的修养，因此，总是赚少赔多、赚多赔更多。

直到6年前，我彻底觉悟到以前的股票投资观念及做法一定不对，否则为什么一直在失败的路上轮回？因此，我下定决心一切从零开始，毅然决然结束自军中退休后独自经营13年的印刷礼品公司，同时，到好友李大哥介绍的教室上课，一切从头自技术分析的根基开始学起，经过整整一年的全心投入学习，终于能够“跳出海面”，看清市场的波浪走向。

离开教室后遇到李老师，聆听他两年的教导，学习他操作股票的风范。记得有一次，他说，如果自己操作错误赔钱，要站在电脑面前（现在都是用电脑下单）向图形鞠躬认错，并且检讨自己错在哪里，是该止损没有止损，该买进没有买进，该卖出没有卖出，该等待没有等待，还是该休息没有休息？

下苦功夫抓住线图 建立赢家必备习惯

对于上过的技术分析课程内容，我记得教导过我的老师所说的每一句话，同时自己慢慢建立了赢家必备的习惯。

就像影印一样，我把所学的技术分析图形都深深地复制在脑海里，同时进行图形练习，台股的10年日线图，每根K线，我都一根一根看，至少看过2遍以上；我会把各种多头、空头、盘底、头部形态图，全部背起来，背到不会忘记为止；而且，我养成了每天写股票日记的习惯，借此持续掌握盘势的感觉，再以技术分析为主轴，搭配基本面及题材面，进一步形成决策来操作股票。

除了用上述的做法抓住线图，我还搭配固定资金操作的安全投资措施，每年以赚1倍为目标，虽然2011年股市因欧债风暴关系，在股票操作的获利不及1倍，但所采取的多空双向操作策略，也让我拥有约4成的获利。

现在，除了每天该做的功课之外，晚上就寝上床之前，我都会坐在床边，直立背脊，全身放松，两手轻放在双腿上面，轻闭双眼，慢慢地、均匀地呼吸，让一天忙乱的思绪沉淀下来，让自己能够恢复原始的无我，用平静的心结束今天，用平静的心入梦，用平静的心迎接明天。

每天，我都用感恩的心面对股市，为自己的努力付出鼓掌，我坚信“天助自助者”，当你下定决心去做时，你会发现，前面一直有路可以走下去，只要持续努力，帮助你的贵人也会出现，相信自己，你就会看到奇迹！

我的经验谈 ❷

要成为股市赢家须做到4个“一定”

最近有位年近60岁从美国回来的朋友问我，他从来没有做过股票，现在想学，他问我可以吗？

我告诉他，当然可以！学习股票没有年龄限制，没有性别限制，没有学历限制，没有贫富限制，没有职业限制，任何人都可以学，有些人反应快，吸收快，用功的时间比较多，学懂技术分析会比较快。有些人可能学习比较慢，但是多学几遍，一样可以学会。

一些投资朋友学了一大堆的理论、技术分析、指标、财务报表、操作战法，可是操作绩效却始终不理想，检讨其中原因是，学到，但是没有做到。

由学习到使用，由使用到熟练，由熟练到精通，由精通到炉火纯青，这些进阶的过程都要付出努力和坚持，学习只是开始的第一步而已。在往后的股市路上，不要忘记自己所学的东西，只有把知识融入操作之中，才能真正发挥知识的力量。

我们经常听到或读到股市前辈告诉我们要守纪律，纪律是我们学到的知识及经验，然后有系统地整理出一些股市进出场的条件，依据这些规则，我们在操作股票时就不会杂乱无章、摸不到头绪，也不会受到一时情绪反应的影响。能够严格遵守纪律，就是学到做到的最佳表现。

操作要有定法及心法 投资股票才能制胜

许多投资人长期学习技术分析，寻找制胜操作方法，可是一直在股海中浮浮沉沉，无法掌握赚钱的诀窍，所以觉得在股市中没有阵亡就万幸，要赚钱难若登天。其实，问题就出在你那颗“不安定的心”。为什么你的心无法安定？只因你一直身陷在股海当中，如果不“跳出海面”，站在云端高点综观全局，就无法看清前波后浪的起起伏伏。

2012年12月31日星期六上午，我到“飙股学堂”授课，当天是岁末最后一天，报纸大幅报道“2011年买台股每人赔掉57万元”，我问同学是否有人赔这么多，结果真的有学员举手。我请他们自己说明原因，大多是没有遵照技术分析的方法去买卖，不是进场位置不对，就是方向不对，或是没有立刻止损。总之，就是操作没有定法。

如果你以往操作股票一直赔钱，当然是有一些操作观念错误、操作方法不对、没有遵守执行操作纪律的结果，想要成为赢家，达成梦想必须自己经过彻底的检讨改进。

要想在股票市场长期稳定获利，需要长期的自我训练及自我约束，说得更明白一些，能否成为股市赢家，一切关键在你自己。

任何事业要成功，都要经过许多的考验，投入股票市场也不例外，除了基本的专业知识之外，还要具备超高的情绪管理能力，同时还要具备比常人更强的自制力与坚持力，具体归纳必须做到下面

4个“一定”：

一定要“充分学习”

我有位学生，从未学过任何股票的知识，一开始就投入3000万元买股票，没多久就赔掉500万元，这时他才惊觉到股票不是想象的那样容易赚钱，经由朋友介绍到我讲授技术分析的教室上课，他从最基本的技术分析学习，并且认真阅读各种有关股票投资的书籍。

经过一年的努力，现在他已能掌握大盘及个股走势方向，也懂得运用技术分析作为操作依据，不再凭空去猜测。虽然他目前还不能赚大钱，但是已经知道控制投资风险，选出强势股顺势操作，并建立了自己的操作模式，一步一步向赢家的目标迈进。

想要成为股市赢家，你要学习以下的专业知识：

1. 看懂图形走势方向的能力，能够研判大盘、个股的走势，在选股操作时不会因做错方向而蒙受重大损失。

2. 要彻底学通技术分析中的K线、均线、趋势线、成交量，并且要能综合应用。

3. 学习一些适合自己使用的技术指标，例如摆荡指标MACD、相对强弱指标RSI、随机指标KD等，以辅助走势的研判。

4. 要学习看公司的基本面、财务报表、筹码的流向及公司产业的全球现况。

自序2

一定要“有自己操作的模式”

有次在技术分析基础班的最后一堂课，中场休息时，一位同学跟我说：“老师，今天是最后一堂课，我一定要把我的故事说给你听。”他说，在十多年前，他拿了一千万元给一位高手操盘，开始时，每月都能分到20万元、30万元的获利，他的日子因此过得很惬意，常常游山玩水、出国旅游，直到半年之后，这个股票账户开始出现亏损，最后甚至全部赔光，从此他的人生由彩色变为黑白，他也不再相信让别人操盘这回事，现在，他立志要自己学会之后再进场。

其实，这种拿钱给别人操作股票的例子实在太多，但是大多数都落得惨赔的下场，只有自己学会自己的操作模式，主动权掌握在自己手中，才能控制风险，赢得利润。

有了专业知识，并不表示在股票市场一定能够赚钱，股票技术分析的专业知识好比在商学院学的经济学、财务学、国际贸易等商业知识；股票市场就是社会的商业行为，千变万化，看似传统但又不断创新，只有经历经验的磨炼，才能将在学校学到的知识成功应用于社会。

学习股票专业知识并不难，认真用功学习，大概6个月可以学完，学会后能够学以致用，就要经过市场经验的历练，后面成败的关键，其实就是操作。

操作的第一步是找到自己的方法，刚开始先参考别人的操作方式，例如有人用长线波段操作，获利论倍计算，他的方法如何？有人用短线进出，累积获利也很惊人，他又是如何操作的？有人当冲获利，每天结算，一样获利，他的方法又是如何？股票市场高手如云，个个武功不同，但是目的相同，都是要在股市获利。

既然你要闯荡股市，光有基本马步功是不够的，纵使是“一招半式闯江湖”，还是得有一招半式才行，股市朋友必须依照自己的个性、自己拥有的资源环境、自己能够运用的时间多寡，选择一种方式，拟定一些交易进出的条件及规则，开始投入小量资金，测试自己的方法成效如何，缺点在哪里，用什么方法改进可以提高胜率？经过实际交易的经验，检讨精进，最终拥有一套自己固定的操作模式，才能达到稳定获利的境界，也才能够长久经营股市事业。

一定要“修心养性”

在股票市场有操作经验的人都知道，股票操作是一种很奇特的瞬间心理反应，经常会发生不由自主的冲动或恐惧。

例如，昨天信心满满地买进一只看好的股票，今天开盘就下跌，心里马上就开始产生与昨日不同的想法。如果再往下跌一些，想法更悲观，开始对这只股票信心动摇，恐惧的阴影开始出现，心想是不是买错了，要不要卖掉。没一会儿，股价开始往上涨，逐渐到平盘，心里的想法又开始改变，心想还好没卖，自己昨天的判断果然没错，结果一整天心情都在随着股价的上上下下浮动，无法安定下来。

有人说股市即道场，修行不够的人是无法在股市立足的。股价上下波动是常态，如果自己的情绪不能稳定，那么有再好的技术分析能力，再多的资金，学再多的操作方法，也是枉然。因为市场中的主力大户洞悉人性弱点，利用放假消息、拉高杀低等各种手段方法，让散户因贪婪或恐惧而操作，自乱阵脚。

对一个专业的股市操盘手而言，保持身心的平衡是非常重要的。一个人如果生活上不能保持最佳状态，往往会在股市中犯下严重的错误。股市操盘本来就存在不小的压力（说没压力是骗人的），而且经营股市要投入的时间、精力、金钱，绝不会比投入其他事业要少，要成为成功的操盘手，必须首先具备超人的情商，否则在安静无声、杀人不见血的市场中根本无法存活。

一定要“坚持到底”

和我在同一教室中讲授技术分析的王老师，即使拥有18年的业内资历及操作经验，她每天在收盘后，都要花好几个小时分析大盘盘势、分析个股、填入资料、手画日K线，如此坚持的努力，才能掌握股市脉动，永远领先大盘。

股票市场的经验要经过长期的累积，坚持的行为能够产生习惯，习惯的力量可以创造奇迹，这正是看图千万遍，方向自然现，心中无杂念，自然见如来。

成功的过程要坚持“学中行、行中修、修中悟、悟中觉”。

投资自己从学习开始，再把学的东西拿到市场去验证，从每次操作中去做检讨修正，不断地检讨、修正产生无数次的体悟，直到找到自己的固定操作模式，遵守自己订定的交易规则，发挥简单的力量，最终会觉醒悟透股市涨跌的循环，自有一定可以遵循的道路。

在股市，我跟大家一样被归类为“一般投资人”，或者称为“散户”，是市场人数最多的最下层，上面有主力大户、公司董事、法人、自营商、基金经理人、金融巨鳄……大家的目的都是赚钱。

试问，你的财力比他们多吗，你的消息比他们快吗，你的操盘功夫比他们好吗，你有研究团队吗？如果以上都没有，那你凭什么可以到股市来赚钱？上面的4个“一定”，就是我们要进入股市之前的认知，只要你有心，学习技术分析方法，改变投资股市失败的习惯，克服贪婪与恐惧，一样能够实现股海捞金的梦想。

自序3

我的经验谈❸

股民要变股神
3大功夫缺一不可

“市场为师、赢家为范、超越自己、追求卓越”，股票市场中没有专家，只有输家和赢家，许多人终其一生在追求名师指导，其实，股票市场的老师只有一个，那就是股票市场，所有想战胜大盘的技巧，都必须通过市场的考验。

没有人能对抗市场趋势

要成为长期赢家，技术分析、基本分析都是必备的功夫，应用这些基本功夫到市场去学习赚赔的道理，股票市场是个很公平的老师，无论皇亲国戚还是平民百姓，只要进入股票市场就要遵从市场，即使你是号令千军万马的将军，也无法指挥股市的趋势方向。

即使是富甲一方的沃伦·巴菲特也说：“我也不能对抗趋势”，股市才是所有投资人的老师。

一定要向赢家学习

股市中有一句话说：“股票市场是有钱人买经验，有经验的人赚钱的地方。”这句话清楚地说明，股市经验才是最可贵的赚钱利器，因此，聪明的投资人要多接触股票市场的赢家。除了学习基本功之外，最重要的就是吸收他的操作经验，这样可以避免自己再走一趟失败的经验之旅，不但节省时间，更节省在市场大量买经验的钱。

人生有3件憾事，一是遇良师不学，二是遇良友不交，三是遇良机不握。想要成为股市赢家，你要以赢家为范，学习他赢的方法，以赢家为友，学习他赢的风范。

真正的敌人是自己

股票市场真正的敌人不是千变万化无法捉摸的大盘，也不是奸诈黑心的主力大户，而是你自己！

要从输家变成赢家，问题的关键是“你能否改变自己”。如果你不做任何的改变，你永远还是原来的你。当你开始改变，并且以超越自己为进步的动力，有恒心、有毅力地坚持去做时，才能成为赢家。

想要成为股市的长期赢家，在市场交易行为上大致要符合以下4项原则：

1. 长期赢家一定“顺势而为”：天大地大，趋势最大，市场第一。要能维持长期赚钱，一定要顺着市场的方向去做，与市场作对，绝对讨不到便宜。顺势而为，就好比顺水划船，轻轻松松就能获利。古今中外的股市交易高手哪一个不是多头时做多、空头时做空、盘整时休息？如此才能持盈保泰、避开风险。

当然，看出市场的方向是最基本的功夫，难在明知多头而能忍住一时回档不去放空，或是虽在高档但行情并未反转而想放空的心理。

2. 长期赢家一定"严守纪律"：守纪律是唯一对付市场千变万化难以捉摸的方法，世间有很多赚钱的交易规则或交易程序，重点不是这些方法有多完美，而是操作时能否百分之百地做到，这些规则当然包括避开风险的止损机制。

3. 长期赢家一定"不停地进步，不停地检讨改进"：吸收新知是长期赢家必备的条件，股市也像其他行业一样，随着时空的演变而呈现不同的面貌，要能长久立足，必须时时保持在最佳状态。

4. 要长期赚到大钱：除了恪守上面3项原则，还要抓住波段的机会顺势操作，完成数倍的获利，有计划地做好资金管理，低调，谦虚，独自操作，禅修心境，自然就能成为股市的常青树、不倒翁。

股票高手必备的绝学

要成为顶尖高手，"技术分析基本功""定法交易独门功""恪遵纪律无我功"，此三大股市绝学缺一不可。

其中的"技术分析基本功"，我在《抓住飙股轻松赚》一书中有关技术分析部分的"四大金刚"有详细解说，读者可以在此基础上，继续增进其他技术指标的知识。

针对"定法交易独门功"，我特别在本书为读者提供长线波段赚倍数的方法、智慧K线战法、目标管理短线攻击战法、飙股战法、均线战法、守株待兔续势战法、V形反转战法。这些定法的交易方法各有其特性，读者详读透彻了解后，选择适合自己的方法去交易，假以时日，必能轻松掌握每次的赚钱机会。

至于“恪遵纪律无我功”，其实是心法的上乘表现，本书中不厌其烦地把各种正确观念分别详述，无非希望读者在贯通所有观念之后醒悟，股市中唯有“放弃自我，只有纪律”才能真正改变赔钱的命运。

最后，感谢《抓住飙股轻松赚》一书读者的鼓励，也感谢读者购买这本书，我把自己在股市27年的经验，有系统地归纳成4个单元，尽量用浅显易懂的文字及图例说明举例，当你阅读完后，我相信对你操作股票一定会有很多的帮助，希望你有如获至宝的感觉，进而体悟出股票赚钱的道理，这是我写这本书的原动力。

我，在57岁才觉悟开始学技术分析，60岁终于得偿所愿，以每年获利1倍为目标。只要你愿意，只要你下定决心，你也可以把梦想变成现实！

2012年3月

自序 3

赢家4大纪律

- 把技术分析当信仰
- 把顺从趋势当信念
- 把交易规则当信条
- 把纪律操作当信守

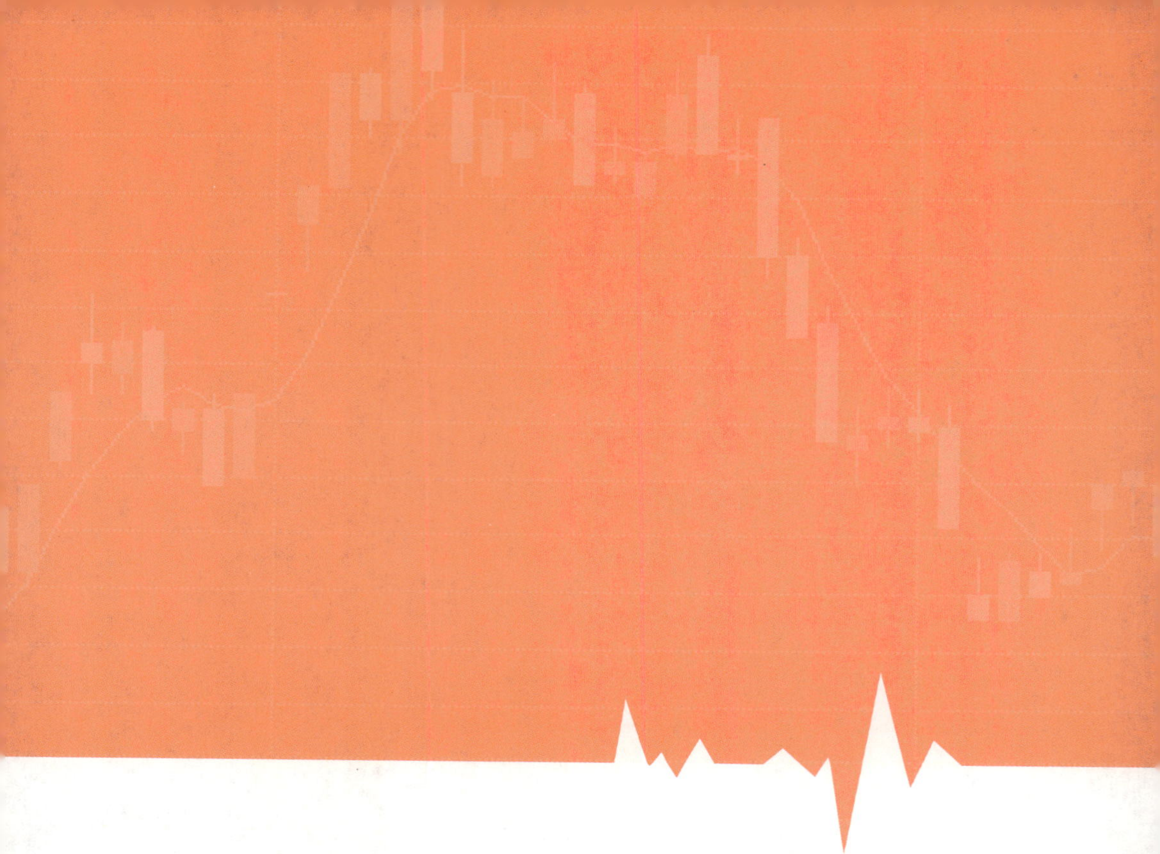

第1篇

改变观念
改变自己

不能改变自己，就无法改变任何事，包括想要在股市赚钱。

观念改变，行动就会改变，行动改变，结果就会不同。

要改变在股市中赔钱的命运，唯有向趋势低头，谦虚接受走势图所呈现的语言，信任它，执行它。

第1章 一切由心造 内在成功 外在才会成功

在2007年7月，大洋（1321）这只股票当时股价约28元，许多人说大洋的中和旧厂要迁移，该土地在中和好市多的旁边，以市价来说，股价应该有100元价值，可以把退休金或资金投入，后半辈子生活都不必愁了，当时网络上可以看到大洋中和的厂房及周遭环境影片，证明所言不假，许多投资人因此纷纷买进，结果股价涨到33元之后就一路下跌，最低跌到8.05元，5年多来，截至2012年2月底股价还在22.5元，基本面骗了一大堆人的感情，买进后死抱活抱。

上面大洋的例子，就理论数据来说，并没有骗投资人，股票市场是企业向投资大众集资的市场，正常来看，一家有资产的公司，土地价值的确诱人，但是土地不去变现，永远只是账面上的数字，投资人并不会分到红利，市场却经常拿资产题材来炒股价。

同样的道理，国泰金控、三商银的土地资产傲视所有电子科技公司，但是股价如何？各位想一想就知道，好的基本面，并不一定能让你赚到钱。

大洋（1321）炒作资产题材的南柯一梦

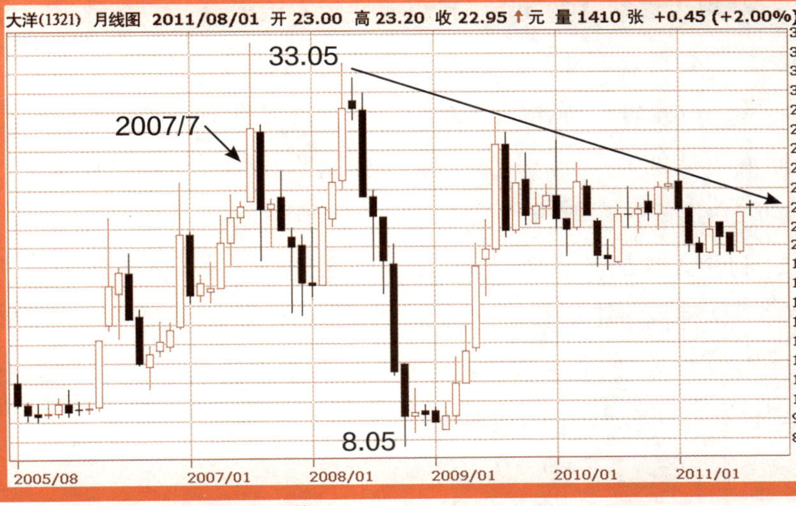

资料来源：富邦e01电子交易系统

事实上，股票市场并不是如此单纯，这个开放的金融交易市场充满了豺狼虎豹，不但有主力大户，还有公司董监事、投信基金、自营商，及各种机构资金……试问，这些大咖拿着大笔金钱投入股市，真的都是要长期投资绩优的公司吗？他们进入股票市场的目的和一般散户一样，要在市场赚钱。因此，常看到他们上周大买台积电5万张，这周大卖台积电4万张，就不足为奇了。

利用人性的高明骗术

现今社会上有许多诈骗集团，专门骗取钱财，他们的招式千变万化，让人防不胜防，但是万变不离其宗，骗人的方法不外乎以下

3种：

1. 利用人性的“贪婪”：利用人性想不劳而获、一夜致富、爱贪小便宜的心态，因此有所谓的中奖骗局、投资公司的骗局等。

2. 利用人性的“恐惧”：人们因为一时的害怕，往往失去理智的判断而听从他人摆布，因此，有歹徒制造假绑票勒索，假检查官说你的账户涉嫌违法要转移保管账户，假传票等。

3. 利用人性的“感情”：利用人的同情心，骗子先骗感情，再骗钱财，这种例子不胜枚举，近来报纸报道酒店小姐利用客人的同情心诈财、单身且高学历的富家小姐网络交友被骗千万元等实例，都真实地存在于我们的生活当中。

看穿股市骗术 做好不被人诈的心理建设

在股票市场，那些大咖要炒作一只股票，赚取散户的钱，用的方法其实跟上面所说的一模一样，不相信我们来看一看。

1. 主力要布局吸货的时候，在市场上放一堆的坏消息，让散户因“恐惧”而不敢轻举妄动，即使有部分的散户不怕，而且进场买进股票，还是会被他们用“甩轿”方式下杀，吓得一些散户出场。外资也是一样，研究报告说要调降某只股票评级等，吓得投资人赶快卖出，他们却是在买进。

散户要了解，股市的主力大户，不论内资、外资，都是要赚你的钱，所以都是与你敌对的，怎么可能跟你说实话。

2. 当主力大户要倒货的时候，就利用人性“贪婪”的心态，高档放利多，拉抬股价，诱惑散户进场，当你发现被骗时，他们早已钱包满满地下车了。

3. 股市中最毒的一招就是用感情骗你，让你对某只股票产生感情，让你愿意终身对它不离不弃。至于如何能让你对它死忠呢？就是把公司的基本面说得足够好，而且言之有理，让你坚信不疑。

各位想一想，许多人股票套牢不肯卖，是不是认为公司很好，总会有回本的一天？结果当年股价1105元的彰银（2801），抱了20年，现在的土地资产也没有减少，截至2012年2月底，股价才18元左右，真是感情用事之后，情何以堪哪！

彰银（2801）20年月线图

资料来源：富邦e01电子交易系统

"心"放在"股票"上，"股票"不放在"心上"。

"简单"不代表"容易"

2011年6月，报纸、电视都在报道陈文茜9个月成功减肥20公斤的新闻，也陆续报道其他人士减肥成功的消息，但是有更多的人每天都说要减肥，却始终无法达到目标。

我们看看那些减肥成功的人，他们使用的减肥方法五花八门，但是基本来说，都是些老生常谈的简单方法，综合起来只有8个字："控制饮食、勤加运动"，再简单说，只有4个字："少吃多动"。

既然方法那么简单，道理每个人都清楚明白，为什么很多人始终减肥不成功，问题是"做不到"与"做不久"。根据国外曾经做过的一项统计，每100位减肥的人中有10人达到减肥成效，而能够维持成效达一年的只有2人，由此可知，"简单"并不代表"容易"，"坚持"更是"困难"。

操作股票也是如此，投资者终其一生，希望找到赚钱的方法，然而许多在股市中成功的人，早就告诉我们成功的方法，这些方法也很简单，但是百分之九十的投资人还是赚不到钱，能够维持长期稳定赚钱的大概也只有百分之五，原因是"知道"但是"做不到"与"做不久"。

就拿"止损"来说，每位成功的前辈都告诉我们，在股市要控制风险一定要执行“止损”，华尔街大亨杰西·利弗莫尔（Jesse Livermore）在他的资金管理法则中特别强调：“千万不要承担任何一笔超出本金百分之十的损失。”这个道理清楚明白，可是在股市赔钱的朋友，许多人套牢的股票早就超过这个百分比了！

坚定毅力及自我要求 才能养成赚钱的习惯

为什么简单的方法做不到？因为这些简单方法“违反人性”，人性是“好吃懒做”，减肥要“少吃多做”；股票要“止损”会赔钱出场，人性是“不愿赔”，股票要“止盈出场”，人性是“贪婪”，还想赚更多而不卖。要克服这些人性的弱点，只有靠坚定的毅力自我要求，每天提醒自己要做到自己订下的规则，经历市场大盘的洗礼，慢慢养成赚钱的习惯。

减肥成功看似容易，其实不容易，即使成功达到减重的目标，更大的挑战才开始，那就是“维持战果”。要维持体重，要有长久坚持的力量，如果放松自己设的原则，体重会说话，数字会告诉你放松的代价。

股票市场也是如此，想要当长久的赢家，自然不能轻易放弃让你赚钱的方法及那些赚钱的原则，参透以上所说的道理，离股市成功指日可待。

向高尔夫高手学习成功的操盘态度

从事股票操作是一种自我挑战，在这个市场中，那些大户、法人、基金操盘人，都不是你的竞争对手，你真正的敌人是你自己。

股票操作得好不好，功力够不够，能不能赚钱，这些都跟其他投资人没有什么关系。操作股票就像打高尔夫球比赛，每位选手打自己的小球，挥杆时别人也不能干扰你，对手打得好不好，跟你没关系，关键是你自己能打多少杆。

世界知名的高尔夫球选手，例如老虎·伍兹、曾雅妮，他们的成功都有以下共同的特质：

1. 高尔夫球是他们的终身事业，从小就以追求高尔夫球胜利为目标： 曾雅妮，5岁开始学球，小学时首次在美国观赏了巡回公开赛时，她就发下豪语："我也要参加这个比赛。"从此学球、打球、练球、参加比赛就成为她生活的全部，凭借专注专一的奋斗精神，经过17年的坚持努力，最后她终于站上世界球后的顶峰。

2. 不断超越自己，是他们维持巅峰的原因： 每次比赛都会有失误，每次的失误都是再一次的经验及检讨，每次的经验检讨与修正，都是再一次的超越自己，追求完美是他们永远的目标。

3. 稳定的演出是制胜的关键： 就技术层面来说，经过十多年的挥杆，他们早已技术纯熟，但是每次比赛能否正常发挥，依赖临场的稳定，成绩的好坏取决于比赛时的精气神能否保持在最佳状态，稳定才是制胜的关键。

4. 永远的学习是他们的内涵： 即使他们登上了世界球王、球后的宝座，并不代表永远能够坐在宝座上。永远保持学习精神，不断自我要求，保持进取的态度，才可能维持长久的荣耀。

5. 谦虚是他们的特质： 由于谦虚，老虎·伍兹每一次赛完后都会观看自己比赛的纪录片，同时请教练对不理想的挥杆给予修正；

曾雅妮对人态度可亲，谦恭有礼，即使登上世界球后宝座，也并不以此骄傲，由于谦恭的态度，不但不会因骄傲阻挡了进步，同时也赢得他人的尊敬。

高尔夫球制胜技巧也是股票赢的心法

如果你把股票操作当成事业经营，就好比要当职业高尔夫选手一样，要达到巅峰，同样要具备下列打高尔夫球的技巧：

1. 顺势而为：高尔夫球挥杆，要看风向，不是一味往正前方打就是正确，不考虑风向，很难顺利打上果岭。洞前推杆，要看草的纹路方向、地势的坡度，顺着这些方向，使出适当的力量，才能轻松推入洞。股票操作要顺势而为，看清趋势，借力使力，搭顺风车，才能轻松赚钱。

2. 专一专注：高尔夫球比赛过程，每一次挥杆和推杆都非常重要，而且前一杆挥得好，不代表后一杆一样能够发挥好，因此每一次都要全神贯注，一个洞一个洞地累积，最后才能有好的成绩。股票操作每一次的进场都要谨慎小心，这次买对股票赚钱，不代表下次买股就一定赚钱，每一次都是一个新的开始，专注每一次的出手，累积赚钱的次数，减少赔钱的概率，如此才能成为长期赢家。

3. 反败为胜：再顶尖的高尔夫球选手，在比赛中也会出现失误，可能挥球到沙坑、到池塘，但是他们拥有反败为胜的能力，擅长处理失误的球，即使暂时落后对手，在比赛结束前仍不放弃反败为胜的努力。球后曾雅妮在球场上求胜的精神令人敬佩，她之所以常常在逆境中“转败为胜”，除了她具备一流的技术之外，更重要的

是在比赛中情绪的控制，有稳定的情绪，才能发挥原有的实力。股票操作也是如此，股市多变，万一操作不顺，遇到失误，同样要有反败为胜的能力，知道如何处理失败的股票，采取止损、反向操作或是换强势股操作的措施，设法反败为胜，长久还是赢家。

4. 对准目标：高尔夫选手比赛是设法用最少的挥杆数把球打进目标的小洞内，无论球打到哪里，下一杆挥球的方向仍然对准目标小洞，用专业的挥杆技术，稳定的情绪，在耐心与信心的坚持下，一杆一杆往前推进，直到小白球入洞为止。股票操作一样要设定目标，依照自己资金的多寡，设定获利的目标，不论多头或空头，都要以不同策略达成获利目标。

曾雅妮在一次记者采访时说："如果你成绩很烂，没有人会理你！"这一句话，道尽了真实的人生。其实，股票市场何尝不是如此，操作一直赔钱，相信你自己都会看不起自己！

欲知前世因，今生受者是，欲知后世果，今生做者是。
任何的对与错、赚与赔，都是昨日的结果。

第2章 改变自己 才能改变股票赔钱的命运

2002年2月，股市大盘正在走多头，当时我听朋友介绍说威盛（2388）会涨到200元，我看看当时的图形，威盛由70元上涨到156元，回档修正后又开始上涨。于是我在2月27日以143.5元买进了6张[①]，成本约86万元，股价经过6个交易日上涨到152元后就开始下跌。由于大盘继续多头，我认为威盛股价只是暂时回档，后来威盛股价一路下跌，但是大盘指数却继续上涨。我想只要大盘维持多头，股票一定能够解套，一直到2002年10月11日，我再也无法忍受了，结果以40.2元卖出，惨赔62万元收场。

股票套牢惨赔经验 换来现在铁的交易纪律

经过这次教训（其实在这次以前，同样情形套牢后杀出大赔过好多次），我才发现：

1. 原来大盘与个股不同，指数大涨，个股不一定同样上涨。

2. 股价跌深被套牢，大多数是无法解套的。威盛股价从2002年

① 在中国台湾股市中，一张是1000股。

到现在，最低跌至4.89元，截至2012年2月29日股价才23.1元，请问，如果当时我没认赔，要等到何时才能回本？当我2006年下定决心学技术分析后，就不再发生股票套牢惨赔的情形了，现在只要买了股票，我一定以技术面出场。学会技术分析后，我检讨了当时买威盛的正确做法应该是：

1. 看到威盛上涨到152元反转下跌，表示无法突破前面的高点156元，当2002年3月15日跌破多日盘整的最低点142元时，就该止损出场，那时如果出场，加上手续费用，每股才赔2.5元。

2. 当时大盘处于多头走势，我应该采取“汰弱换强”的策略，立刻换一只多头上涨的股票操作。

经过惨痛的经验教训，我现在的交易纪律中有一条铁律，手中绝不持有赔钱超过百分之七的股票。

80%的人为什么会赔钱

西方有位老师曾经说过：“祷告并不能改变上帝，但是祷告可以改变祷告的人。”这是一句多么有哲理的话。换句话说，如果祷告的人没有做出改变，上帝还是上帝，祷告的人还是原来的状况，不会有什么变化。

股票市场中百分之八十的人在赔钱，这些赔钱的投资人，有些人是“一无所知”地进入市场，有些人是“一知半解”地进入市场，也有许多人“学富五车”地进入市场，但是共同的命运都是赔钱。

我在与许多股友分享经验的时候，发现无论哪个阶层的赔钱投资人，在投资股票的观念上都有或多或少的错误。

2002年大盘正处于多头格局

资料来源：富邦e01电子交易系统

2002年大盘走多 威盛股价却一路下跌

资料来源：富邦e01电子交易系统

“一无所知”的投资人，对股票的看法都是建立在“感觉”上，因此他们提出问题时经常讲到“我认为”这3个字。我最常听到这些朋友说：“××股票跌得很多了，‘我认为’现在是买进的好时机。”

这些朋友大多数是听消息、找明牌做股票，有时运气好，听到的股票刚好正在上涨，让他赚到钱，因此他会认为股市赚钱很容易。

但是，运气不是长久之计，当股价不是他预期的上涨，突然下跌时，由于自己看不懂行情走势，而且当初消息来源只报好消息，会让他下跌时不愿卖出，结果股价一跌再跌，又是一个套牢长抱的投资人。

这种“一无所知”的投资人，简单说，就是赚钱时不知道是什么原因赚钱，赔钱时也不知道为什么赔。

“一知半解”的投资人，研判股票经常建立在“自以为对”的基础上，事实上，他的看法欠缺全盘的考虑，有时也凸显了他对技术分析没有透彻的了解，因此他们在提问题时，经常讲到“应该”两个字。

“一知半解”的投资人，经常拿了一张股票K线图问我，股价今天大涨又出现大量，“应该”可以买进。事实上，那张走势图的股价表现根本是空头的单日反弹，而且上面乌云罩顶，哪里是买进时机？别说做长期，即使做短期进出都不适合。

由于对技术分析的一知半解，经常误认一些技术图形的讯号，自以为是好机会而进场，因此造成损失，这些投资人也许到处去学过技术分析，但是缺乏整合成完整有系统的应用，造成自认为“应该”的判断，经过多次的失败，对自己所学的技术分析失去信心，因而会说技术无用的言论。

“学富五车”的投资人，经常对自己的判断过于自信，这些朋友赔钱大多是当技术图形发生改变的时候，太过执着于对其他的基本面、产业面或是消息面的自信而忽略趋势改变的事实。

一般来说，这类投资人不太会提出问题，他们经常表现出的是对自己的分析研判信心十足。另一方面，由于这类投资人所学太多，有时过多的考虑反而阻碍了对市场的判断及应有的迅速反应。

以技术分析因应市场的变化

股票市场的变化，会使一般投资人感到千变万化很复杂。其实股票的变化没有那么复杂，只是人心的变化太快，对股票一点点的波动反应太灵敏，尤其对任何消息的反应，更容易陷入情绪的反应。

美国道琼斯指数发明人查尔斯·道（Charles H. Dow），早在1900—1902年发表道氏理论（The Dow Theory）时就提出过对股市循环的看法，同时很明确地指出，赢家（他称为“聪明资金”）与输家（散户）的区别就是，输家很容易受到大众情绪的影响，而赢家不受大众情绪的影响，其中最重要的原因是，赢家知道如何利用技术分析来克服市场及个人情绪。

众所周知，股票市场的波动是正常现象，股市的走势方向不是上涨的多头，就是下跌的空头，或者横向的整理，因此，对股票走

多头、空头、盘整的3种走势

资料来源：富邦e01电子交易系统

▲上图说明：

❶❸ 一头比一头高、一底比一底高的多头方向。

❷ 一头与一头同高、一底比一底高的盘整区。

❹ 一头比一头低、一底比一底低的空头方向。

势的判别是技术分析的第一步工作。

我们把多头、空头、盘整这3种走势分辨清楚之后，再分别对每一种走势找出因应的操作对策，如此一来就把复杂的盘势简化了许多，至少不会因做错方向而遭受重大损失。

用技术分析（参见《抓住飙股轻松赚》）很容易就能分辨出当下股票的走势方向，一般散户比较容易分不清的是如何区分短期、中期、长期的走势方向。

其实用个简单的方法就可以区分了，你用日线的K线走势图所看的方向，就是短期的走势方向；用周线的K线走势图所看的方向，就是中期的走势方向；用月线的K线走势图所看的方向，就是长期的走势方向。

现在你也能像分析师一样讲出“现在大盘是短空、中期整理、长多格局不变”的专业话语了。

宝岛科2011/07/29日线图呈现短期空头走势

资料来源：富邦e01电子交易系统

宝岛科2011/07/29周线图呈现中期多头回档格局

资料来源：富邦e01电子交易系统

宝岛科2011/07/29月线图呈现长期多头格局

资料来源：富邦e01电子交易系统

想要赚钱 就要改变正常合理的想法

股票市场说穿了，其实是综合了所有基本面、技术面、产业面等要考虑的因素，最后决定进场，在持有股票一直到卖出股票的过程，都受到心理面的重大影响。换句话说，主力在作价一只股票，从头到尾都在跟散户打心理战。

试想，主力在跟你打战，而散户还以为是正常合理的投资交易，难怪散户每次赔钱后还是一头雾水，弄不清楚到底是怎么回事。

经济学家凯恩斯曾经说过："在非理性的世界中去进行理性的投资，将造成天大的灾难。"例如，公司接获大订单，股价理应会有好的表现，为什么反而下跌？投资绩优公司应该会抗跌，为什么大盘不好时，那些运营绩优的公司反而跌更多？从以上可以知道，如果你没改变"正常人"的合理想法，恐怕你在股票市场上永远也赚不到钱。

以下几个观念修正了散户经常犯的错误，这些错误在正常理论上有他的道理，可是在股票实际操作上却一定要避免，否则永远跳脱不出赔钱的命运。

改变自己 绝对不能往下摊平

往下摊平，的确是一种操作的策略，但是实施这种策略是要有条件的，其中最重要的条件是你的口袋要够深，所以摊平的策略只适合有资金实力的大户主力、法人及外资等去应用，一般小资本散户绝对不能采取往下摊平的方法。

往下摊平的重要条件是股价来到低档盘底位置，换句话说，就是下跌空间有限，股价进入超跌区，合乎股神巴菲特所谓的“价值型投资”位置，才能用往下摊平的策略。

我们在实务操作时，要出现合乎物超所值“价值型投资”的机会，可能要一两年才会出现一次，绝大多数时间并不适合用摊平的方法，尤其对一般小额短线的投资人，更是不能在赔钱时往下摊平。

以下的说明希望能改变你赔钱时想要往下摊平的念头：

1. 做多买股票是希望它上涨，如果股票不涨反而下跌，表示你选的股票走势方向错误，它是往下走空头，既然是往下跌的股票，当然不能去买。

2. 下跌的股票无法预测会跌到哪里，如果一直在下跌时去摊平，会造成不可预测的风险及巨大的损失。

3. 往下摊平会使得资金长期套牢无法有效运用，即使止跌回升，一心只想早日解套，根本无法获利。

研究股票者都知道艾略特晚年发表的斐波那契数列（Fibonacci Sequence）及黄金定律（Golden Ratio），提到0.382、0.618这两个数字，一般在股票上涨一个波段之后，依经验统计，在波段下跌回档到0.382、0.5、0.618的位置时容易产生支撑，因此许多人股票套牢后，股价下跌到上述位置就再买进摊平，结果却是经常愈摊愈往下跌，最后造成无法挽回的巨大损失。我们看宇峻（3546）的实际图例就清楚了。

宇峻股价由240元涨到507元后开始回档，上涨了267元（507–240

宇峻（3546）实际摊平状况

资料来源：富邦e01电子交易系统

元）。假如买在480元，下跌时没有卖出，反而在回档到0.382位置、股价405元，以及回档到0.5位置、股价373元和回档到0.618位置、股价344元时，分别买进摊平，后来股价继续下跌到2011年8月22日的最低价65.2元，往下摊平的结果是，不但资金被套牢1年多，而且平均成本为400.5元，这意味着未来宇峻股价要上涨6倍，投资人才能解套。

改变自己 绝对不能套牢长抱

股票被套牢，几乎是每个散户都会发生的事，这是散户最常犯的一个错误，大多数的原因是赔钱不愿意卖。

有一次与军中退伍的同事聚餐，一位长官在2007年8月8日用退伍金以80.8元买了30张国泰金（2882），聚餐当天国泰金收盘价已跌至42元，他问我该怎么办？

买股票被套牢大多是下列5种原因造成的：

1. 在多头时买在高点，接近快要到顶反转的位置被套牢；空头时自认股价低而去抢反弹时被套牢。大多数的散户不会技术分析，无法判别是否买在高点，更看不出股价要反转，当股票下跌时不知道何时会止跌，分不清是反弹还是回升。

2. 在多头市场中去买弱势股。当多头市场时强势股涨得快又高，一般投资人不敢追高或是买不到，因而去买比较缓涨或是落后的弱势股，期望能够补涨。但是多头时股票往往是强者恒强、弱者恒弱，一旦大盘反转，这些弱势股会加快下挫，结果涨时没份、跌时有份，如果一时以为没涨应该不会跌而小赔不卖，结果最后反被套牢。

3. 买进股票时没有设止损，股价下跌时不愿面对，只想等几天，希望能够涨上来，但是经常事与愿违。有人设了止损，但是赔钱时不愿意卖，结果和没设止损一样，惨遭套牢。

4. 短线赔钱改为长期投资。这是最多散户赔钱时的想法，他们的论调就是“不卖就没有赔钱”，因此许多人股票一抱3年、5年，甚至8年、10年，却一直处于赔钱状态。

5. 受公司基本面影响，始终认为好公司的股票不可能一直下跌，因此不愿意赔钱卖而遭套牢。

股票套牢的2种处理方法

股票住进套房，的确是件令人懊恼的事，不但心情受影响，每天看到股价上下震荡，卖也不是，不卖也不是，卖了要赔钱，又怕卖了就涨；不卖万一继续下跌怎么办？这就是投资人被套牢的心情。

股市中没有专家，只有赢家和输家，两者的区别在于股票判断错误或被套牢时要怎么处理，才能够化损失为最小，甚至反败为胜。以下两个方法可做参考：

1. 立刻出清手上所有的股票

这样做听起来很残忍，也下不了手，虽然赔钱，但是这个动作可以立刻让你脱离苦海，清静思绪，检讨后静待盘势明朗之后再出发，否则手上有被套牢的股票，操作情绪难以不受影响，即使行情好转，你的资金也在套牢的股票上。

2. 反败为胜的唯一方法就是“汰弱换强”

如果一直抱着原先赔钱的股票，每天巴望着能上涨、回本、解套，基本上是一厢情愿，股票既已呈现下跌走势，正常状况反弹是无法回到前面的高价，所以趁着反弹出脱，换买多头走势、正在上涨的股票，才能迅速解套，甚至反赔为赚（请参看第51页图例说明）。

另外特别提醒，千万不要往下去摊平，一只下跌空头的弱势股票，摊平只会套牢更多的资金和时间成本，万一继续下跌，后果就不是一个“惨”字可以形容的了。

2008年上半年大盘呈现多头走势

资料来源：富邦e01电子交易系统

▲上图说明：

大盘自2008年1月23日的7384点一直涨到同年5月20日的最高点9309点。

汰弱换强是股市反败为胜的唯一策略

下面的实例发生在2011年上半年（参见《抓住飙股轻松赚》的自序），一位朋友在2010年12月22日以92元买进宏碁（2353）被套牢，当时我告诉他要采取“汰弱换强”策略，赶快换股操作，否则难以解套。

大盘上涨时股价不涨 大盘下跌时股价跟着跌

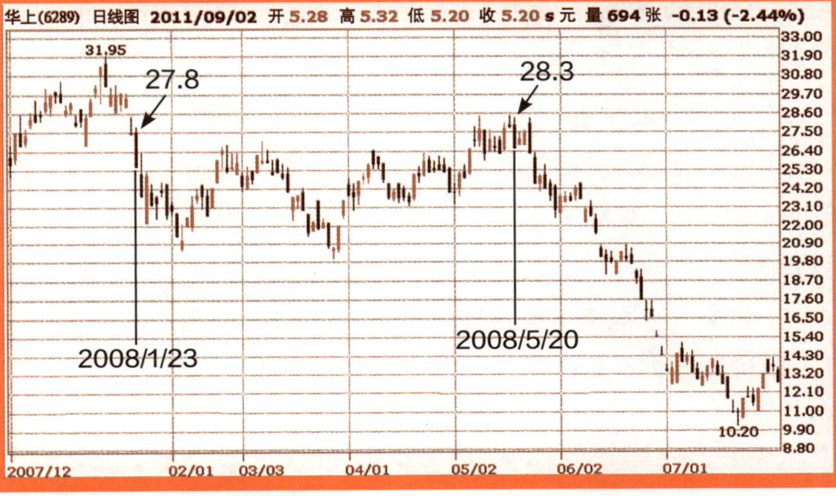

资料来源：富邦e01电子交易系统

▲上图说明：

大盘2008年上半年创9309点高点的同一时期，弱势股华上（6289）股价由27.8元拉回整理，后来只上涨到28.3元，当大盘反转之后，华上股价则一路大跌到10.2元。

结果，他一直到2011年5月25日才愿意以52.7元认赔卖出，转进正在多头上涨的股票基泰（2538），5月25日当天以17.5元买进基泰，截至6月20日以21元卖出，7月4日再用20.4元买进，到7月20日以23.5元卖出，一共操作两趟。

我们检视比较一下：

1. 如果这位朋友套牢续抱宏碁，不换股操作，宏碁股价在2011年5月25日至7月20日间继续下跌了12.8元，跌幅24.3%。同一时期换股操作基泰，获利6.5元，涨幅达37%。

2. 宏碁92元买进，到52.7元认赔换股时，共赔了43%，后来换股操作的基泰涨幅37%，虽然整体结果仍然小赔约6%，但是已经接近回本解套，继续去找一只开始上涨的多头股票，相信很快就能“反败为胜”。

3. 如果一直抱牢不换强势股操作，宏碁股票截至2011年8月26日，股价跌到27.3元的低点，之后股价至少要上涨3.3倍才能回本解套。

抱到弱势股很难解套

资料来源：富邦e01电子交易系统

只有汰弱换强 才能反败为胜

资料来源：富邦e01电子交易系统

改变自己 绝不拥有赔钱逾7%的股票

希望读者看完这本书之后，能够下定决心，以后手中绝不持有赔钱7%以上的股票（指收盘价）。

杰西·利弗莫尔在谈到资金管理时说：“请记好：投机客在出手交易前，一定要牢牢设好一个止损点，而且千万不要让自己承担超过本钱百分之十的损失！”

如果读者再去看其他华尔街顶尖操盘高手，例如威廉·欧奈尔（William J. O’Neil）、伯纳得·巴鲁克（Bernard Baruch）等，他们各有操作的绝技，但是都共同遵守止损出场的纪律，绝不容许损失扩大。

杰西·利弗莫尔说：“假如你损失了百分之五十，你必须赚百分之一百才能扳回失土。”下面是一张利弗莫尔提出的百分之十损失回本表，读者一边参考，一边深入思考，就能体悟到止损的重要了。

杰西·利弗莫尔提出的百分之十的损失回本表

买进金额	赔钱金额	剩余资金	损失	要回本须赚
1000元	80元	920元	8%	8.7%
	100元	900元	10%	11.1%
	200元	800元	20%	25%
	300元	700元	30%	42.8%
	400元	600元	40%	66.6%
	500元	500元	50%	100%

读者看第51页的标题，为什么写7%呢？这是我个人的最大赔损幅度限额。根据自己多年的操作经验，当止损来到7%时，实务上经常出现真正杀出股票时已赔到8%—9%；如果设10%为止损，实际上会赔到12%以上。我最多止损7%，取回93%的资金，随时可以找寻好的机会反败为胜，而且操作股票能够掌握主动权，操作情绪才能保持稳定。

现在的股市操作环境与当年那些高手的操作环境不可同日而语，现在一切都是电脑资讯，股价的判断与反应非常快，因此风险的控制也要跟着提高。

第3章

面对9种市场现象 你该有的投资思维

2011年3月15日，有位学生看到振维（3520）当天K线长黑跌破长期盘整区，立刻放空，结果第2天开盘下跌，收盘反而上涨。他问我："不是盘整跌破，应该要下跌吗？怎么不跌反涨？"我问他："是不是不正常？既然不正常，表示这次的跌破可能是假的，如果明后天再上涨，要反向做多。"结果，振维股价在后面3天都上涨，而且第3天，3月21日拉出长红突破盘整区，造成后面的飙涨。

我们学技术分析，根据数据统计的图形去分析后面的走势，当然有很高的准确性，我们可以视技术分析为在正常的情况下应该如此的表现去推论。学技术分析好比在学校念的课本，即使考试一百分，到了市场上也不一定保证就是绩优生，问题出在哪里呢？其实问题出在市场经常不照着正常的逻辑理论去走，这样一来，就把那些只会捧着课本的学生打败了。那么，要如何不被市场（主力大户）玩弄呢？

各位如果了解市场什么情况是正常现象、什么情况是不正常现象，再针对不同的现象采取一些简单的策略，就能轻松应付。慢慢熟悉市场的生态，你就会渐渐成为操盘高手。

振维股价跌破盘整区反而上涨的不正常现象

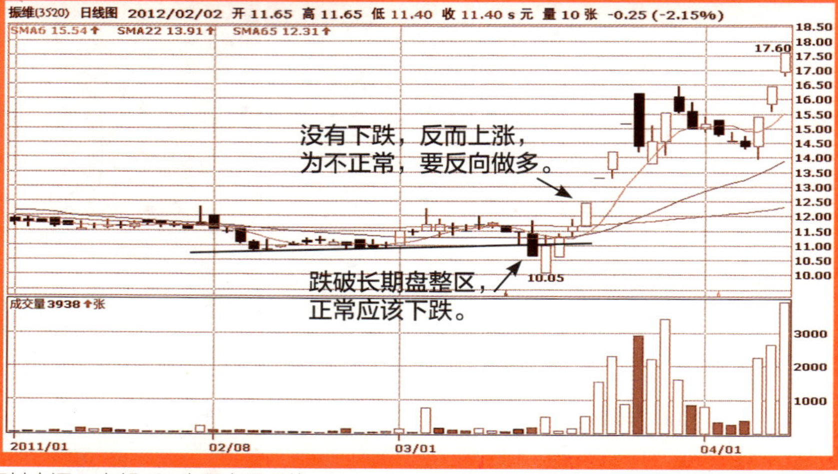

资料来源：富邦e01电子交易系统

不管市场反应正不正常 你应知道的9种因应策略

以下探讨市场出现正常与不正常的9个现象，读者如能举一反三，就能看出市场的千变万化。其实万变不离其宗，掌握当下出现不正常现象时，能够按纪律处理，你就出师了。

1. 当利空消息出现时：

（1）正常现象： 股价下跌，例如宏碁宣布调降财测，股价应声大跌。

（2）不正常现象： 股价不跌或反涨，例如宏达电股价在200多元时发布毛利减少、苹果告侵权利空，但是股价却不跌，反而从此往上涨。

（3）因应策略： 出现正常时，执行止损；出现不正常现象时，锁股进场。

2. 当利多消息出现时：

（1）正常现象： 股价上涨。

（2）不正常现象： 股价不涨或反跌。

（3）因应策略： 出现正常现象时，锁股进场；出现不正常现象时，执行止损。

3. 当大量长红K棒出现时：

（1）正常现象： 股价上涨。

（2）不正常现象： 股价不涨或反跌。

（3）因应策略： 出现正常现象时，追进；出现不正常现象时，观察或退出。

4. 当大量长黑K棒出现时：

（1）正常现象： 股价下跌。

（2）不正常现象： 股价不跌或反涨。

（3）因应策略： 出现正常现象时，出场或做空；出现不正常现象时，观察或买进。

5. 盘整区或形态往上突破：

（1）正常现象： 股价上涨。

（2）不正常现象： 股价在3日内拉回盘整区或反向跌破盘整区（假突破真下跌、穿头破底）。

（3）因应策略： 出现正常现象时，买进；出现不正常现象时，执行止损，反手做空。

6. 盘整区或形态往下跌破：

（1）正常现象：股价下跌。

（2）不正常现象：股价在3日内反弹回到盘整区或反向突破盘整区上涨（假跌破真上涨、穿底破头）。

（3）因应策略：出现正常现象时，放空；出现不正常现象时，执行止损，反手做多。

7. 跌破重要均线支撑：

（1）正常现象：股价下跌。

（2）不正常现象：股价在3日内反弹再站上均线（跌破均线再站上均线）。

（3）因应策略：出现正常现象时，空手观望；出现不正常现象时，买进。

8. 突破重要均线压力：

（1）正常现象：股价上涨。

（2）不正常现象：股价在3日内拉回均线之下。

（3）因应策略：出现正常现象时，持股续抱；出现不正常现象时，卖出持股或放空。

9. 岛状反转：

（1）正常现象：反转向下或向上。

（2）不正常现象：封闭缺口不反转。

（3）因应策略：出现正常现象时，要改变操作方向，例如多转空的岛状反转，改成做空；出现不正常现象时，则要立刻修正思维，该空不空反多力量强，做多。

第4章

会卖股票才是师傅
抓住止盈点的12个关键

2012年1月30日（星期一）新春开红盘，当天大涨173点，2月1日（星期三）下午上课时，许多同学都很兴奋地说，他们前天去买股票，今天卖掉，赚了几千块钱，我恭喜他们，龙年好兆头，但是我问他们，为什么要卖掉了？他们的回答都一样，看到今天盘中在下跌，有赚先卖。

这就是一般投资人的心态，其实卖股票和买股票是一样的，都要事先就规划好，不是想卖就卖，否则会买不会卖，原本可以赚到3成的股票，结果只赚到1成，岂不是浪费了一次赚钱的机会。

俗话说："会买股票只是徒弟，会卖股票才是师傅。"经过学习，多数人晓得如何挑选股票，却都没有止盈的规划。换句话说，懂得买进，不懂得卖出，看到股价上涨，又看着下跌，或者抓到一只会涨的股票，但是只涨一点点就卖掉，该赚的没赚到。

股票卖出换成现金，结算有获利，才是真正赚钱。没有卖出前，股价随时都在上下波动，如何拿捏到应该卖出的价钱，的确不容易。卖得太早，只赚到一点点的小钱；该卖没卖，又可能遇上股价快速回跌反而赔钱。

如何卖出股票是获利的关键，也是每次交易的最后一个动作。如何画下完美的句点，让辛苦的付出有回报，是重要的功夫。

精通这些观念保住获利没烦恼

首先观念要正确，否则在决定卖出的时候，永远会捉摸不定，造成该卖没卖、不该卖却卖掉的状况。

1. 股价涨多会拉回，有获利卖压、有解套卖压，有大户调节卖压、洗盘卖压。因此，除非是飙股，否则即使是上涨的多头格局，也是涨一段、回跌一段或是盘整一段。

2. 股票操作过程中，止盈与该股的基本面无关，卖出的决策取决于价格的走势及成交量变化。

3. 好的进场点是操作成功的一半，好的卖出点则是成功的另一半。

4. 股价的起涨与起跌，不是个人能够掌控的，永远不要想卖到最高点。一般人往往认为还有高点，却因而错失在相对最佳高点的卖出时机，最后股价反而下跌到更低。在操作中，达到自己设定的目标价、出现卖出讯号时，都应该断然卖出。卖出后，如果股价继续上涨，不要觉得可惜，“十鸟在林，不如一鸟在手”，买卖股票的目的是获利，不能掌握卖出获利的契机，只是自我陶醉、空欢喜一场而已！

5. 正常多头股价上涨超过10%利润时，就会引来获利卖压，如果又接近压力区，更容易引来解套的卖压。因此，达到10%以上利润时，要注意随时出现的卖压讯号，掌握机会，卖在相对的高点。

6. 强势多头股票上涨获利20%—25%时，要注意容易回档整理。当出现回档的讯号时，可以先走一趟，待修正完成后上涨时，再进场操作。

7. 如果是依据5日均线操作，股价跌破5日均线时出场。但是以下两种情况可做调整：

（1）在关键进场点（详见第3篇第1章第104页）进场，获利未达5%，且未跌破止损价位，则可暂不出场。

（2）往上走出趋势，且获利达10%以上时，下列5种情况可先获利出场：

① 当日大量上涨到高点，股价折返下跌超过3%时。

② 当日爆量不涨，股价创新高后，收盘时股价跌破前日最低点。

③ 跌破上升趋势线时。

④ 波形产生“头头低”，股价不过前波高点往下跌时。

⑤ 出现长黑、长上影线、带大量的十字线等出场讯号。

8. 飙股涨势凌厉，必须盯住走势，当转弱时，要立刻获利出场；出现继续强势时，再介入操作。（可参考第4篇第12章“短期赚高报酬的飙股战法”）

9. 空头下跌时的10%幅度比较不明显，获利回补位置则以K线止跌回升讯号为主。

10. 股价上方的长期均线向下弯，会带来压力，靠近均线时，要注意反压的卖出讯号。

11. 分清止盈与加码点，看清是获利幅度的满足高点，还是盘整后的起涨点，有些人在盘整区买进后抱了好多天，结果开始突破的第1天就赶紧卖掉，实在可惜。

12. 综合而言，止盈点应该包含在自己操作策略的一环，当符合止盈的现象出现时，应依纪律止盈，如此就能把握每次的获利入袋。

目标要达成，策略先拟好，最多做5只，专心操作好。
长线要短做，风险自然小，纪律能执行，获利不会少。

第5章 把技术分析当信仰 可以实现你的梦想

我跟一般散户是一样的，做人做事规规矩矩，只是一个自己操作的小额投资人，在以往做股票时，总是希望找到基本面很好的公司，这样买进来比较放心，公司不会倒，股票应该不会变成壁纸，再看公司有没有赚钱、本益比合不合理，如此一来，即使股票下跌，还能拿到一些股利。如果这只股票又有投顾老师推荐，那就一定不会错，如此万全的挑选应该万无一失，可是结果总是令人失望。

当我学习技术分析，再分析研究过上万张图形之后，这才发现，股价任何的变动，在走势图上都一清二楚。

2012年龙年开红盘之后，当时很多人一定感到年前、年后两个样，才放个春节，国际市场也没有出现什么大变化，怎么台股大盘差那么多，5天就连涨441点。其实，各位去看一看所有上涨的股票，早在2012年农历年前，就已在低档完成“底底高”的底部形态了。

但是，大家公认最佳投资的公司——台湾中华电（2412），在2012年1月9日跌破盘整区，过了不久，农历年开红盘，别的股票连续三四天上涨，它却往下跌，在这个农历过年期间也没有看到该公

台湾中华电在2012年农历年前后不涨反跌

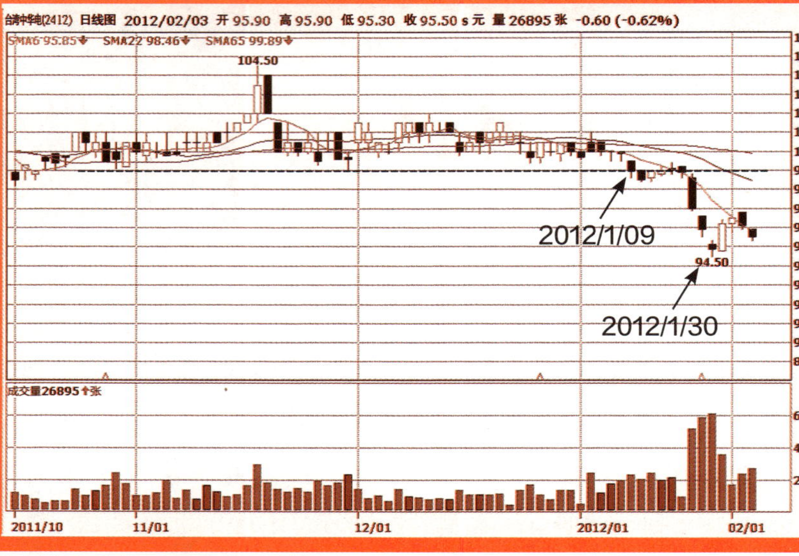

资料来源：富邦e01电子交易系统

司有什么坏消息，请问它为什么出现这样的走势？其实，不必问为什么，技术图形早就告诉你了，只是你信不信而已！

为什么要用技术面操作股票？

研究股票很复杂，包括基本面、消息面、技术面、产业面、经济面、政治面、心理面……要面面俱到可不容易，但是操作股票要简单，只要用“技术面”就可以面面俱到，因为技术面充分反映所有影响股价的因素。

1. 可以反映市场所有交易人的行为

股价走势包含着市场中理性与非理性交易的结果。其中，公司的基本面如资本额、本益比、净值、财务报表、营收等经济数据都是客观的具体数字统计，可是，还有对产业的前景、产业的转型、公司经营人的形象及宏观经济的现况等多空变数，这些都是主观的判断，属于市场的心理面。

客观的数据大家都看得到，所以决定要买或卖股票，都是在心理情绪的主导下进行交易，否则一家公司的基本面只有一个版本，市场怎么有人会看好去买，同时又有人看坏去卖呢？

无论交易人是以什么方法去衡量股市，只有完成交易的股价、成交量等数据产生的技术分析图，才足以衡量真实市场的现况。

2. 技术分析可以具体制定交易方法

技术分析每天产生的数据，能够让我们制定出一套可以具体分析及执行的操作方法，例如设定进出价位、止损止盈的点位、分析未来的走势方向、风险管控等。

任何人都会受到情绪影响，对行情的判断容易陷入一些主观的认定而做出错误的决策，技术分析可以避免这些情绪的干扰。

3. 技术分析是散户唯一可以依赖的市场信息

散户是市场中获取信息渠道最有限的群体，几乎不可能拿到第一手的内部或是外部的信息。因此，学会技术分析更为重要，看得懂行情走势及了解图形发出的讯息，才能在诡谲多变的市场中把握方向，而不会被周遭一堆的消息所迷惑，因为所有的消息面、基本面、心理面等都会反映在当天交易的价格以及成交量之中。

4. 学习技术分析的目的是看懂图形语言

股票走势图是每天交易结果出现的连续图形，反映出所有交易人的想法及做法，我们学习技术分析就是为了能够借助图形了解他们的想法及做法，以便日后研判发展走势及制定投资策略。

用技术面操作 可改变散户赔钱的命运

散户赔钱的原因有很多，下列6点是最常见的原因，我们只要用技术面去操作，就能够改变赔钱的命运。

1. 做错方向

散户赔钱的第一个原因是做错方向，听消息买股票，根本不知道大盘及个股现在走势的方向或位置，例如个股正在中期回档格局，前两天的上涨只是反弹，今天追买到反弹高点，结果明天就下跌而套牢赔钱。

要清楚知道股票现在的方向，唯有技术面可以解决，基本面再好的公司，股价一定会有下跌的时候，所以基本面不能告诉你现在股价的方向。

2. 买高卖低

散户赔钱的第二个原因是经常买到高点，这个原因很简单，因为股价上涨的第1天，心理没有准备，即使盘中看到它在上涨，由于前面走势是下跌，心中不免会怀疑真的会再涨吗？第2天继续往上，观察后，大致确认应该是真的上涨；第3天看它还涨，赶快追进，往往就买到高点。你想一想，涨了3天，涨幅大致都有10%以上，第1天买的人开始短线获利卖出，股价自然要休息或回档整理了。

技术面可以看出第1天上涨的形态位置是否符合买进的机会。如果是很好的买点，当然不会犹疑，立刻买进，如此买在低点，风险小，获利机会高，当股票涨上去，别人追高时，你正可择机卖出，获利轻松入袋。

3. 不知盘整是“整你盘”

散户赔钱的第三个原因是股价在盘整区上下震荡，仍然在买进卖出操作。盘整盘又称“整理盘”，意即“整你盘”。散户不是看不出股价在盘整区，就是受消息面影响一直想操作这只股票，结果不是两头被扒，就是资金套在盘整中。如果遇到一盘两个月，斗志消灭殆尽不说，盘整结束若往下跌破，那可还要再赔大钱呢！

我们从技术面可以看出股价是否进入盘整，这时可以退出休息，或者把资金挪去买其他上涨的股票，等到该股盘整结束，往上或往下，方向明确时再来做它，不是很好吗？

4. 不会止盈

散户赔钱的第四个原因是，买到一只上涨的股票，到高点该获利了结时，因为贪婪而舍不得卖出；当股价回跌时不甘少赚，心想等到涨回上次高点时再卖出，结果股价一路往下，该赚的没赚到，反而倒赔。

不会止盈是因为不知道哪里是高点。借助技术分析，就可以知道股价是否在高点，是否出现卖出讯号，主力是否在出货，自然就能够在相对的高点卖出股票。

5. 没有耐心

散户赔钱的第五个原因是没有耐心等待，随随便便就投入资金，凭感觉喜好或听消息就介入，结果不是被套牢，就是赔钱出场。

从技术分析图上可以清楚知道何处是好的买点，当买点没有出现时，要耐心等待，千万不可浪费子弹（资金）。

6. 没有定法

很多散户操作杂乱无章，一会儿想买，一会儿想卖；不知道为什么要买，不知道为什么要卖；赚了一点点就跑，赔了一大截却死抱活抱。如此没有定法，赔钱是必然，赚钱是运气。

技术分析最重要的一项功能，就是可以订定出一定条件下的交易规则，有了固定的交易规则，自然要比不切实际的胡思乱想执行操作，成功赚钱的概率大得多。本书第4篇介绍的“长短线操作战法”，特别介绍多种长短线的操作方法给读者参考运用。

经营股票当事业 要有的基本认识

有一种事业没有年龄的限制，没有性别的区分，不必很高的学历，不须姣好的外貌，不必投入很多的资金，不须昂贵的设备，不须很大的空间，不用面对老板，不用雇用员工，不用开发客户，不用抛头露面，不用交际应酬，不须背景后台，不会风吹日晒，不必上班打卡，不用远离家门，而且市场天天开门（周休二日及例假日休市除外），客户数以百万，交易金额日上千亿……真的有这种事业吗？

有！那就是经营股票市场。

俗话说得好，“靠山山会倒，靠人人会跑”。经营股票市场，确实是个很棒的事业，不过，“天下没有免费的午餐”，经营股票市场要赚钱，如同从热滚滚的油锅中捞黄金，看得到，却不容易拿到，想要看得到又捞得到，是需要一些本事的。

要学捞黄金的功夫，要先过下面3关：

入门第1关： 学习技术分析，改掉错误观念。
进阶第2关： 学习操作方法，找到自己模式。
赚钱第3关： 修炼上乘心法，完全纪律操作。

而且，把股票当成事业经营，你对股市必须要有以下4点基本认识：

1. 操作股票的目的是从股市赚钱，但是想赚钱并不表示你就能赚到钱。你必须在正确的时间做正确的事，赚钱只是结果，做正确的动作比想赚钱重要。

2. 要有心理准备，学股之路是艰难且漫长的，要想从股票学校毕业，你必须具备一项特质，就是“坚持的毅力”，如此才可能熬过黑暗沮丧的日子。

3. 操作股票是一种投机行为，投机本身是一门学问，既然是学问，那么就有道理可循，股市中的投机行为要奉行两个最高指导原则：

（1）能小赔不能大赔。

（2）大赚小赚都要赚。

简单说，投机原则包括：

（1）掌握主动权，小赔出场，拥有现金，才有主动权。如果被套牢不出场，不但大赔，而且完全被市场操弄。

（2）要掌握攻势权，每次出手前做好进攻及撤退的策略。做对，追求最高获利；做错，按照策略撤退。

4. 进场操作时要注意两点：

（1）顺着股票运动的方向操作赚钱，当方向改变时要出场。

（2）行进中注意危险讯号避险：任何时候，你手上持有的股票上涨概率必须大过下跌的可能，否则它就不该留在你的手中，即使是五五波也不该留。看到危险讯号，表示你获胜的概率此时已不超过50%，这时要当机立断，采取行动，千万不要在见到火车向你冲来时还漫不经心地在铁轨上散步。

“股市即生活，生活即股市。”面对股市，接受当下走势，处理手上持股，放下赚赔结果。

第6章

股市赚钱的最高心法：等、确认、集中火力、学到做到

2011年10月9日，我参加师大附中的同学会，高中同学范同学说："做股票好像在游乐场中玩打土拨鼠一样，一下子这只探出头，赶快去打，还没打到，另外一只又冒出头，想赶快打却令人措手不及。股票也是，一下子这只在涨，一下子那只在涨，不知道到底要追哪一只？追到的话，整天一颗心悬在那里，害怕追到高点；没追到的话，又眼睁睁看着股票涨上去，心有不甘啊！"

范同学说得一点都不错，一般散户做股票的心态就是如此，一颗浮动的心，始终无法安定下来。我建议他来上课，除了学习技术分析之外，还学习正确的操作观念及心法，了解做股票是怎么回事，这样心自然就不会那么乱了。后来，范同学不但自己来上课，还带他的儿子一起上课。

股市瞬间千变万化，心随境转诚属必然。要想降伏不安定的心，无法外求，只能内省，看破股海红尘，知其阴阳时序，顺其多空轮回，赏花折枝自然水到渠成，保持一颗平实有序的真心，股海扬帆顿时海阔天空。

在股市中要成功，除了技术、方法之外，最后也是最重要的

阶段就是“定心”，如何能够降伏一颗不安定的心，是本章重要的内容。希望读者阅读时能够用心体会，当你一念不生时，就是“开悟”之时。

心法1 股市赚钱是“等”来的不是“追”来的

在我授课的股票教室里有位黄同学，是一位知名的心脏科医生，也是一位名摄影师。他说，为了捕捉一个镜头，经常需要长久地等待，尤其是为了拍自然景观，如果到达目的地时天气不好，为了等天气好转，一等三五天是经常的事，至于翻山越岭、酷热寒冷，更是家常便饭。

这让我想起，每次到植物园时，都看到一些爱好摄影人士架好脚架及相机，为了等待而在聊天。他们无法追逐飞鸟，只有等待鸟儿的到来，捕捉完美的精彩画面。

在股票市场，许多人终日在追逐明牌，追逐消息，追逐金钱，如同天气的变化无常，也好像飞鸟的捉摸不定。其实，我们只要静下心等待，强势股票在技术图形中自然会表态，我们只要按照规矩买进，上涨多时，日后好消息自会出现。定法定心，遵守纪律操作，金钱自然跟着来。

“等待”是完美作品的必备条件，却是股票操作的至高心法。俗话说：“钱四只脚，人两只脚。”到处去追明牌，想发财，往往追得精疲力竭，仍然不可得。其实，股市要赚钱的第一心法就是“股市赚钱是等来的”，因此你一定要遵守以下6个等待原则：

1. 当股票下跌时，不要猜底，要“等”到打底，出现“底底高、不破底”及大量上涨格局时，再考虑做多。

2. 当股票打底突破前波高点，出现“头头高、底底高”及多头上涨格局时，要“等”到拉回没有跌破前波低点，再次上涨时，再进场做多。

3. 当多头行进连续上涨时，要“等”到回档修正后再上涨时，才买进。

4. 遇到盘整时，要“等”到向上突破盘整区上颈线时，才做多买进。要“等”到向下跌破盘整区下颈线时，才做空。

5. 高档爆大量，不要猜是否头部到了，要“等”到出现“头头低”及股价下跌时，才可以考虑做空。

6. 股价空头下跌，要“等”到反弹不过前面高点，再下跌时，才做空。

股票在进行时，除了上面的买卖位置之外，都是要“等”机会，只要会“等”，总是能够等到赚钱的机会。

心法2 “确认”是很重要的步骤

操作股票除了订好交易规则之外，“确认”是很重要的步骤。有一次，几位股友一起讨论股票，其中一位做长波段的戴老师谈到，他做大波段是看月线机会、周线有打底，然后在日线正确位置切入，然后沿着20周均线操作，在整个操作过程中，每个地方要确认后才会进场。

例如做多，必须月线确认突破下降趋势线，周线确认打底上扬，日线确认多头进场位置，他才会进场；比如周线是多头回档、日线呈现M头格局，即使月线、周线都确认是多头走势，他还是要等到日线转成W底、确认再度走多时才进场。

一位同学在2011年9月23日那天，当晨星（3697）股价下跌，在盘中接近20日均线时，认为会像前两次一样有支撑，就进场去买，没想到当天收盘价居然跌破月线，而且第2天又一根长黑，只好止损认赔出场。

这位同学的问题出在哪里？

问题是他没有确认就出手，如果他能够每次都确认之后才出手，就会买在右图❶、❷、❸、❺的位置。各位看看，是不是每次都赚钱？所以，千万不要去猜测股价的支撑何在，要等到确认K线有支撑且再上涨时才出手，你可能无法买到最低价，但是你一定是个赢家。

买卖股票，懂得“确认”是很重要的！多多体会，不要急，不要慌，等到图形确认再动作，这样投资股票不是很轻松吗？

家·泓·叮·咛

圣严法师法语：“要能放下，才能提起。提放自如，是自在人生。”股市何尝不是如此，买卖自如，自在股海。

我们在多头回档该买进股票的时机，是当回档不跌、股价再上涨时才买进，为什么要等到再上涨时？这就是等确认没有跌破前一天的最低点。

确认后再动作的重要性：以晨星为例

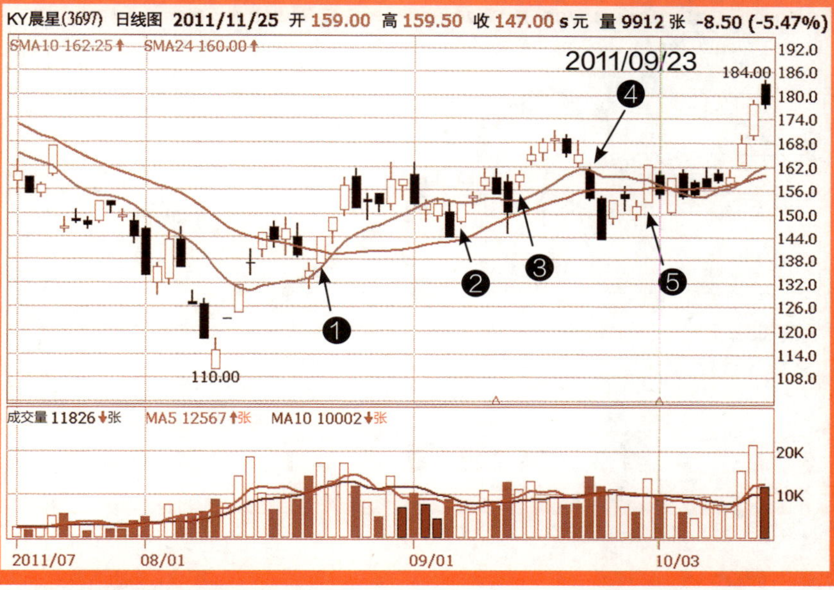

资料来源：富邦e01电子交易系统

▲上图说明：

❶ 晨星股价反弹结束后下跌，股价再向上时，确认过前一日最高点，且没有跌破前低点110元。

❷ 多头回档到月线，没有跌破月线，第2天再上涨时，确认月线有支撑。

❸ 多头回档到月线，跌破月线，收盘时回到月线之上，第2天再上涨时，确认月线有支撑。

❹ 2011年9月23日收盘跌破月线，次日再下跌，月线没有支撑。

❺ 股价再站上月线，拉出长红K线，突破前5天K线的最高点。

未确认与经过确认的结果不同：以合晶为例

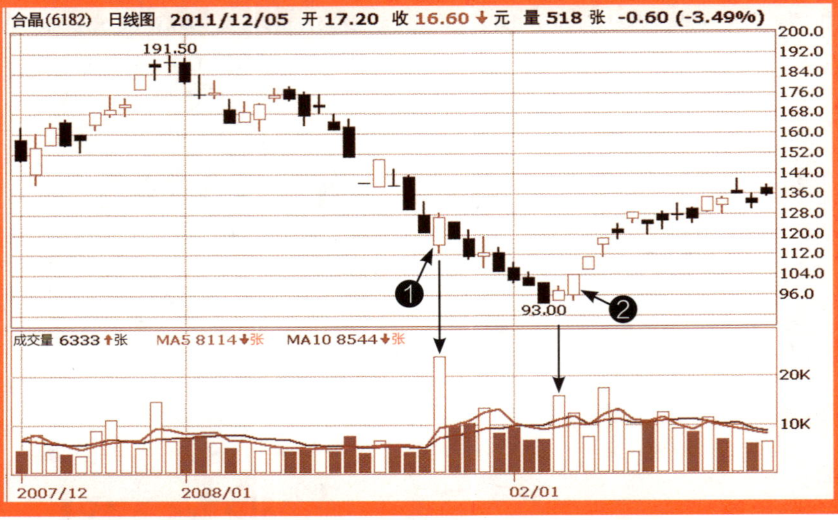

资料来源：富邦e01电子交易系统

▲上图说明：

❶ 急跌当天开低走高，同时爆大量拉出红K线，有机会反弹，但是第2天没有过红K线的最高点确认，不能进场抢反弹。

❷ 前一日出现大量止跌，今日拉出红K线过昨日K线的最高点，确认，可以抢反弹。

同样地，股价跌到支撑位置，要等到不跌再上涨时，才能确认这个位置是有支撑的；多头趋势没有改变前，不能自认为多头趋势结束，除非波浪形态经确认出现“头头低、底底低”格局时，才可以说趋势改变。

心法3 集中火力才能专心操作

分散风险好，还是集中风险管控好？这是每个投资人都会想的问题，这要回到你投入股市的目的是什么，如果是作为长期投资，自然是分散风险较好，股票应该只是投资理财的一个选项，其他可以分散投资在不动产、基金、黄金等工具上。

如果你的资金不多，只能投入股票市场，希望能够获取高报酬，那么就要集中火力，把鸡蛋放在同一个篮子里，全心全意地照顾好，如此才能达到高利润的目标，原因如下：

1. 分散风险的同时也会抵销利润

许多人觉得好股票太多，这个也买，那个也买，手中持股10—20只，实际上，股票走势不会都一样，结果有的涨，有的跌，到最后，赚到的被跌掉的给抵销掉了。

2. 同时持有多只股票难以兼顾

当手中持股10—20只，每天收盘后每只股票的功课都做不完，盘中还要兼顾那么多只股票的涨跌，往往顾此失彼，要是遇到什么大的变动，恐怕要紧急处理都来不及。

3. 持股3—5只，专心操作

精选有题材、有趋势、有发动中的强势股票买入，持股不超过5只，集中火力及专注每一只股票的走势变化，更能随时果断执行止损及止盈。

4. 汰弱换强，以保持获利

手中永远留着正在上涨的股票，盘整不涨或下跌的股票要换掉，保持利润的延续性。

具备以下操盘情商过4关

第1关：起涨的买点

● 具备看图正确选股的能力，清楚知道是否为正确的买进位置。

● 具备“敢不敢”的执行力，机会来了要敢买，犹豫不决，机会稍纵即逝。

第2关：止盈的卖点

● 急涨时要抓住最佳卖点，本书后面篇章都有详细说明。

● 遇压不涨时，止盈。

● 止盈要“狠”。不该贪时，要舍得出场，才能保证获利入袋。要记得！会卖才是师傅。

第3关：等杀低买点

● 第2关高档止盈之后，才能找杀低买点。

● 情绪快乐：在高档止盈卖掉的人，等杀低后找买点轻松买回，立于不败之地。

● 情绪挣扎：第2关没卖的人，杀低会想止损，每次耐不住就杀在最低点，常常会陷入追强势股但是赚不到钱的困境。

第4关：出现头部结束

出现高档爆大量、量价背离、多头不过前波高点、K线反转、均线死亡交叉等5种现象，拍拍屁股走人。结束多头操作。

家·泓·叮·咛

赚钱的关键是要会止盈，不赔大钱的关键是要执行止损。

心法4 学会、做到 才能成为赢家

很多投资人很努力，花钱买书来看，缴费上课学习，但是操作绩效还是没有改善，关键在于没有“学以致用”。

说实在的，股票要学的知识真的不多，大概只要看不同的10本书就可囊括了，这些不多的知识，在操作时却往往做不到，这才是投资人一直不能成功赚钱的原因。由于股票市场不是个平静稳定的市场，每天上下波动，深深牵动投资人那颗不安定的心，身在股海，心不由己。

大家都知道，军队训练是为了防止士兵真的上战场时惊惶失措，所以在平时有所谓的“军事演习”，操作股票的自我训练，同样要“股海操练”，实际应用所学，建立信心和习惯，才能改变赔钱的命运。

“一次完整赚钱的经验”是非常重要的经历，用少量的5万—10万元资金。根据所学的知识，挑选一只当下有题材、符合技术图形多头起动的位置，买进一张股票，选择一种固定的操作方法，然后要求自己绝对按照纪律进出，该止损时止损，该买进时买进，该止盈时止盈，一直做到趋势改变为止。遵守纪律，完整地操作一次，相信会有很大的收获及体悟，下定决心试一次吧！

学到什么就要做到什么 才能制胜

前面说明，想成为赢家，要把平常学到的知识在操作时做到。首先，各位要彻底了解技术分析名词的定义，然后要知道股票操作时该做什么动作，并确实执行。

1. 多头走势

定义： 股价一直创新高，回档时不破前面低点。

动作： 做多买进，买进的位置请看第3篇“技术分析进阶”。

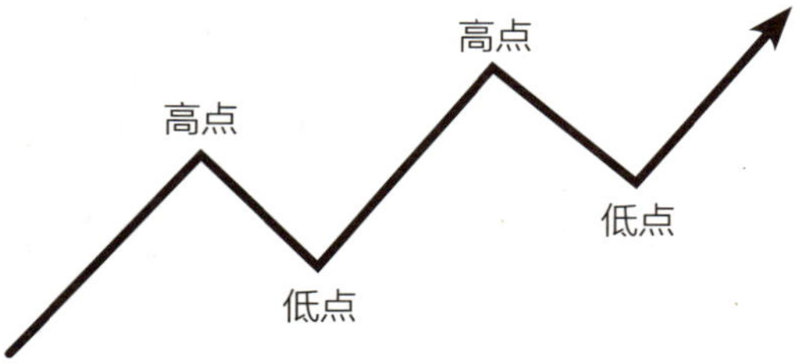

2. 多头回档

定义： 多头上涨一段后的下跌修正，回档时没跌破前面低点。

动作： 回档下跌时，不可预测止跌的位置买进，要“等到”出现止跌讯号，第2天不再跌破前一天最低点，同时收盘前确认是上涨过前一天最高点的红K线后买进，也就是“回后买上涨”。

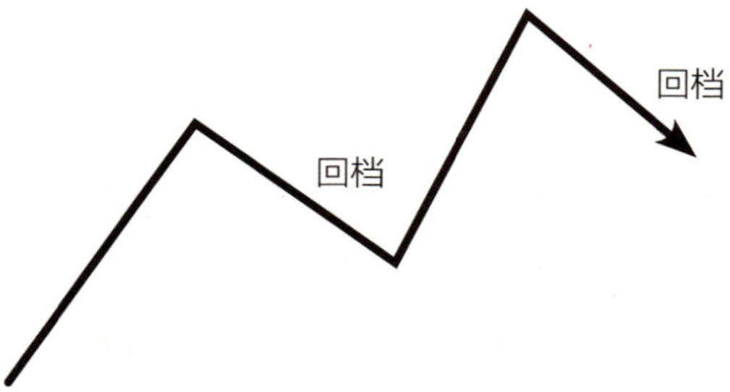

3. 多头休息

定义： 多头上涨一段后出现“头头低”现象，波浪转折高点不过前面波浪转折高点而下跌，注意！这与“多头回档”不同，多头回档是突破前面高点后才下跌。

动作：持有多单的要退出，避开股票进入盘整或反转的风险。空手投资人不可有做多或做空的动作，要“等到”趋势明朗时再说。

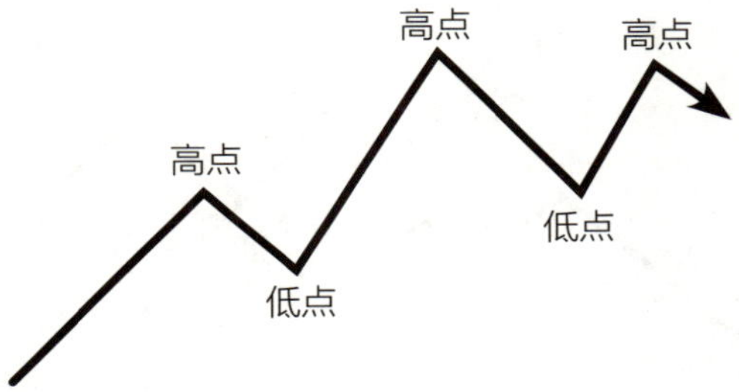

4. 多头盘整

定义：多头上涨一段后出现“头头低”现象，波浪转折高点不过前面波浪转折高点而下跌，下跌时没有跌破前面波浪转折低点就上涨，股价横向发展成“高不过高、低不破低”的区间盘整。

动作：盘整时勿操作，“等到”盘整结束，股价大量突破盘整区时，做多买进；股价跌破盘整区，为做头反转，可以做空。

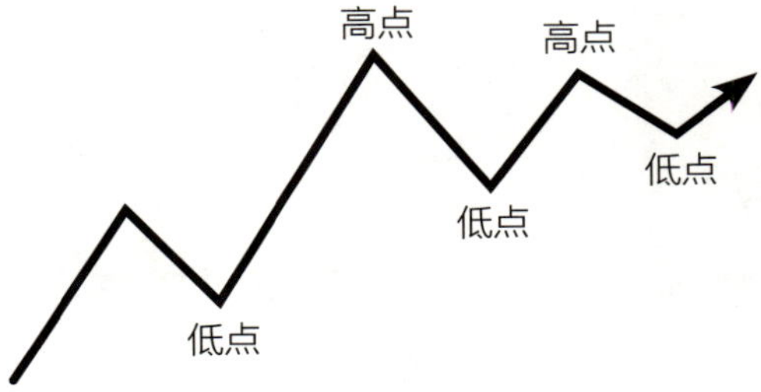

5. 多头反转

定义：多头上涨一段后出现“头头低”之后，又出现跌破前面低点，呈现“底底低”格局。

动作：符合空头形态，思考做空，“等到”反弹不过前面高点，再往下跌时，做空单卖出。

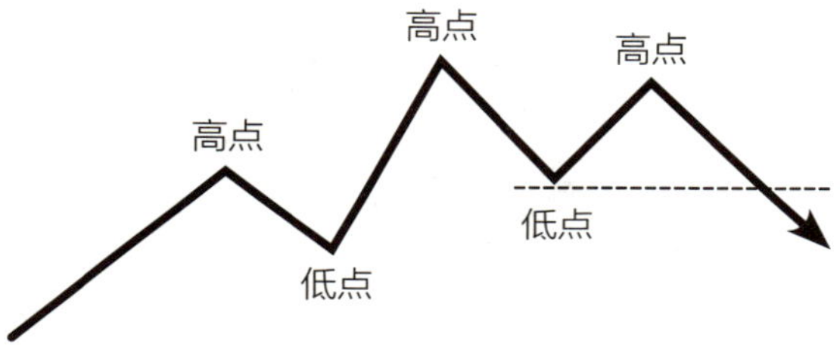

6. 空头走势

定义：股价一直创新低，反弹时不过前面高点。

动作：做空卖出，卖出的位置请看第3篇“技术分析进阶”。

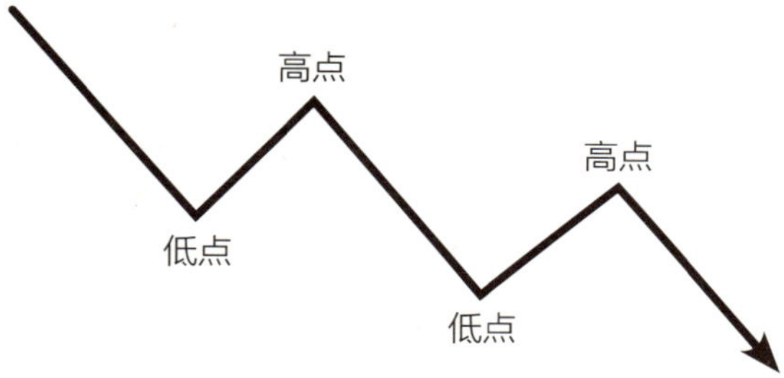

7. 空头反弹

定义：空头下跌一段后的跌深短线反弹，反弹时不能突破前面高点。

动作：股价反弹上涨时，不可以预测会弹到哪个位置而去做空，要“等到”出现止涨讯号，不再突破前一天最高点，同时第2天下跌，跌破前一天最低点的黑K线确认后再做空，也就是“弹后空下跌”。

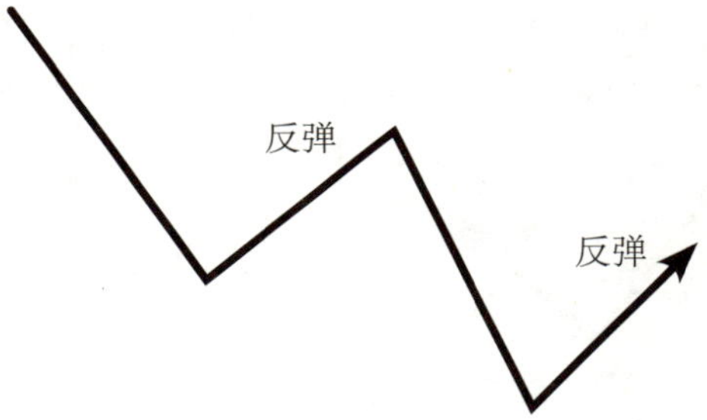

8. 空头休息

定义：空头下跌一段后，出现“底底高”现象，波浪转折低点不破前面波浪转折低点而上涨。注意！这与“空头反弹”不同，空头反弹是跌破前面低点后才上涨。

动作：持有空单的要回补退出，避开股票进入盘整或反转的风险。空手投资人不可有做多或做空的动作，要“等到”趋势明朗之后再说。

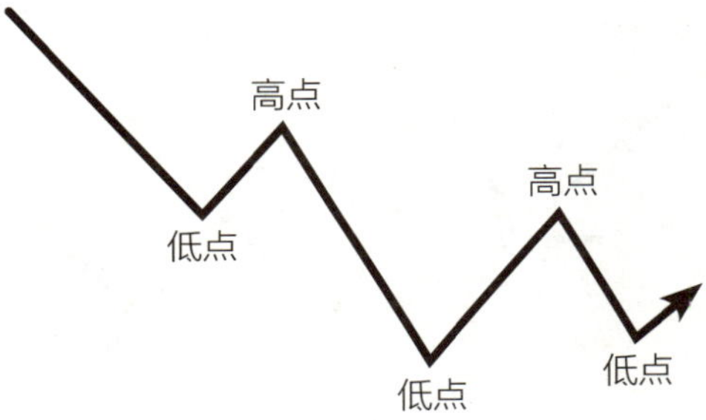

9. 空头盘整

定义：空头上涨一段后出现“底底高”现象，波浪转折低点不破前面波浪转折低点而上涨，而上涨又没有突破前面波浪转折的高点又下跌，股价横向发展成“高不过高、低不破低”的区间盘整。

动作：盘整时勿操作，“等到”盘整结束，股价大量突破盘整区时，做多买进；股价跌破盘整区，为续势空头，可以继续做空。

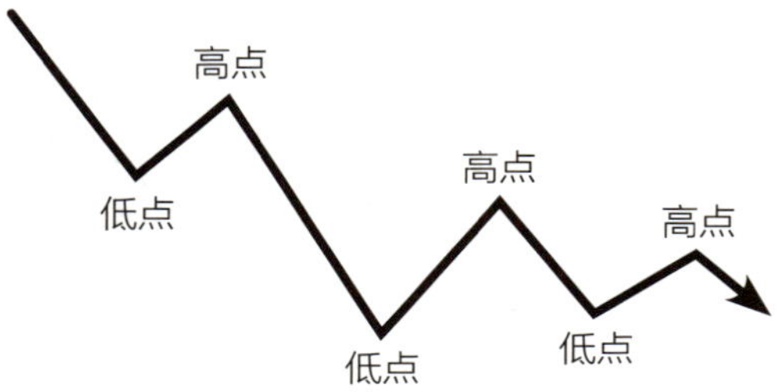

10. 空头反转

定义：空头下跌一段后，出现“底底高”现象，之后又出现突破前面高点，呈现“头头高”现象。

动作：符合多头形态，思考做多，“等到”回测不破前面低点，再往上涨时，做多买进。

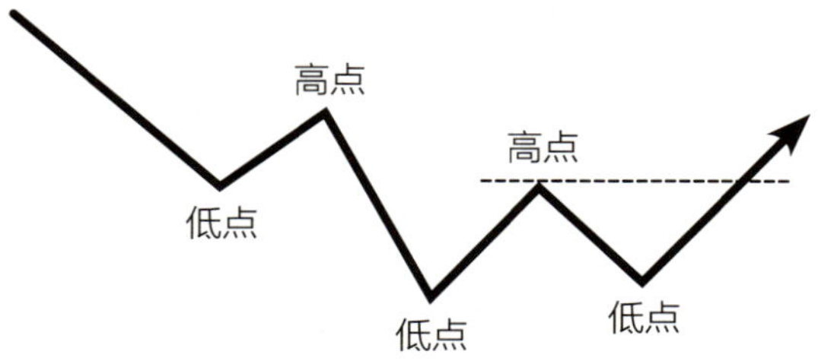

11. 盘整

定义： 股市走势不符合多头的定义，也不符合空头的定义，往横向发展。盘整位置又分为底部盘整、续势盘整与头部盘整。

动作： 进入盘整区，建议退出观察，因为盘整期间可以是一周，也可以长达数月之久，资金不宜留在盘整区。任何位置的盘整，都是另一次上涨或下跌的机会，最好的策略就是“等待”。“等到”盘整结束，向上带量突破时，做多；向下跌破时，做空。

12. 止损

定义： 停止让损失扩大，赔钱卖出。止损是进入股市避开危险的刹车机制。

动作： 任何时候进场做多或做空，都要设定止损；股价到达止损时，要果断执行止损。

13. 止盈

定义： 结束操作，出脱股票，让获利入袋。止盈是进入股市是否能够赚钱的关键动作。

动作： 股价到达预定目标价附近，股价出现不再续强的现象，止盈出场；股价获利到达自订交易规则的出场条件时，止盈出场。

14. 假突破

定义： 股价上涨突破压力后，3天内又跌回到压力下方。压力包括股价前高、盘整区的上颈线、均线、下降趋势线、缺口等。

动作： 按照交易纪律进场买进，如果出现假突破，要立刻出场，避开真下跌的风险；假突破后出现真下跌，要反手做空。

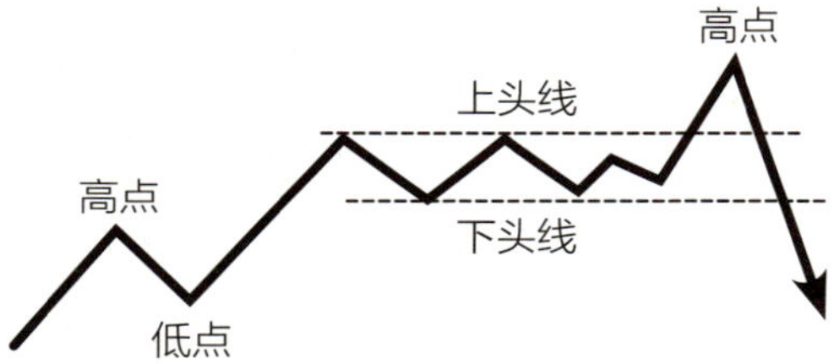

15. 假跌破

定义： 股价跌破支撑后，3天内又上涨回到支撑上方。支撑包括股价前低、盘整区的下颈线、均线、上升趋势线、缺口等。

动作： 按照交易纪律进场做空，如果出现假跌破，要立刻出场，避开真上涨的风险；假跌破后出现真上涨，要反手做多。

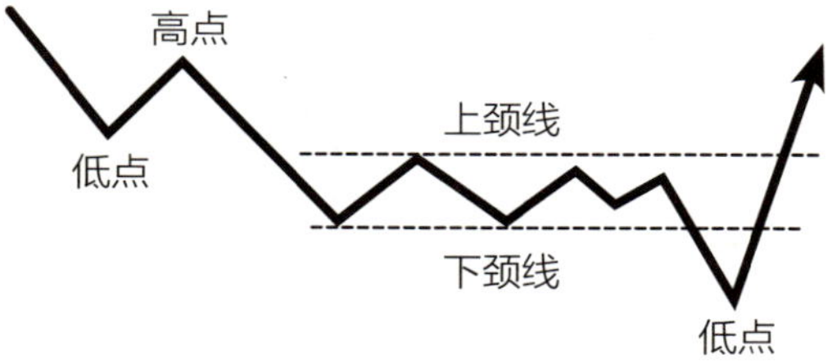

圣严法师法语：“把自己的心转过来，运也就好转过来。”股市何尝不是如此，运随心转，观念改变，动作改变，赔钱的命运也就会改变。

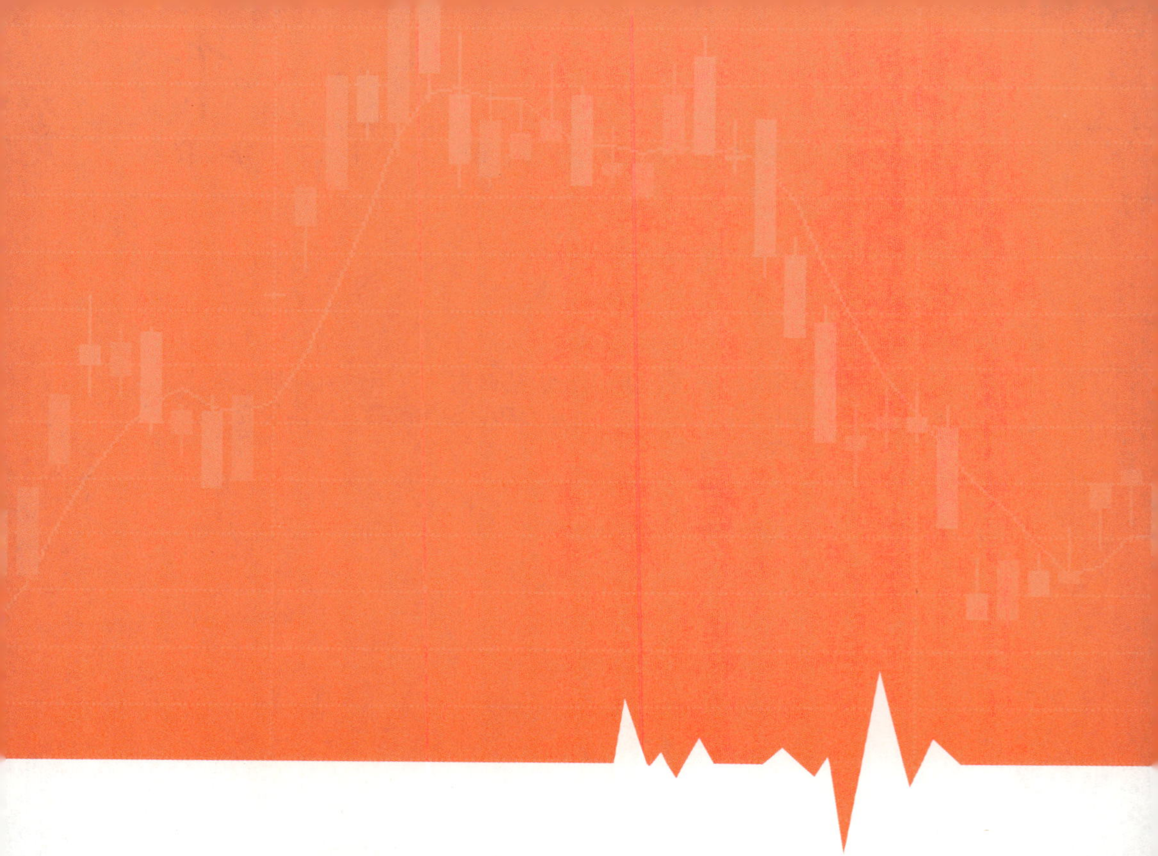

第2篇

钱进股市的前置备战作业

操作股票的赚赔是最后的结果，前面的学习、准备的过程才是执行成功的原因。

如果不去了解整个学习、订定策略及操作过程，就想得到赚钱的结果，可谓“缘木求鱼”。

让我们站在制胜高点综观全局，才不会犯下见树不见林的错误。

第1章 想靠股票致富 进场前你必须做好的准备

一般人总把股票交易看成是一件很简单的事，认为只要在低价时买进、高价时卖出，不就成了。因此，总是很轻率地就投入资金，等到手上持有股票时，才发现股价上下波动，跌了要不要卖？涨了要不要跑？不知道如何是好。

我们拿钱投入股市，如同投资其他事业一样，要认真地面对它。如果你漫不经心，没有整体规划及策略，那么一定会损失大笔金钱。

其实，几千年前的《孙子兵法》第一章“始计篇”中强调的“庙算”观念，即说明了同样的道理。孙子说：“夫未战而庙算胜者，得算多也；未战而庙算不胜者，得算少也。多算胜，少算不胜，而况于无算乎？吾以此观之，胜负见矣。”

孙子的意思是，作战之前，就预计可以打胜战的一方，是因为在开战前就已经分析过敌我的利弊条件，制定作战攻防策略、筹划周密的结果；作战之前，就预计无法打胜战的一方，则是因为在开战前就欠缺战胜条件、筹划不够周密的结果。作战之前，条件具备、筹划周密、策略完备的一方就能够取胜；条件不全、筹划不周、策略错误的一方，就无法取胜，更何况是不做准备、没有筹划、毫无条件、没有策略的人呢?

股票市场就如同战场，不了解敌人（市场），没有经过准备训练，又没有做事先的评估，计算获胜的概率，毫无章法就进场投入资金，无非是飞蛾扑火，尸骨无存，不可不慎!

从学习到操作股票的完整流程

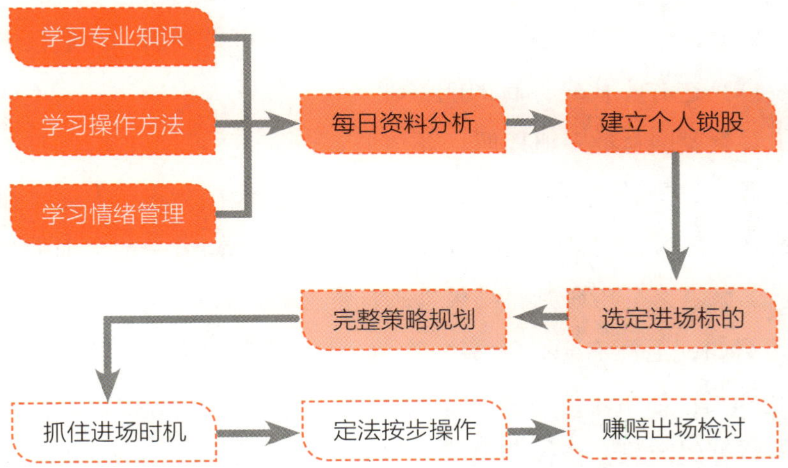

进场前 你该学习的专业知识

做股票要学的专业知识很多，但是一定要先学会以下基本的重要知识：

1. 股票投资基本入门常识

投资股票前一定要先了解什么是开户、买卖股票、交割集保、本益比、股票净值、殖利率、股票分类、融资融券、上市上柜、面值、市值、手续费、证交税、违约交割、全额交割、市价限价、当日冲销、除息除权等股市基本常识。

2. 完整的技术分析专业知识

技术分析是进入股市的基本专业知识，如同在学校所读的教科书，任何人只要花时间用功学习，都能学会。技术分析是基本功，具有完整的技术分析能力，基本上，你已经可以判断一只股票的好坏，但是这并不代表你真的能够赚到钱，如同大学毕业后，不代表进入社会就会从此一帆风顺。

我在这里特别强调“完整”两个字，现代社会资讯发达，投资人都懂一些技术分析。问题是，大多数人只是知道一些片面的技术分析，就拿来分析研判，结果当然常常失败。

例如，上涨有量，追买力道强，可以买进股票，事实上一定是这样吗？如果不综合考虑股价位置、均线变化、K线形态、走势方向、筹码数量、指标现象等，就会经常判断失误，导致进场操作失败。

完整的技术分析包括：（1）波浪形态；（2）K线强弱；（3）均线切线；（4）价量关系；（5）MACD、RSI、KD等指标。其中前4项，我称为技术分析的“四大金刚”，在《抓住飙股轻松赚》中有详细的介绍，读者可以参考。

3. 研究基本面的专业知识

解读公司的财务报表、财务结构、营运方向及未来发展等。

要有毅力 认真学习操作股票的方法

很多人都会问："做股票真的有赚钱的方法吗？"答案是："有的。"

早在1983年，美国芝加哥知名交易员理查德·丹尼斯（Richard Dennis），当时他37岁，已经用几百美元赚到数百万美元。他认为，赚钱的操盘员不是天生的，只要经过适当的训练，任何人都能学会如何交易。丹尼斯本身就是用技术分析操作的成功交易员。

当时他的合伙人威廉·艾克哈特（William Eckhardt）并不同意丹尼斯的看法，艾克哈特认为，投机操作的能力是一种天生的感觉、主观、直觉的天赋。

为了证明各自的论点，他们俩在1983—1984年做了一个实验，招募各行各业各个阶层，不同年龄、学历、成长背景的一群有意愿学习交易的学员，花了两个星期教导他们所需要知道的商品知识，以及一套简单、易于遵守的交易规则，完成课堂学习指导之后，每个学生都分配到100万美元资金以供交易。其中，许多学员每年获利可达100%甚至更高。

这个出名的实验训练，就是后人众所周知的"海龟特训班"。丹尼斯的实验证明，在一切条件相同的情况下，任何人都能学会股市赚钱的方法！

每个投资人都有一套自己操作的方法，有些人凭感觉买卖股票也能赚钱，有人做当日冲销赚钱，有人用基本面财报赚钱，有人等大机会做波段赚钱，方法上百种，能够赚钱的就是好方法，怕就怕没有方法就到股市乱冲，头破血流事小，粉身碎骨也不意外。

所以，一定要先学会几种操作股票的方法，再到战场练兵。本书第4篇介绍操作方法，读者可选择适合自己个性的方法，先用小钱（10万元就够了）开始练习，在实际操作中去感觉，再用实际经验去修正，慢慢找到你可以信任的赚钱方法。

培养操作制胜必备的7种能力

在股票操作过程中要具备一些能力，这些能力的强弱直接影响操作绩效的好坏。所以，我们一边操作，一边要在操作实际经验中提升以下7种能力：

1. 看图选股的能力

选股的能力不是单纯指技术分析，技术分析固然可以帮助我们研判图形的走势，但是一些实务上的经验，更能提高判别的准确度。例如，图形无法看出这只股票是否为主流类股，图形无法知道股票的基本面，所以公司基本面、产业未来发展情形、当下主流股、热门题材等这些都是选股的能力范围。

看图能力可以经由不断练习来提升，所谓“熟能生巧”，如同跳舞一样，基本的舞步不纯熟如何能够跟上音乐？如何顾到姿势？如何变换花式？更不可能做到行云流水的动作了。

2. 执行止损的能力

“止损”只有两个字，能够做到，可是一项不容易的能力，因为没有经过一段时间的毅力、决心的训练，普通人是很难每次都做到的，偏偏执行止损的能力是古今中外任何成功投资者的必备条件。

要在股市生存，一定不能大赔、惨赔到重伤不起，能够做到小赔的唯一方法只有“止损”这两个字。股市中再大的风险，只要执行止损都能够避开，这项“执行止损”的能力，就如同车子的刹车系统，不能没有。

3. 果断止盈的能力

我们到股市投资，当然不是来止损消费或娱乐的，投入股市的目的是“赚钱”，操作的重点全在此处。无论要赚“大钱”或“小钱”，都要具有“止盈”的能力。不会“止盈”，如同入宝山，空手而回，难怪股市中说：“会止损只是徒弟，会止盈才是师傅。”

许多人会选股、会止损，可是仍然觉得很难赚到钱，原因是欠缺“止盈”的训练。在我追随李老师学习的两年时间里，他曾经在技术分析教室告诉我们，止盈要“狠”。该贪的时候要贪，不该贪的时候不能贪，到达获利目标，在技术分析出现该卖的讯号，或者出现自己纪律交易的出场条件时，就要狠狠地卖出股票，获利入袋。

“止盈”有两个重要的意义：第一，让获利入袋；第二，“避险”。该卖出却不卖出，非但获利被吐回（这就是赚不到钱的原因），如果行情反转，反而要赔钱。因此，没有“止盈”能力，在股市中是难以赚钱的。

4. 反败为胜的能力

固然“胜败乃兵家常事”，但股市中只有赢家与输家，要成为长期的赢家，就必须要具备“反败为胜的能力”。

股市变化理由错综复杂，再厉害的高手也难免马失前蹄，对瞬息万变的股市要具备应变的能力，如果掉到败部，必须能够反败为胜。

例如2011年11月下旬，台湾股市低迷不振，大多数股票处在下跌的空头，手中持空单的人很多，在11月30日晚上，大陆突然发布下调存款准备金率0.5个百分点，全球股市应声大涨，美国道琼斯指数更是大涨490点，这样的突发性经济利多，当然会立刻反映到第2天台股的走势，这时必须采取断然措施立刻回补空单，千万不能漠视不管。

股票“反败为胜”最重要的方法就是“汰弱换强”，汰弱只是止血，还要“换强”才能反胜，当手上股票弱势或赔钱时，要立刻“汰弱换强”。

5. 操作短线或波段的能力

股市赚钱终究是靠操作，同一只股票，会操作与不会操作的结果差很多，由于市场的环境不会一成不变，所以要具有短线操作的能力，当波段获利的机会到来时，要有操作波段的能力。本书第4篇分别介绍多种操作方法，当然读者要自己经过实际操作才能灵活应用。

6. 守株待兔的能力

读者可能会认为“守株待兔”就是等待机会而已，哪里需要什么能力？如果你也这样想，那可就大错特错了！守株不一定就能等到兔子，看到兔子不一定就能抓到。

守株待兔的能力就是锁股追踪的能力，锁对股票，机会出现时，要有勇气立刻进场。

7. 检讨改进的能力

每一次的交易都是宝贵的经验，对初学的投资人来说，每次交易无论赚或赔都要把图印出来，把当初进场的理由、采用的策略、操作的过程、卖出的理由一一写下，并且检讨这次的心得，不要嫌麻烦，这是自我成长进步的重要功课。

以上每项能力都很重要，日积月累，自然能够提升股市赚钱的功力。

做好情绪管理

学习的最后一项，也是最难的一项，就是情绪管理。偏偏情绪又是决定操作成败的关键，无法控制情绪，即使有很好的技术，也无法发挥，像曾雅妮打高尔夫球、王建民投球，临场的抗压、心情的起伏，绝对会影响比赛时的表现。

人是情绪动物，任何人都会受到心理面的影响，我们要设法控制自己的情绪，使它的影响降到最低。

有人说："股市如人生"，人的一生起起落落到终了，没有几个人没有遗憾，大家都说要修行，可是能修成的也没多少人。人生境遇太复杂，许多时候不是自己能够掌控的。股市比起人生要单纯得多，至少许多地方我们可以预测、可以掌控。

每日一定要做的数据分析功课

现在资讯发达，网络盛行，每天可以看到许多的资料，当然，如果你是专业人员，分析的资料可能层次比较高，例如电子类股票，会分析国际上电子相关的产业公司的状况。

你也会收集全球其他地区的各项经济数据做分析，对世界各地的政经政策也会提出看法，可是一般投资人恐怕无法达到这些境界。但是，有些贴近台湾股市，短期会影响股市的资料，即使是一般投资人，还是要每天记录观察，因为这可以帮助投资人了解股市动荡的原因及可能对股市造成的影响。

1. 全球股市要看美股、欧股、A股、港股、韩股及日股的盘势，全球的经济都会影响台湾股市。

2. 台湾股市每天要看走势的变化，包括日线、周线，长期的方向则要看月线。

3. 价量的变化要分析，尤其是转折的位置、成交量的变化，能够透露主力的企图，必须列为每天一定要分析的资料。

4. 现在外资对台股的影响很大，因此每天要记录外资的进出。另外，对外资在期货上的多空布单也要认真看待。

5. 要看台湾前五大及前十大交易人及特定法人的期货多空未平仓单变化。

6. 每日三大法人的买卖超市场融资融券的变化资料。

7. 台股收盘后的各项数据，例如当天收盘价、开盘价、最高价、最低价、短中长期均线变化。

8. 各类股的走势状况、交易资金分配状况，以及对大盘的可能影响。

9. 台股指数期货的各项数据与台股指数的正负价差可能造成的影响。

10. 逐一审视当日强势股及弱势股，归纳发现主流类股、多头或空头刚发动的股票。

建立个人的锁股数据库

台湾股票上千只，不可能每只都做或每只每天都看，因此要选择一些有赚钱机会的股票，建立个人资料库以方便锁住它，平日就注意它们的发展，机会一出现，能够在最短时间抢夺先机，立刻买进。

前述的每日资料分析中的第10条："审视当日强势股及弱势股"，是发现好股票的重要功课，借用市场的自己表态，很轻松就能发现强势股、弱势股、主流股等股票。

自己经过基本面、技术面的分析筛选，剔除一些股本过小、成交量过少、股价太低、基本面太差可能退市的股票之后，可以把下列股票纳入自己的锁股数据库。

1. 波浪形态明显，刚开始发动的股票。

2. 正在底部盘整的股票。

3. 多头回档或盘整等待续势再上涨的股票。

4. 高档盘整，可能做头的股票。

5. 中小型的强势飙股。

6. 主流类股中的强势上涨股。

7. 各类股的龙头股。

8. 占大盘权重的指标股如台积电、鸿海，高价股如宏达电、大立光等，作为影响大盘指数的参考。

开盘前的准备工作

“凡事预则立，不预则废”，操作股票每天要做好次日的准备工作，这样就不会慌慌张张地上战场，有了规划，操作有所依归，可以大大减少情绪的影响。

例如，前一天就先分析好手上的股票走势，如果次日股价收盘前5分钟没有跌破10日均线，则继续持有，那么第2天盘中股价的上下波动就不会影响你的心情，到下午1时25分看看股价是否要处理就可以了。

开盘前要先完成以下4项事情：

1. 分析手上持股。如果手中有持股，分析持股是第一项工作，因为你已经投入了资金，关系到赚赔，一定要全神贯注分析你的股票，详细说明今天盘中的策略，是否要止损或止盈，还是要加减码或换股……

2. 对计划今天要进场的股票，要做好准备，到什么价位要进场或符合什么条件时就要进场。

3. 对今天大盘可能的走势要有一个方向，作为行情背景的参考。盘中根据市场变化做调整。

4. 上午开盘前要看一下韩国及日本股市状况以及期货开盘的情形，这些都可以为你提供关于今天大盘的修正参考。

第2章 我这样展开“股市公务员”的一天

如果把操作股票当作事业，那么每天的工作就像是公务员上下班一样，我就是股市公务员！每天早上8点上班，到我的工作室，在开盘前准备好今天工作的“备战表”，内容如下。

我操作股票的每日“备战表”

第1步	分析国际盘，包括美股、欧股、A股及早上刚开盘的韩股及日股行情。
第2步	对台股大盘的分析，包括研判今天可能的走势是开高走低、开低走高，还是上下狭幅震荡，预判可能的高点及低点、往上压力的位置及往下支撑的位置。
第3步	分析昨日台股K线、设定今日高低关卡的点位。
第4步	分析昨日期货指数的走势、设定今日高低关卡的点位。
第5步	分析手中持股，包括：上档可能的压力、走势是否保持原来的方向、今日可能来到要止损或止盈位置的处置，以及那些锁股今日要观察的盘中现象（例如接近盘整末端的锁股对象）。

股市公务员的标准SOP作业流程

上述5项作业完成，冲泡一杯香浓的咖啡，翻阅一下当日的财经报纸（只是参考），等待上午8:45台指期货开盘，就正式开始今天重要的工作了！

8:45 台指期货开盘

我的主画面是5分K线图，开始记录开盘点数。前面3根5分K线的收盘点数，可以作为现货可能开盘点位的参考。

9:00 台股现货开盘

记录开盘点位、上涨或下跌的百分比、成交量、委买/委卖比值、均买张与均卖张差数、委买卖张差、估计成交量。以上资料数据除了开盘记录外，还要记录9:05、9:10、9:15及10:00等4个时间的资料，同时观察这1小时盘面变化，大致掌握今日的概况。

盘中同时也要浏览亚洲股市的走势状况，当然要看手中持股变化，是否来到“备战表”的止损止盈位置，以及走势状况、成交量情形及盘中是否出现异常大量连续买单或卖单的情形，只要仍符合个人定法纪律的持股条件，原则观察就好，守纪律操作如同公务员依法行政一样，安稳行得百年船。

10:00—12:00

在这2小时的中间时段应多看少做，因为股票主力今天的策略动作在上午10点前就已完成，在10点至12点期间，大多是散户交易，或者是主力为配合期货的多空在做现货的调整。这当日晚上要利用时间写完“股票日志”，进行每日数据分析，建立及检视锁股数据库，做好明日的准备工作。如此充实忙碌的一天，看来要做个称职的“股市公务员”，也实在不简单呢！

段时间，除非手中持股有出现纪律要出场的状况必须处理，或者在盘中看到自己的锁股已到进场的机会点，才做动作，否则这段时间可以站起来活动一下筋骨或闭目养神一下。

12:00—13:00

通常这期间股市交易又开始活络，这时要观察是否有尾盘强势往上的股票，这些股票明日会有续涨的能力，检查线型后可以买进一些，进行短线获利。

13:00—13:30

要精神贯注，注意自己手中持股的今日K线形态，预估收盘是否到自己设定的止损或止盈价位，如果还在正常行进范围内，就放心持股续抱。

13:30 现货收盘—13:45 期货收盘

把今天大盘的走势图再看一遍，检讨是否与自己盘前研判的“备战表”一样，并且把大盘、期货、手中持股今天的价量、均线、高低价、买卖等资料登记在“股票日志”上。哈哈！公务员今天准备下班啦！

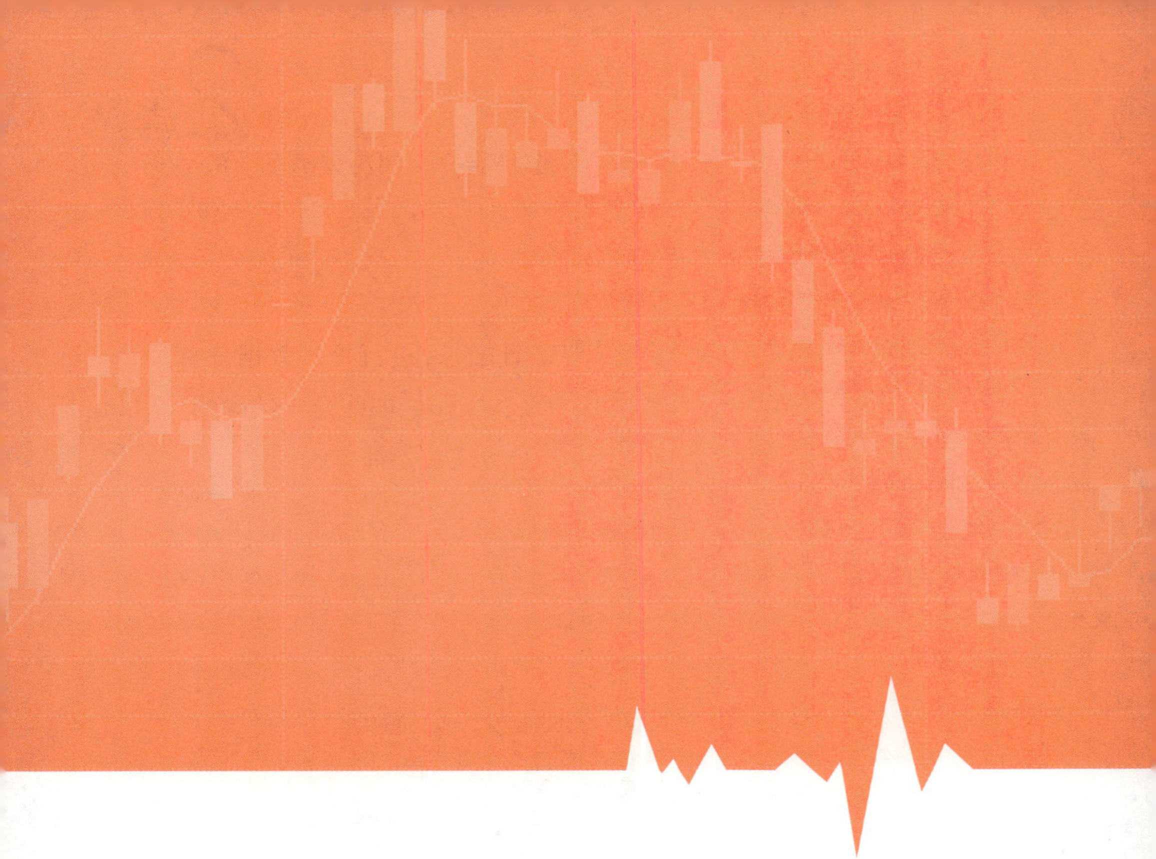

第3篇

4大技术分析的进阶应用

技术分析不仅是分析图形的工具，更是我们操作上的依据。

在面对股市变化时，技术分析可以提供即时的讯号，让我们能够抓住机会，进场获利，或者立刻出场避开灾难。

本篇为技术分析的进阶应用，能够帮助读者更进一步地认识技术分析，以便在操作上能够更得心应手。

第1章

波浪形态进阶研究①：多头、空头及盘整图形、买卖位置

在我这几年教课过程中，我发现同学的问题大多是看不出趋势方向，因此经常在下跌的时候做多，做错了方向。另外，是进场位置不对，自己认为股票好就赶快买进，结果往往买到高点；或是回档修正，自己认为股价低就去承接，往往股价继续下跌。这些问题正说明了波浪形态的重要，只要能透视波浪形态的特性，就可以清楚看出趋势方向，同时也可以知道最佳的买卖位置，如此自然能够轻松操作。

技术分析的“四大金刚”是波浪形态、K线、均线及成交量，其中以“波浪形态”为首（“四大金刚”请参见《抓住飙股轻松赚》），因为波浪形态可以判别多头、空头或盘整的走势方向，同时发现方向的改变、确认方向的结束，并且能够有明确的进出位置，所以是学技术分析很重要的基础。

本章进一步说明波浪形态的角度、位置、回档及反弹的幅度、突破及跌破关键支撑或压力的形态、底部及头部的形态判别等，帮助读者在实际操作中更能驾轻就熟。

多头波浪的完整走势及进场位置

同学大多习惯做多，2011年大盘直直落，股票跌的多、涨的少，害得不少同学赔钱。如果对多头走势的特性充分了解，就不会在行情不好的时候一味做多了。

1. 对多头波浪应有的重要认知

（1）转折高点（称头或峰），后面头比前面头高，股价一直在创新高（简称为“头头高”或“峰峰高”）。

（2）转折低点（称底或谷），也是后面底比前面底高，股价的低点一直在垫高（简称为“底底高”或“谷谷高”）。

（3）当股价回档时，要观察不能跌破前面低点，然后再继续上涨，如此波浪走势仍然维持符合多头“底底高”的条件。因此，回档要观察不能跌破前面低点是必要条件。

（4）当股价经过回档修正后，没有跌破前面低点再上涨，当上涨突破前面高点，走势继续创新高，确认波浪走势继续是“头头高”“底底高”的多头。

（5）多头走势总是上涨的多、回跌的少，股价一步步往上推升。缓涨急跌，出现长黑后不继续下跌的现象。

（6）价涨量增，价跌量缩。

（7）见压不是压，见撑多有撑。

多头波浪的完整走势图：以联发科为例

资料来源：富邦e01电子交易系统

▲上图说明：

❶“底1”开始出现“底底高”，走多头，在“头1”回档到“底2”时没有跌破“底1”就往上涨。

❷“底2”上涨过前面“头1”的高点，确认多头走势。

❸ 往后一直是“头头高”“底底高”的多头格局，直到“头8”出现无法过“头7”就回档的现象，表示多头趋势开始变化，多头可能要休息盘整或反转。

2. 多头的黄金买点位置

（1）底部盘整，股价已向上突破下降切线，并出现“底底高”且带量拉出长红K线时。

（2）底部盘整完成，出现突破前面高点的带量长红K线时。

（3）回档时没有跌破前面低点，且出现再向上涨的红K线时。

（4）盘整末端，股价出现带量长红K线往上突破上颈线时。

3. 操作时的重要观念

（1）多头进场，最佳买点就是前述的4个位置。我们在选好股票准备做多之前，必须看日线是否为进场位置点，如果不是，最好等到进场位置时再动作，否则随便进场很容易短期套牢或被迫止损。例如：没确认打底就去买、回档尚未止跌回升就去买、盘整还没有结束就去买、上涨好几天还去追高买，结果造成操作困难而赔钱。

（2）股价突破前面高点的买进，前述说明只有两个位置：一是底部盘整完成的突破确认，二是盘整末端的突破。为什么行进中回档后再上涨突破前面高点时，不是最佳买点？理由是一般主力在往上拉涨走一段创新高后会洗盘，让过多的浮额卖压换手，所以连涨3—5天之后容易回档。当创新高时去追买，往往是买在回档后上涨的第3或第4天，正好处于过高要拉回的时候，随时会碰到拉回的状况，所以尽量买在回档后再上涨的第一根红K线，既容易止损，获利空间又大。

多头波浪完整走势图及进出场位置

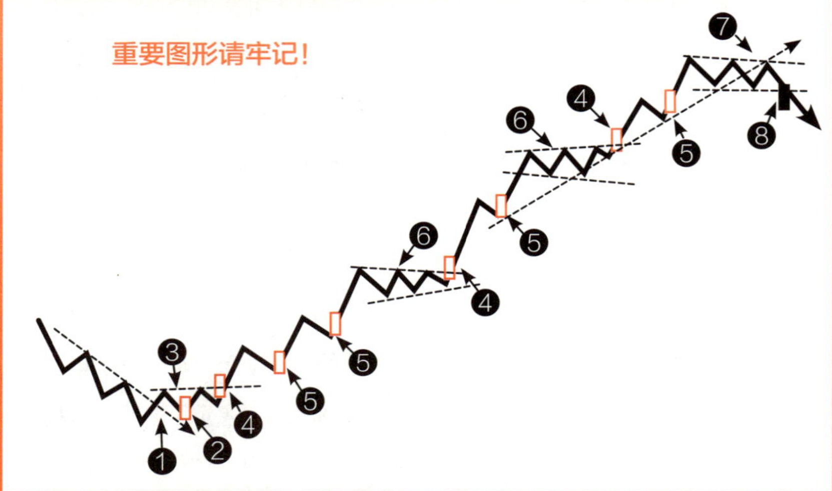

▲上图说明：

❶ 突破下降切线，是空头转弱的讯号。

❷ 底部出现“底底高”，带量拉出长红K线。此处是空头的止跌，低点不再破前面的低点，先以盘整看待，是试单的买点。

❸ 虚线是盘整的上颈线。

❹ 突破盘整上颈线，带量拉出长红K线。波浪符合“头头高、底底高”的多头走势，是买进的位置。

❺ 回档修正结束，再带量拉出长红K线。是回档后再上涨的买进位置。

❻ 续势的盘整。

❼ 跌破上升切线，是多头转弱讯号。

❽ 跌破盘整下颈线，带量拉出长黑K线，转为空头。

多头波浪的进场位置：以宇峻为例

资料来源：富邦e01电子交易系统

▲上图说明：

❶ 下降切线。

❷ 红K线突破下降切线，仍不是买点。

❸ 底部出现“底底高”，拉出长红K线，可以买进，请设定好止损点。

❹ 突破盘整上颈线，为买进位置。

❺ 突破盘整上颈线，为买进位置。

❻ 突破盘整上颈线，为买进位置。

❼ 回档修正后拉出上涨红K线，为买进位置。

多头回档后止跌上涨的买点

在前面多头波浪进场买点，只有在底部盘整突破前面高点，以及盘整平台突破上颈线时建议买进，在其他的上涨行进中，则建议买在回档止跌回升时的上涨位置，而不是突破前面高点的位置。

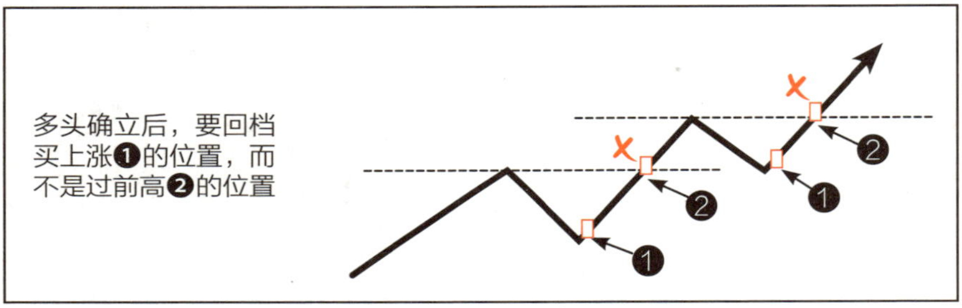

多头过前高即面临拉回修正

资料来源：富邦e01电子交易系统

空头波浪的完整走势及进场位置

1. 对空头波浪应有的重要认知

（1）转折高点（称头或峰），后面头比前面头低，股价一直在破新低价（简称为“头头低”或“峰峰低”）。

（2）转折低点（称底或谷），也是后面底比前面底低，股价的低点一直在往下（简称为“底底低”或“谷谷低”）。

（3）在空头走势中，当股价反弹时要观察不能突破前面高点，且之后再继续下跌，如此波浪走势仍然维持符合空头的“头头低”的条件。

（4）当股价经过反弹没有突破前面高点再下跌，如果继续跌破前面低点，继续创新低，则可确认波浪走势继续是“头头低”“底底低”的空头，因此，下跌继续创新低是确认的条件。

（5）空头总是下跌的多，反弹的少，股价一步步往下走。

（6）空头出现长红后不继续上涨的现象。

（7）价跌量增，价涨量缩。

（8）见撑不是撑，见压多有压。

2. 空头的黄金卖点位置

（1）头部盘整，股价已向下跌破上升切线，再出现“头头低”的长黑K线时。

（2）头部盘整完成，跌破前面低点的长黑K线时。

（3）反弹没有突破前面的高点，再向下下跌拉出黑K线时。

（4）盘整末端，股价带量拉出长黑K线往下跌破下颈线时。

3. 操作时的重要观念

（1）空头放空最佳卖点就是前述4个位置。我们在选好股票准备做空之前，必须看日线是否为放空位置点，如果不是，最好等到放空位置时再动作，否则进场容易短期套牢或被迫止损。

例如做头没确认就去空、反弹尚未止涨回跌就去空、盘整还没有结束就去空、下跌好几天还去追低空，结果造成操作困难而赔钱。

（2）股价跌破前面低点的放空做法，前面说明只有两个位置：一是头部盘整完成的跌破确认，二是盘整末端下颈线的跌破。

为什么行进中反弹后再下跌，跌破前面低点时，不是最佳空点？理由是股价下杀时，往往走一段后因为散户会认为价低而进场，造成跌多的反弹，所以连跌3—5天之后容易反弹。因此去空在下跌的第3天或第4天，正好处于随时要反弹的状况，尽量在反弹后再下跌的第一根黑K线去放空，既容易设止损，获利空间又大。

空头波浪的完整走势图：以联发科为例

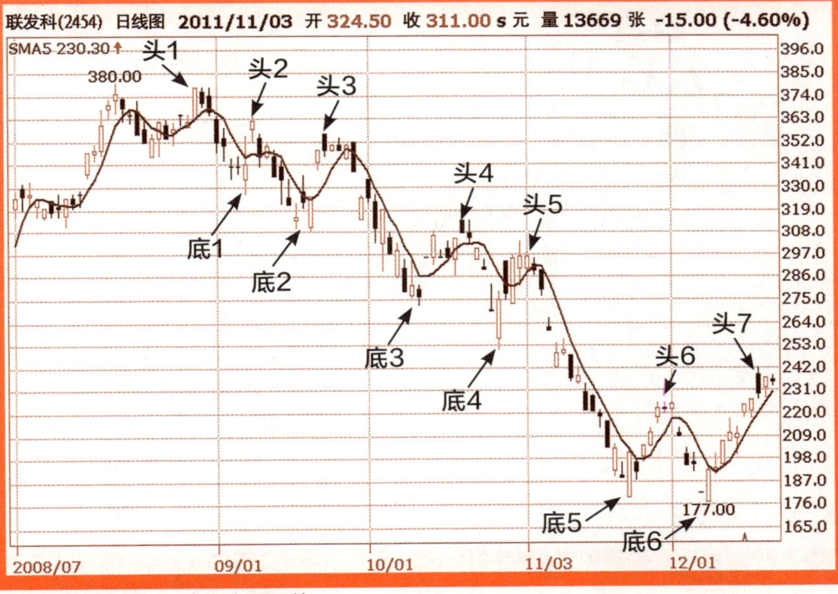

资料来源：富邦e01电子交易系统

▲上图说明：

❶“头1”开始出现“头头低”现象，走空头，在“底1”反弹到“头2”时，没有突破“头1”就再往下跌。

❷“头2”下跌，跌破前面“底1”的低点，确认空头走势。

❸ 往后一直是“头头低”“底底低”的空头，直到“头7”出现突破“头6”的高点，表示空头趋势开始发生变化，可能要盘整或回升。

空头波浪完整走势图及进出场位置

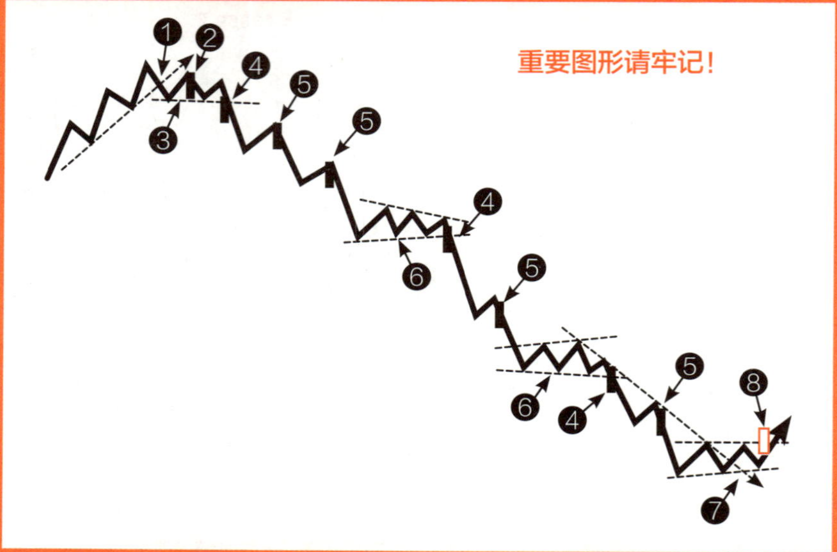

▲上图说明：

❶ 跌破上升切线，是多头走弱的讯号。

❷ 头部出现“头头低”的现象，且拉出长黑K线，是做空的试单位置。

❸ 虚线是头部盘整的下颈线。

❹ 跌破盘整下颈线的长黑K线，是做空位置。

❺ 反弹结束，再拉出长黑K线，下跌，是做空的位置。

❻ 续势的盘整。

❼ 突破下降切线，是空头走弱的讯号。

❽ 突破盘整上颈线，带量拉出长红K线，反转为多头走势。

空头波浪的放空位置：以宏碁为例

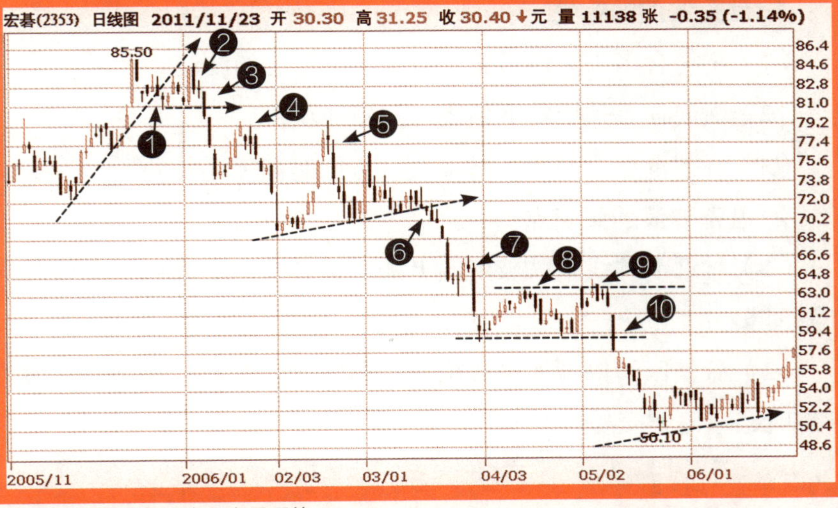

资料来源：富邦e01电子交易系统

▲上图说明：

❶ 跌破上升切线。

❷ 头部出现“头头低”的长黑K线。

❸ 出现跌破盘整下颈线的长黑K线，空头确认。

❹ 反弹结束，再出现长黑K线，做空。

❺ 反弹结束，再出现长黑K线，做空。

❻ 出现跌破盘整下颈线的长黑K线，做空。

❼ 反弹结束，再出现长黑K线，做空。

❽ 反弹结束，再出现长黑K线，做空。

❾ 反弹结束，再出现长黑K线，做空。

❿ 出现跌破盘整下颈线的长黑K线，做空。

盘整波浪的特性及买卖点

1. 盘整波浪的特性

（1）不符合多头波浪形态及空头波浪形态的波浪。

（2）横向在上颈线与下颈线之间涨涨跌跌。

（3）观察重点：盘整末端的突破方向是向上还是向下。

2. 盘整波浪的买卖点

（1）靠近下颈线未跌破就向上涨时买；靠近上颈线未突破就向下跌时卖。

（2）盘整区间幅度太小或横向盘整时交错杂乱，无法确认波浪形态时，应停止交易。

盘整波浪形态走势图及进出场位置

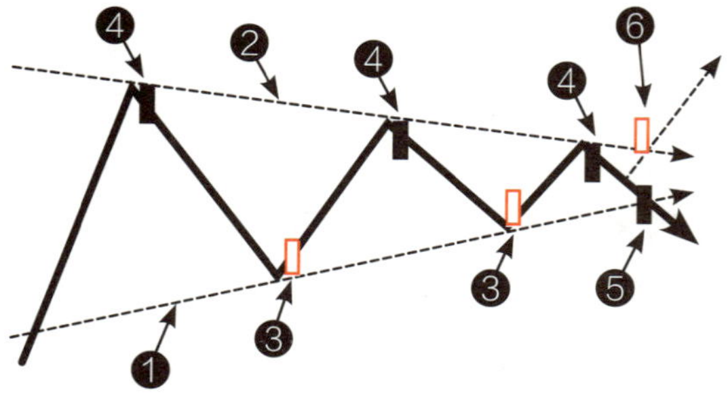

▲上图说明：

❶ 盘整下颈线。

❷ 盘整上颈线。

❸ 下颈线买点。

❹ 上颈线卖点 。

❺ 跌破下颈线的卖点。

❻ 突破上颈线的买点。

第2章 波浪形态进阶研究②：底部及头部的重要反转形态

教室的一位张同学，说他在2011年7月底股市下跌时赔了不少钱，如果他能看出趋势反转的形态，就不会在股票转空后还继续抱着多单。

多头不会永远走多，同样地，空头不会永远走空，因此，看出反转的形态，就能掌握多与空的转换位置了。

底部的3种重要反转形态

股价跌到低档，底部要经过盘整打底，本章说明的3种底部形态是最常见也最重要的底部反转形态。

底部的反转通常伴随成交量的放大，读者要把底部的重要反转形态看熟练，因为这些反转形态是做多赚钱的机会。

如果是在周线图或月线图出现这些反转形态，极可能是大波段起涨的开始。

1. 平底穿头

股价跌到低档，出现2个或3个价位相近的低价后，往上突破前面的高点，是打底完成的讯号，可以锁住该股票，把握做多买进的机会。

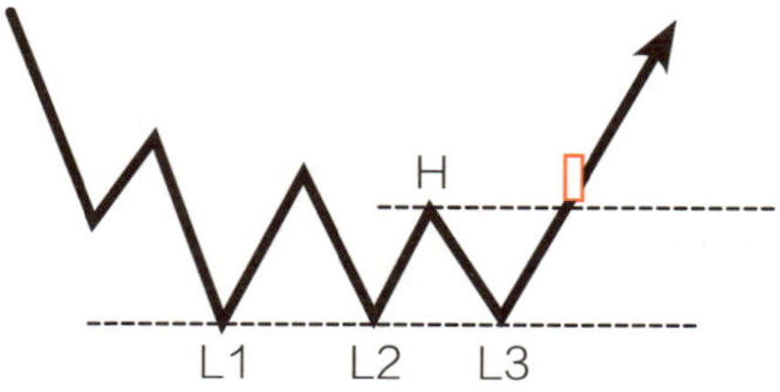

台玻出现平底穿头走势

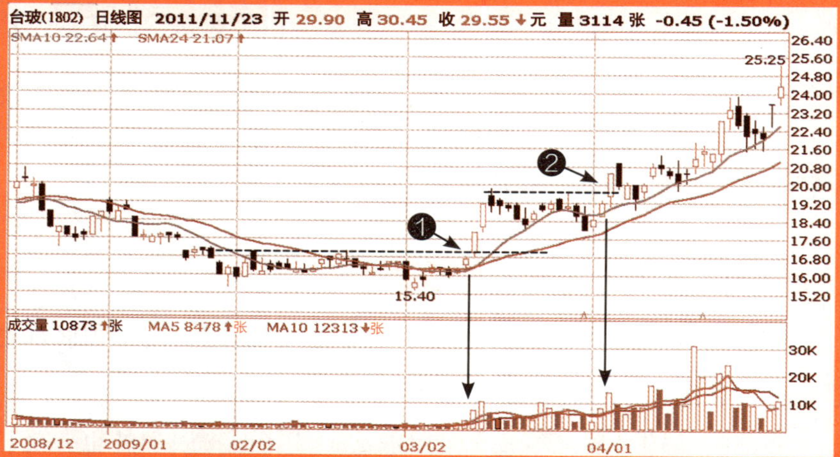

资料来源：富邦e01电子交易系统

▲上图说明：

❶ 股价跌到低档，在底部盘整打底，出现两个价位相近的低点，之后股价带量突破盘整区上颈线，是突破买点。

❷ 在股价上涨中的盘整格局末端，出现带量突破盘整区上颈线，是突破买点。

2. 高底穿头

股价跌到低档，出现“底底高”且不破前面的低价，再往上突破前面的高点，是打底完成的讯号，可以锁住该股票，把握做多买进的机会。

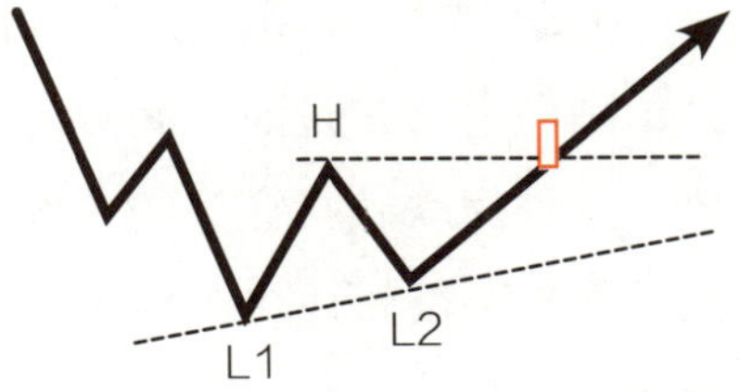

鸿准出现高底穿头走势

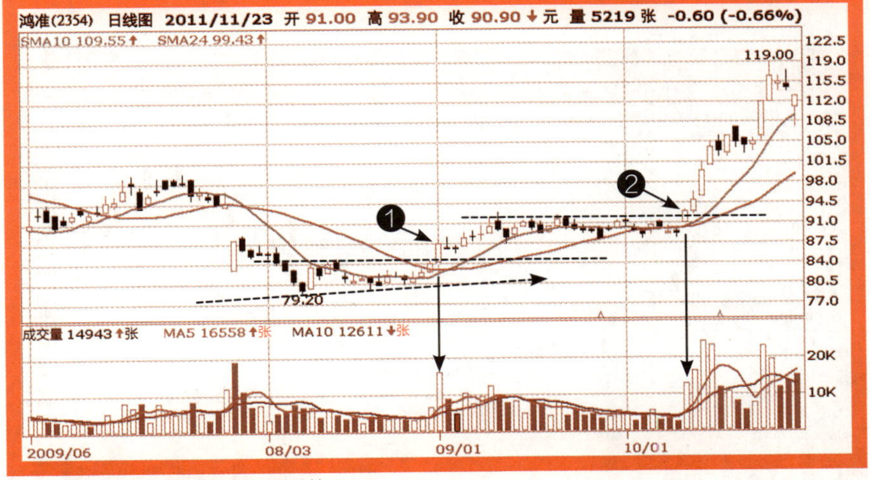

资料来源：富邦e01电子交易系统

▲上图说明：

❶ 低档出现“底底高”后，股价带量突破盘整区上颈线，是突破买点。

❷ 上涨中的盘整末端，出现带量突破盘整区上颈线，是突破买点。

3. 破底穿头

股价跌到低档，继续破底后出现向上反弹过前面高点的走势，这种假跌破真穿头的底部形态，由空头反转成多头后走势会比较强，我们无法买到在破底的低点，但是可以锁住穿头后拉回的“底底高”买进位置。

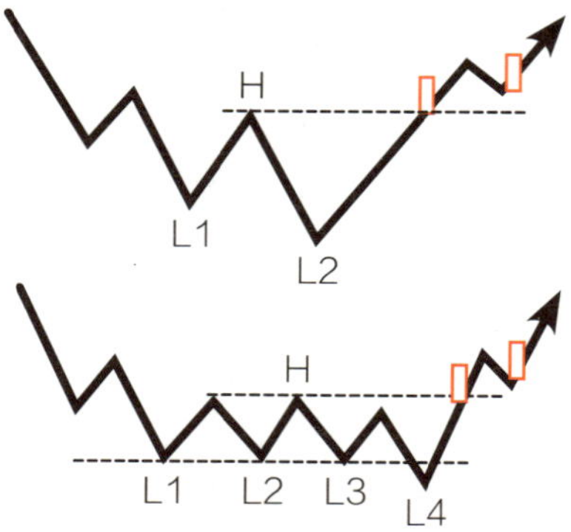

鸿海出现破底穿头走势

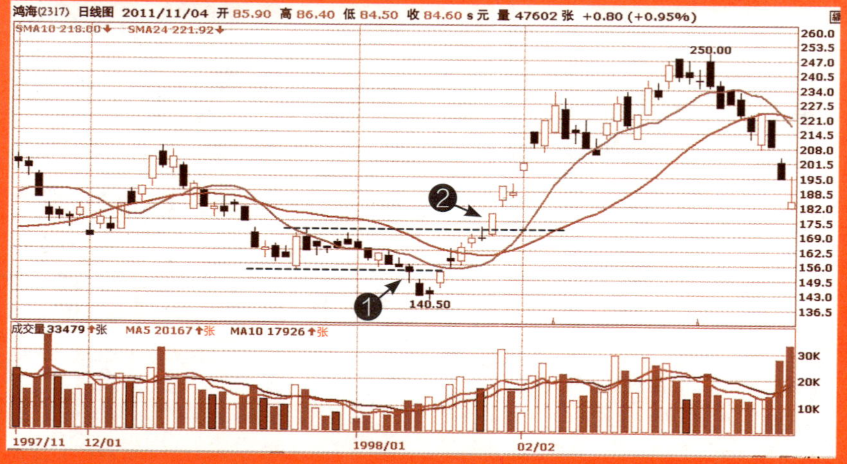

资料来源：富邦e01电子交易系统

▲上图说明：

❶ 在低档出现“底底低”，继续下跌。

❷ 在低档出现往上反转走势，突破前面高点，是突破买点。

启基出现破底穿头走势

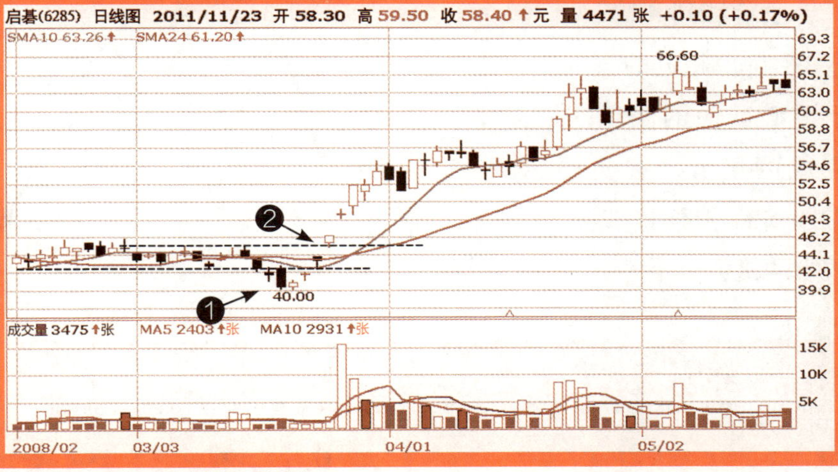

资料来源：富邦e01电子交易系统

▲上图说明：

❶ 低档盘整，出现跌破下颈线的破底现象。

❷ 连续往上跳空，出现突破盘整区上颈线的穿头走势，是突破买点。

头部的3种重要反转形态

股价涨到高档，头部经过盘整做头，本章说明的3种头部形态是最常见也最重要的头部反转形态。头部的反转不一定出现大量，读者要把头部的重要反转形态看熟练，这些反转形态是多头的结束，是做空赚钱的机会，手中如有做多的股票则要出场，如果是在周线图或月线图出现这些反转形态，极可能是大波段起跌的开始。

1. 平头破底

股价涨到高档，出现2个或3个价位相近的头部后，往下跌破前面的底点，是头部完成的讯号，多头要出场，做空可以锁住该股票，等待放空的机会。

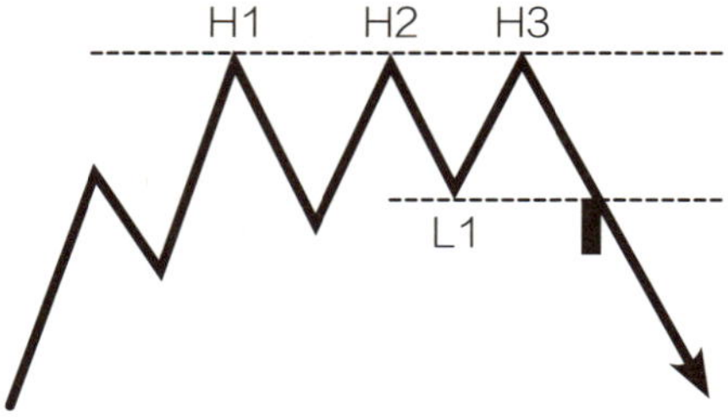

绿能出现平头破底走势

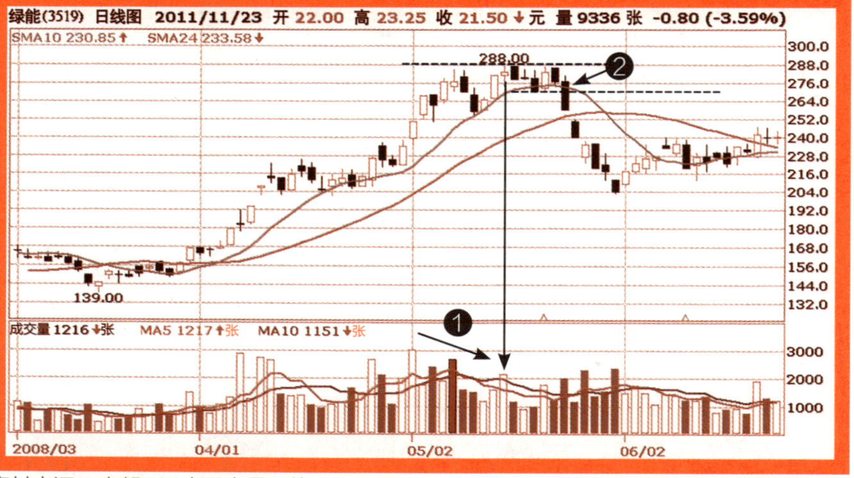

资料来源：富邦e01电子交易系统

▲上图说明：

❶ 高档出现价量背离。

❷ 股价涨到高档，头部盘整做头，出现两个价位相近的高点，股价跌破前面低点，是跌破卖点。

2. 低头破底

股价涨到高档，出现头不过前面的高点，再往下跌破前面的低点，是头部完成的讯号，多头要出场，做空可以锁住该股票，等待放空的机会。

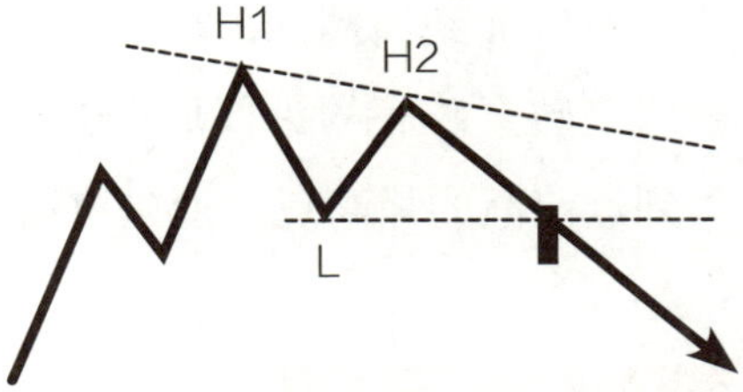

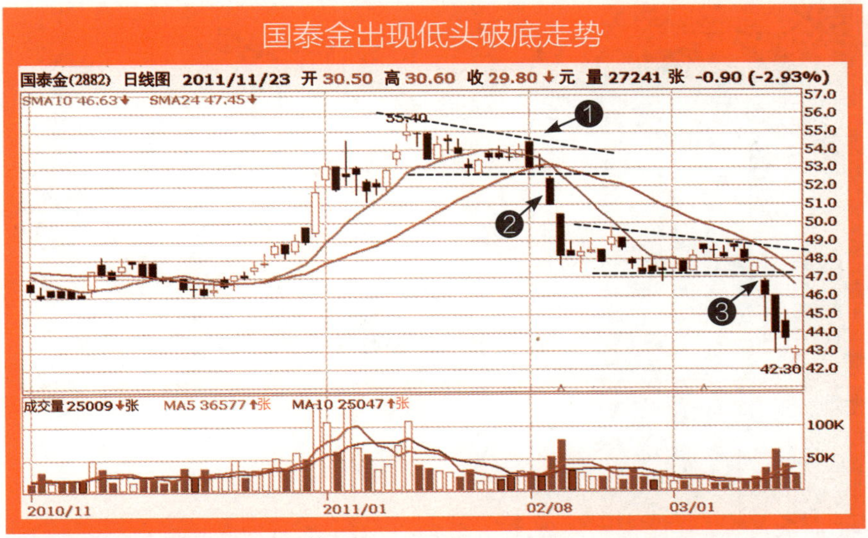

资料来源：富邦e01电子交易系统

▲上图说明：

❶ 高档出现“头头低”现象。

❷ 股价涨到高档，跌破前面低点，头部确立，是跌破卖点。

❸ 股价跌破盘整低点，是跌破卖点。

3. 穿头破底

股价涨到高档，出现继续过前高后向下回档跌破前面低点，这种假突破真破底的头部形态，反转成空头走势会比较强，我们无法卖到过前高的最高点，但是可以锁住做空，等待放空的机会。

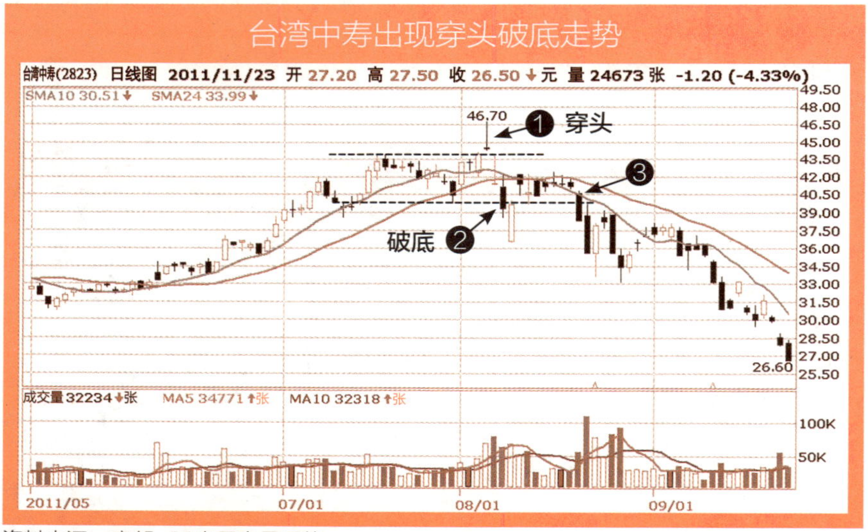

台湾中寿出现穿头破底走势

资料来源：富邦e01电子交易系统

▲上图说明：

❶ 股价突破前面高点，盘中拉高突破前面高点，引诱看多的人买进，然后出大量主力卖出，留长上影线。

❷ 股价连续下跌两天，跌破下颈线，穿头破底头部形态完成，后续容易大跌。

❸ 反弹不过前面高点，下跌继续做空。

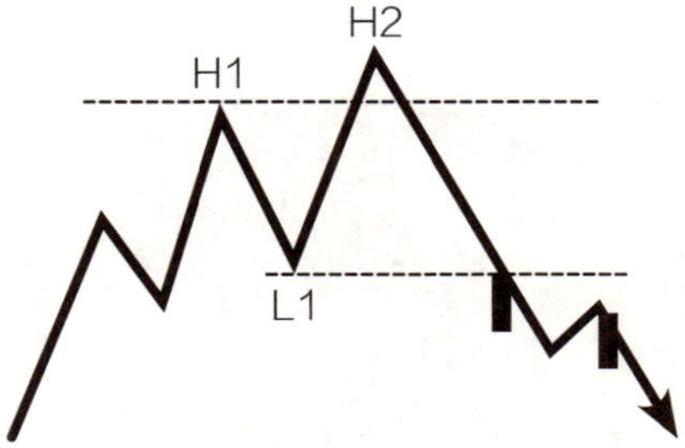

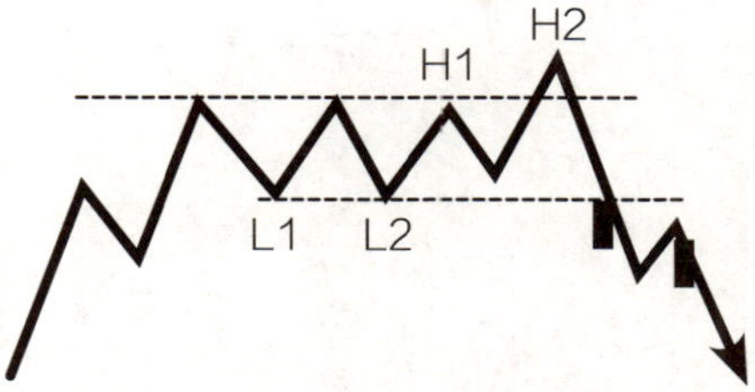

晟铭电出现穿头破底走势

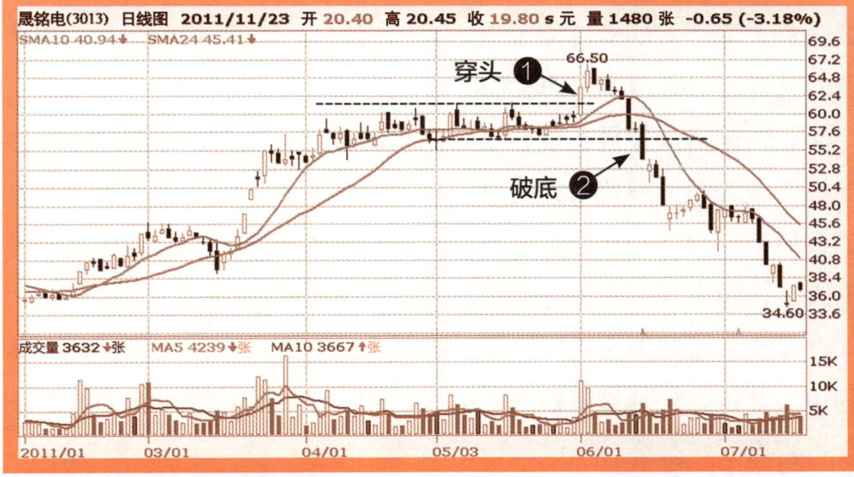

资料来源：富邦e01电子交易系统

▲上图说明：

❶ 股价突破盘整区的上颈线，出大量拉高，引诱看多的人买进。

❷ 股价次日正常续攻上涨，日后连续下跌，跌破下颈线，穿头破底头部形态完成，后续容易大跌。

第3章

波浪形态进阶研究③：从图形看出股票上涨强弱度

波浪形态虽然可以分辨走势的方向，但是同样多头的股票，有的强势上涨，有的却涨得很慢。我们当然希望能够找到会飙的强势股，这样不但赚得多，而且赚得快。

公司未来的发展当然会影响股价的上涨，例如去年赔钱，今年能够转亏为盈，股价自然会表现。问题又来了，一般散户怎么会知道公司半年后、一年后会赚钱呢？等到你知道的时候，股价已经涨上天了，如果这时才买进，股价又可能涨到最高点。

其实，走势图会透露出强势股的态势，强势会涨的股票从起步到迈步前进，处处拥有强者的风范。现在让我们由图形来看走势图会透露出哪些态势。

突破盘整前股价会这样表势

盘整的突破是非常重要的，如果能够事先就看出强势股盘整要突破的方向，对我们选股操作有莫大的帮助。

1. 下面5种盘整形态，哪个最好？

（1）横向矩形盘整，向上或向下概率各一半。

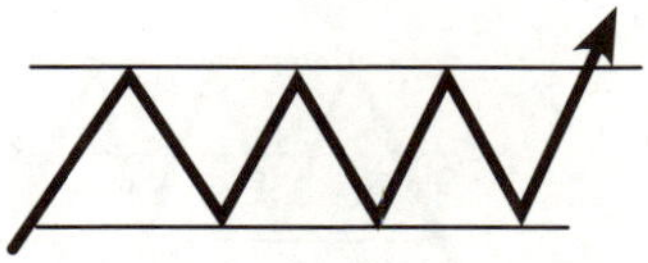

（2）收敛盘整，向上或向下概率各一半。

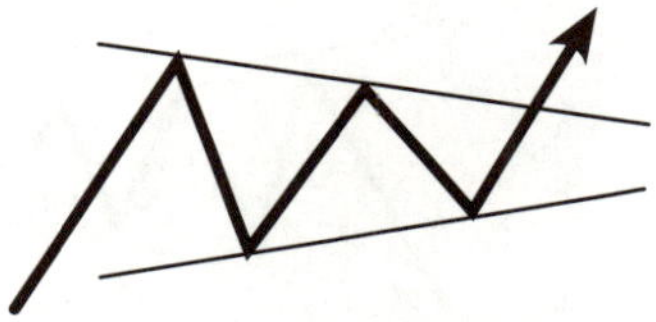

（3）盘整时愈来愈靠近上颈线，底部愈来愈往上，主力气势强，准备往上突破概率高。

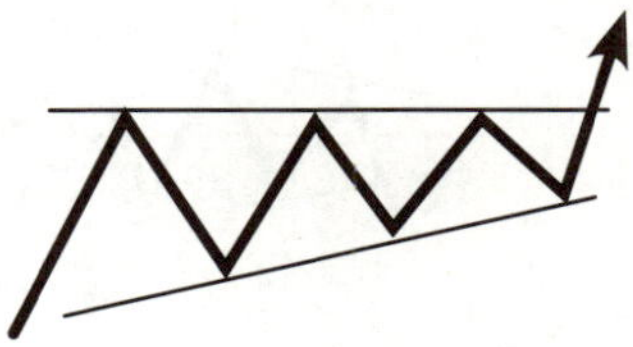

（4）是向上的多头走势，但是上涨斜率平缓，即使突破前高就立刻拉回，上涨气势弱。

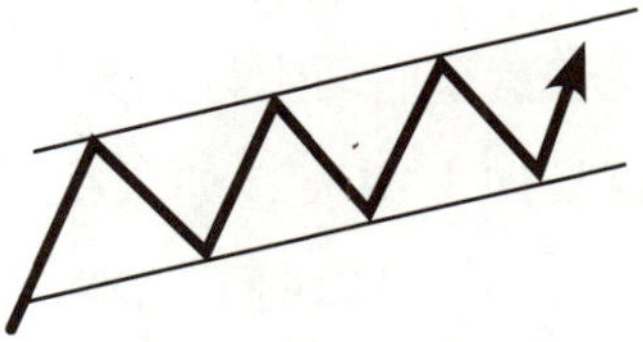

（5）是向下的空头走势，突破后上方压力重重。

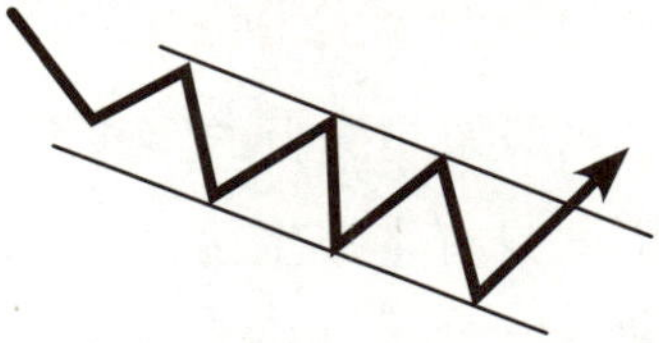

2. 下面盘整形态，哪个容易往上突破？哪个会往下突破？

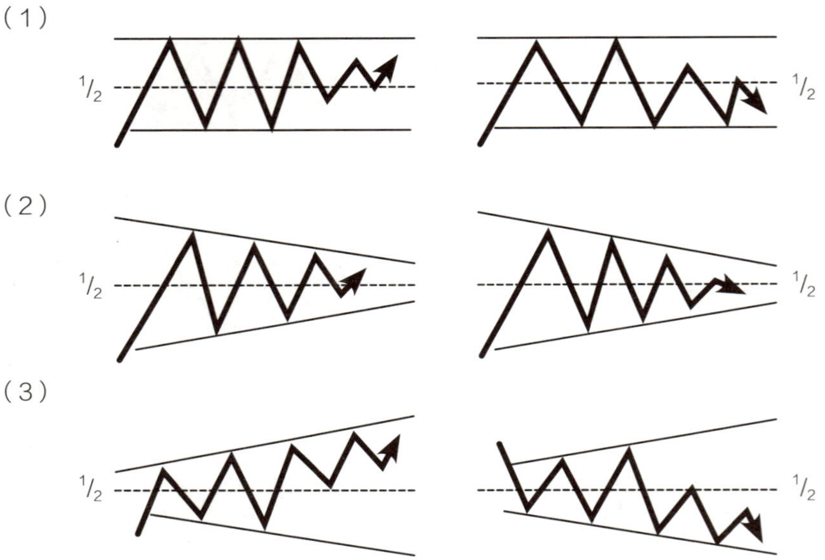

上面3种盘整形态，左图会往上突破，右图会往下突破。我们在观察盘整后面走势，如果往盘整区域的1/2位置上面发展，股价出量容易向上突破；如果往盘整区域的1/2位置下面发展，股价不必要大量，就可以向下跌破。

从多头的回档幅度看股票强弱

当股票是向上的多头股票在上涨一段之后都会回档修正，回档的幅度只有本波上涨的0.382就止跌，继续往上，为强势回档；回档到上涨幅度的0.5，为正常回档；回档到上涨幅度的0.618或更低，为弱势回档。强势回档的股票走势最强，正常回档的股票次强，弱势回档的股票最弱，因此，同样在走多头的股票，当然要选强势的股票进场。

1. 股价回档至0.382左右止跌回升，由于下跌幅度最小，因此上面的压力也最小，当往上攻击时容易过前面的高点，继续多头走势。另外，观察回档时的低点L，没有到达前面高点H的支撑就再往上上涨，也是强势多头的表现。

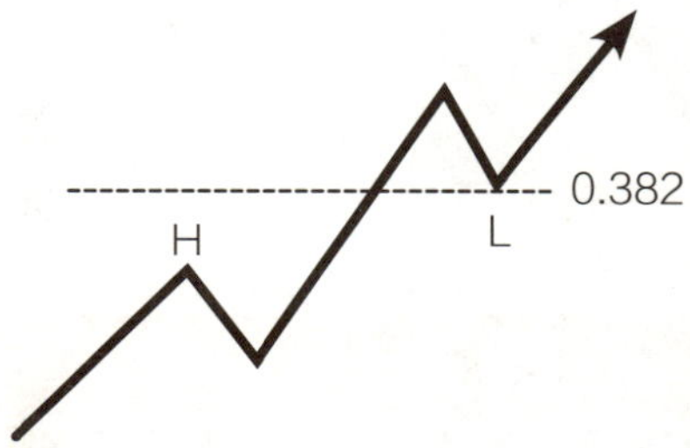

2. 股价回档至0.5左右止跌回升，由于下跌幅度中等，因此上面下跌幅度造成些压力，当往上攻击时，容易在接近前面高点时，稍做盘整消化卖压后再过前面的高点，继续多头走势。另外，观察回档时的低点L，接近前面高点H的支撑就再往上上涨，也是一般多头的表现。

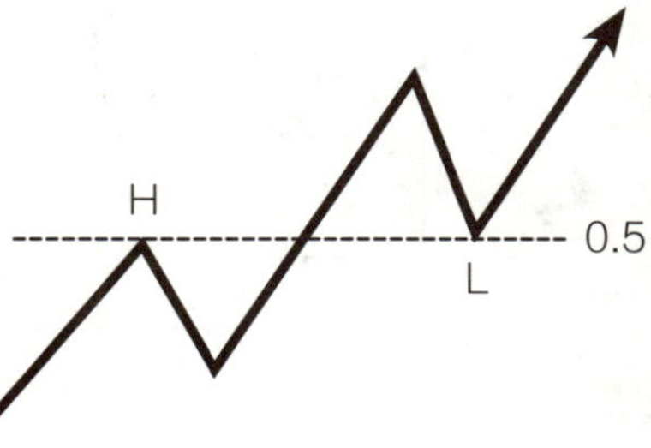

3. 股价回档至0.618左右止跌回升，由于下跌修正幅度太大，因此上面造成很大套牢压力，当往上攻击时，前面高点不容易过，横向盘整时间会比较长，或再下跌测前面低点支撑。另外，观察回档时的低点L，跌破前面高点H的支撑才止跌往上上涨，也是弱势多头的表现。

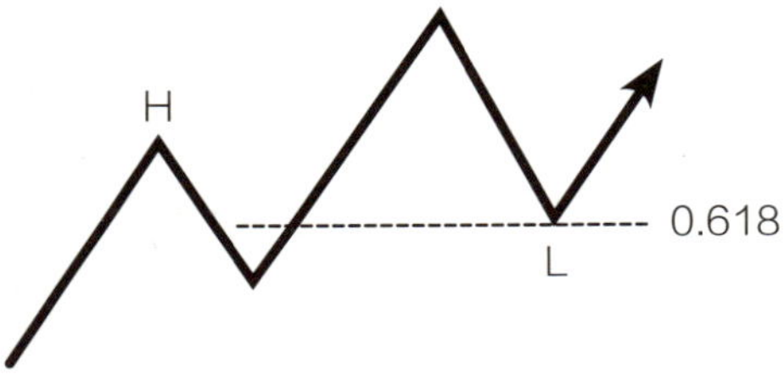

回档1/3幅度的强势股

资料来源：富邦e01电子交易系统

回档更小幅度的飙股

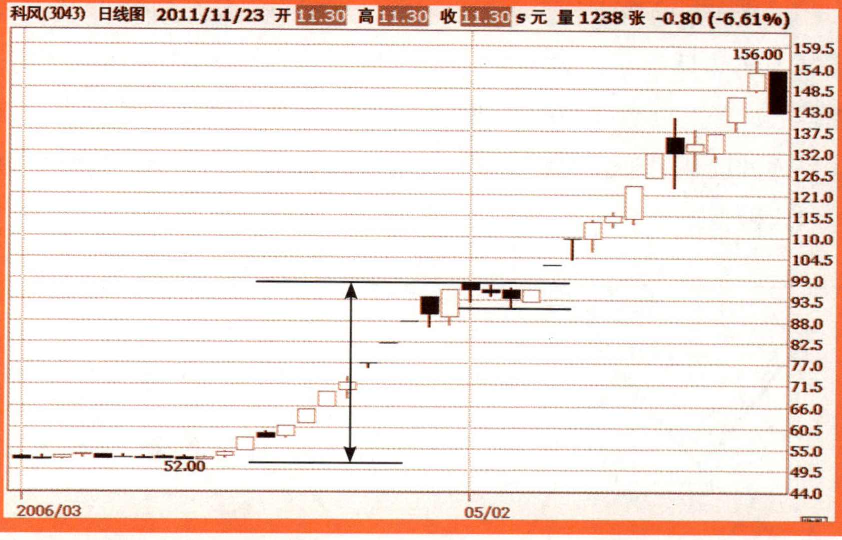

资料来源：富邦e01电子交易系统

经过上面的分析，你应该知道要选哪只股票买进了，不是回档最多、股价最低的最好，而是强势最会上涨的最好。

从空头的反弹幅度看股票强弱

走势向下的空头股票在下跌一段之后反弹，反弹到0.382就止涨往下为弱势反弹；反弹到0.5，为一般反弹；反弹到0.618或更高，为强势反弹。弱势反弹的股票走势最弱，正常反弹的股票次弱，强势反弹的股票最强。因此，同样处于空头的股票，当然要选最弱势的股票做空。

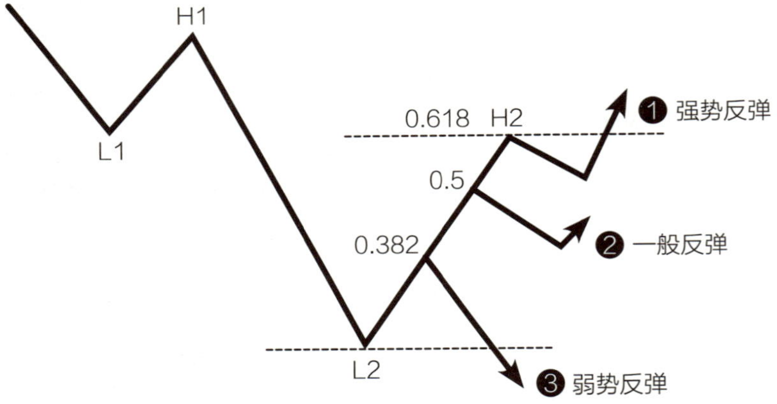

❶ 强势反弹：反弹到0.618再拉回到0.5有撑再向上，容易过H2高点。

❷ 一般反弹：反弹到0.5，拉回做“底底高”是一个买点，回到0.382处，容易有支撑。

❸ 弱势反弹：反弹到0.382，拉回容易再破L2底。

经过上面的分析，你应该知道要选哪只股票放空了，不是反弹最多、股价最高的最好，而是弱势反弹、最会下跌的最好。

波浪形态的角度与幅度

我们观察走势图时，除了波浪形态之外，走势的角度与幅度也透露出股票的强弱。

1. 上涨角度愈大的股票愈强

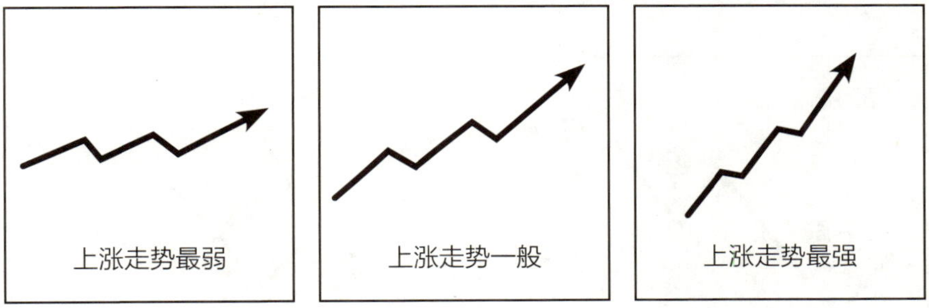

2. 下跌角度愈大的股票愈弱

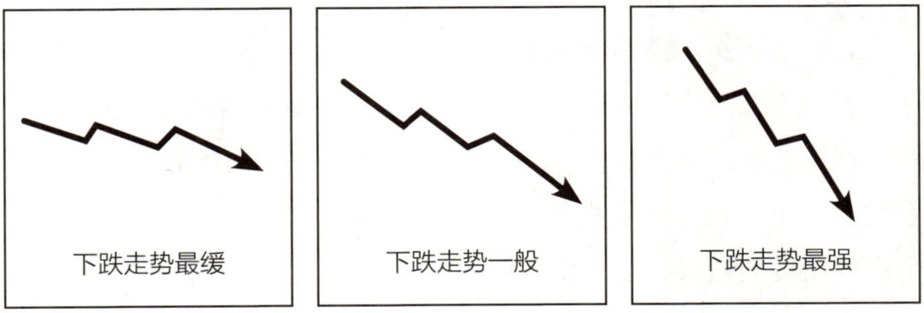

当大盘处于多头格局时，大部分的股票都会上涨，这时要选择上涨角度大的股票操作，因为市场总是呈现“强者恒强、弱者恒弱”局面。

因此，遇到股市大多头时，记得一定要挑强势飙股操作，不但获利大，而且时间短，不要做大型权值股，虽然会涨，但总是慢慢地爬升。大盘下跌时，大部分的股票都在下跌，这时要选择下跌角度大的股票放空，获利快速。

3. 上涨幅度愈大的股票愈好

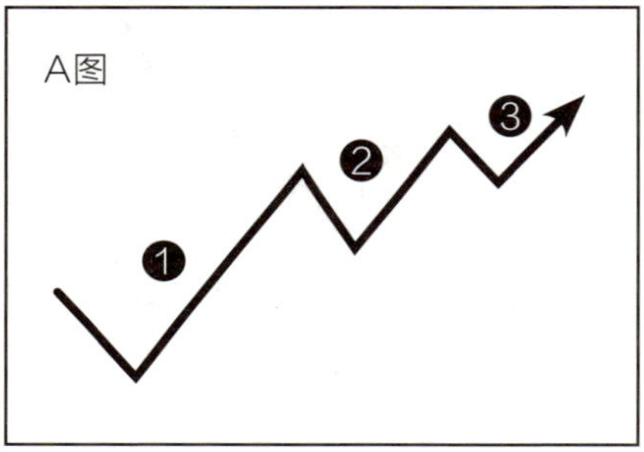

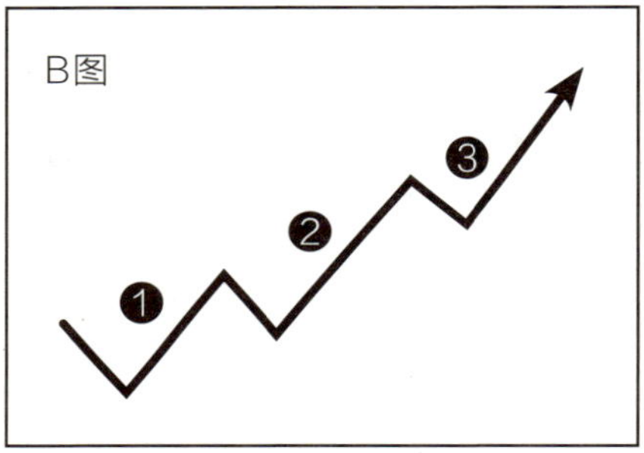

上图同样角度上涨的股票，B图比较好，因为观察每次上涨的一段，A图的❷ < ❶，B图的❷ > ❶。A图的上涨幅度，后面比前面小，代表愈往上，走得愈短，多头气势变弱，第❸段涨势容易结束，或者走不远就要盘整了。B图的上涨幅度，后面比前面大，代表愈往上，走得愈强，多头气势更强，第❸段上涨幅度会更大，或者上涨的角度会更大，变为急涨飙升。

第4章 波浪形态进阶研究④：用周线管控依日线进场的风险

在日线看到进场机会时，要看周线的方向及是否接近压力，即使进场，也要做好风险控制。

用日线进场要注意的风险

当你依股票日线看到进场点时，如果看到周线接近压力区，这种情况下股价容易遇压回档修正，因此如果进场后走势不如预期，可以暂时出场，等待下次的进场机会。

日线： 看到多头回档修正后再上涨的买点，这时要去看一下周线目前的位置如何，如果接近压力区，容易对股价多头走势造成阻力。

周线： 多头接近前面盘整区的大压力位置。

看日线进场的风险：以永彰为例

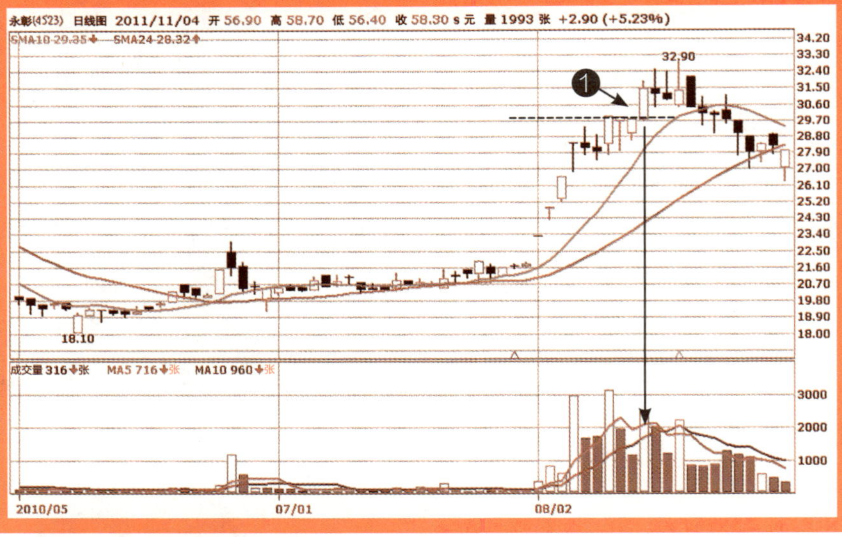

资料来源：富邦e01电子交易系统

▲上图说明：

❶ 2010年8月13日当天，永彰股价拉出大量长红K线，一副飙股突破高点要发动第2波攻击的态势，是强力买进的讯号，但是后面表现却不涨反跌。

周线遭遇前波头部反压：以永彰为例

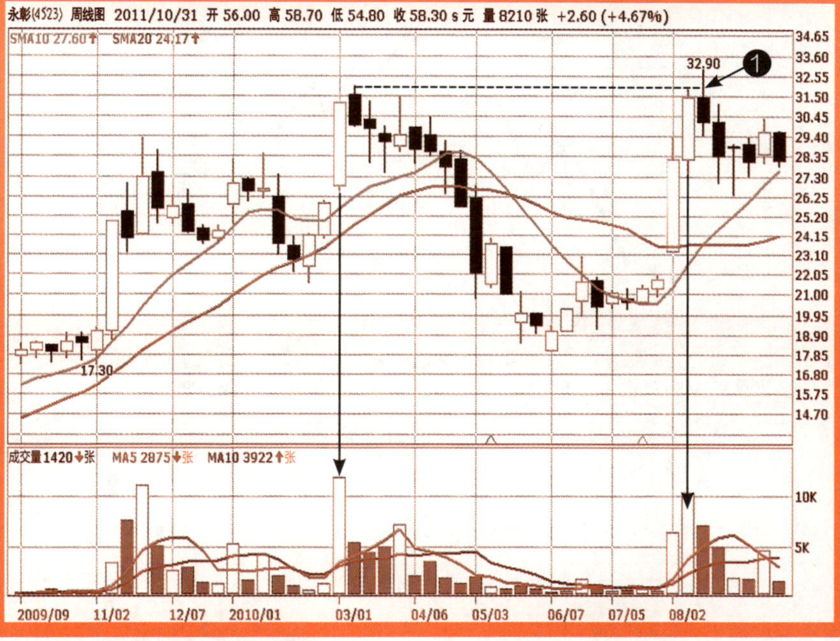

资料来源：富邦e01电子交易系统

▲上图说明：

❶ 同一时间看周线位置，接近前面大量头部的位置，因此即使看日线而买进，操作时要小心遇到回档修正的风险。

用日线进场看周线帮助确认

如果你看到的是股票日线下跌做底，出现“底底高”的进场点，而且看周线是多头回档到支撑位置，这种情况下股价容易反转向上。

日线： 下跌打底做“底底高”，出现第2只脚为上涨的买点。

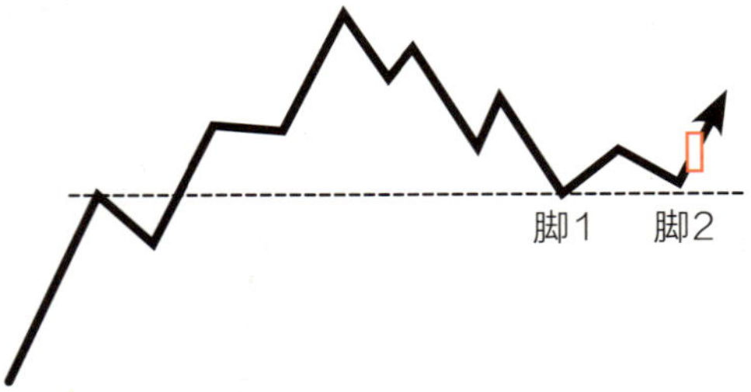

日线出现“底底高”买进讯号：以裕隆为例

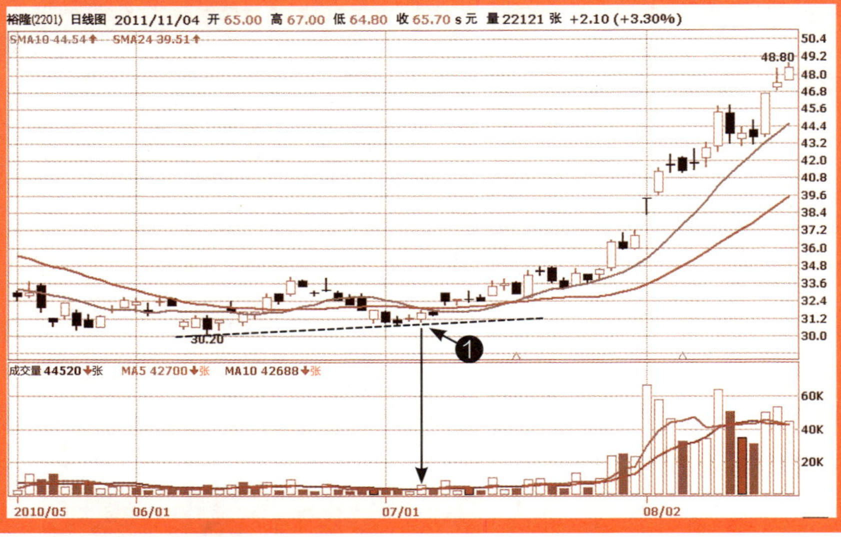

资料来源：富邦e01电子交易系统

▲上图说明：

❶ 2010年7月6日当天日线出现出量及“底底高”的红K线，是打底买进的讯号。

周线：多头回档到前面高点的支撑位置。

周线低档支撑强劲：以裕隆为例

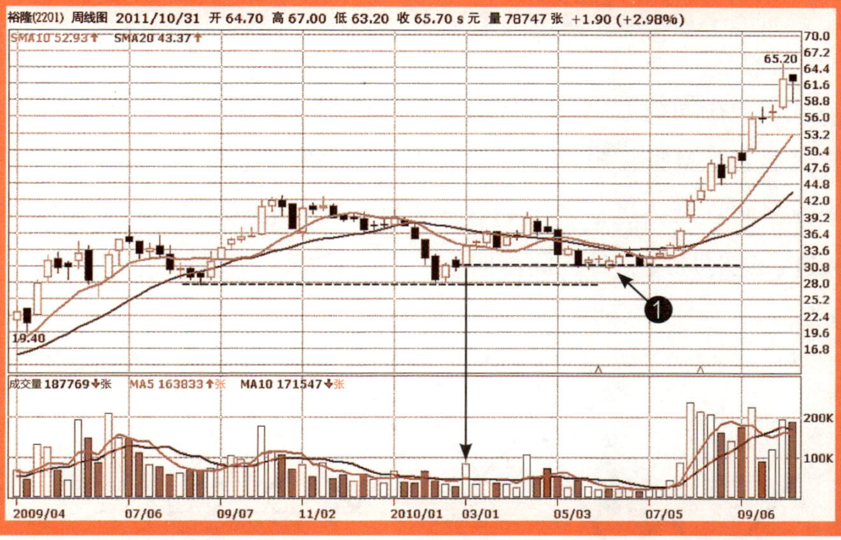

资料来源：富邦e01电子交易系统

▲上图说明：

❶ 看周线位置，回档接近前面底部的支撑位置，并且已经连续15周未跌破前面大量长红K线的最低点，此时看日线买进，容易上涨。

周线W底、日线M头的风险管控法

股票在周线看到低档W底，但是看日线却呈现M头部，这时该如何操作?

周线：低档出现W底。　　　　**日线：**呈现M头。

股票在周线看到低档W底，中期的确是好买点，但是日线当时波浪形态是M头，短线是空头，买进容易套牢，因此，不能因为周线转多而立刻买进，要等到日线止跌出现“底底高”向上的时候再买进，这时周线、日线同步向上，易涨难跌。

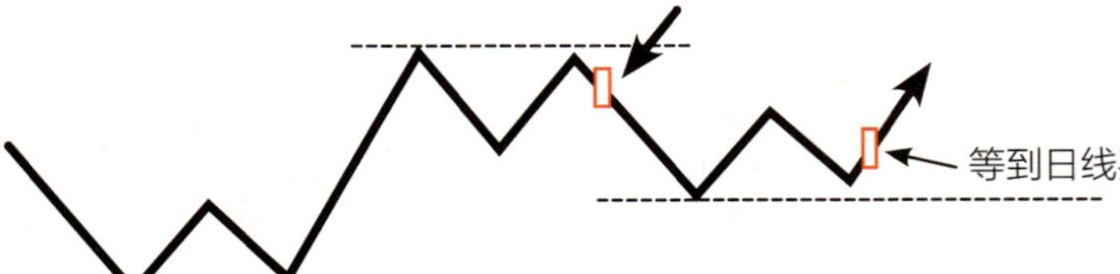

第5章

波浪形态进阶研究⑤：抓住急涨末端最佳卖点的方法

股票在行进时，经常遇到飙股起涨时、末升段喷出时、底部V形反转时，或主力做价时的股价急速上涨走势。遇到急涨的股票，可以采取下面4种方法出场，一般来说，都能够卖到相对的高点。

急涨股票卖到最高点的4种方法

1. 用K线战法，只要收盘价没有跌破前一日K线的最低点就续抱，当收盘前股价跌破前一日K线的最低点就卖出。

2. 用急切线战法，当股价开始每天上涨时，把日K线的最低点连接往上画出一条上升切线（称为急切线），当股价出现黑K线跌破上升急切线时就卖出。

3. 用K线出场讯号，当日出现大量长黑K线、长上影墓碑线、十字线、长下影线的吊人线、创新高收盘破低的黑K等K线讯号，当日可以先卖出。如果不卖，当第2天走势不理想时，就要快速卖出获利。

4. 3日均线战法，当股价收盘跌破3日均线时就出场。

基本上，股价急涨会立刻拉离主力成本区，同时造成远离均线的乖离，当股价到一高点时，主力会借由人气追买而快速获利了结，所以股价也容易快速回档，遇到这种走势情况时，如果能活用上面的4种方法，就可以抢短获利。

初升段急涨的出场位置：以科风为例

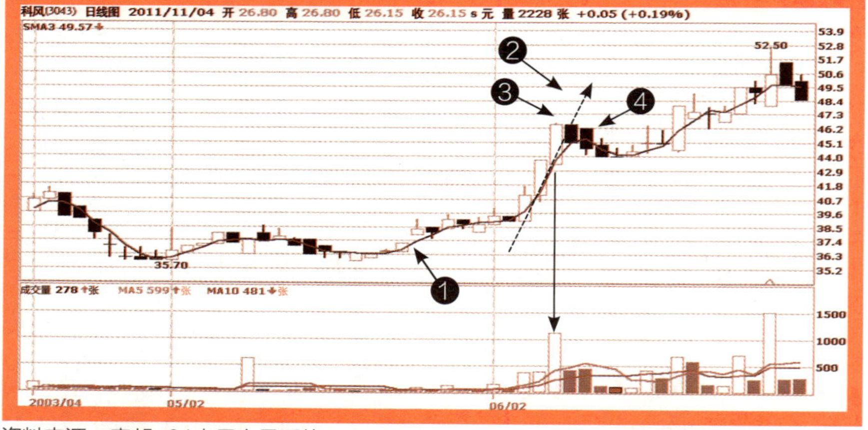

资料来源：富邦e01电子交易系统

▲上图说明：

❶ 站上3日均线。

❷ 股价出现连续大量长红K线的急涨，画出上涨的急切线。

❸（1）跌破上涨的急切线出场位置，出场。

（2）K线前一日出现大量长红K线，今日却出现开低走低的黑K线出场讯号，出场。

❹（1）黑K线跌破前一日最低点，出场。

（2）黑K线收盘跌破3日均线，出场。

主升段急涨的出场位置：以晶电为例

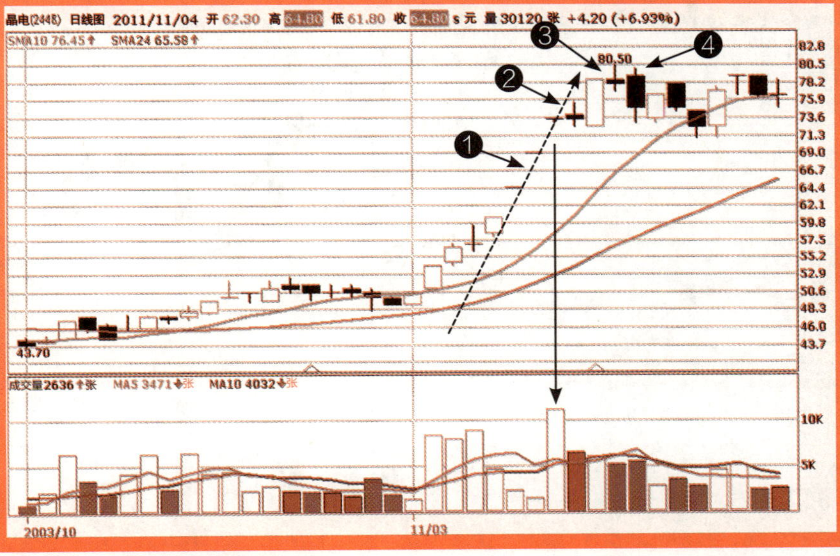

资料来源：富邦e01电子交易系统

▲上图说明：

❶ 股价出现连续跳空急涨，画出上涨的急切线。

❷ 跌破上涨的急切线，出场。如果用K线战法尚未跌破昨日最低点，可以续抱。

❸ 黑K线出现十字变盘线，注意次日走势。

❹ 黑K线跌破昨日最低点，出场。

末升段急涨的出场位置：以绿能为例

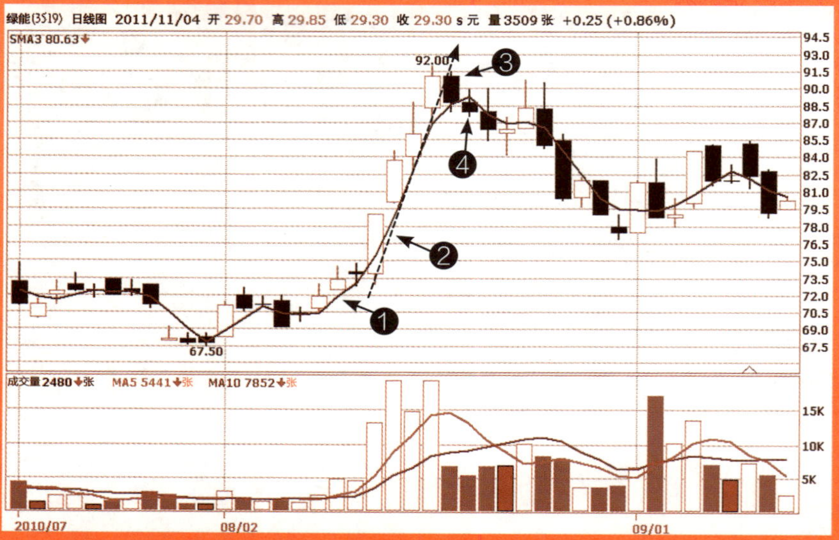

资料来源：富邦e01电子交易系统

▲上图说明：

❶ 站上3日均线。

❷ 股价出现连续大量长红K线的急涨，画出上涨的急切线。

❸ 股价跌破上涨的急切线，出场。

❹（1）黑K线跌破前一日最低点，出场。

（2）黑K线跌破3日均线，出场。

第6章 K线赚钱密码①：合并两条K线的做法及判断方法

股票K线最先反映一切，也是观察股价转折的最佳位置，在实务操作时，K线隐藏着获利的密码，以下为读者解码。

K线基本4＋1元素的意义

组成K线的基本元素有4个，分别是开盘价、收盘价、最高价、最低价，在计算机K线图上都会标明这4个元素，这里再加上另外一个重要的数据：1/2成本价，我称为“第5元素”。以上“4+1元素”代表不同的意义，在短线操作上的判断很重要，分别说明如下：

开盘价

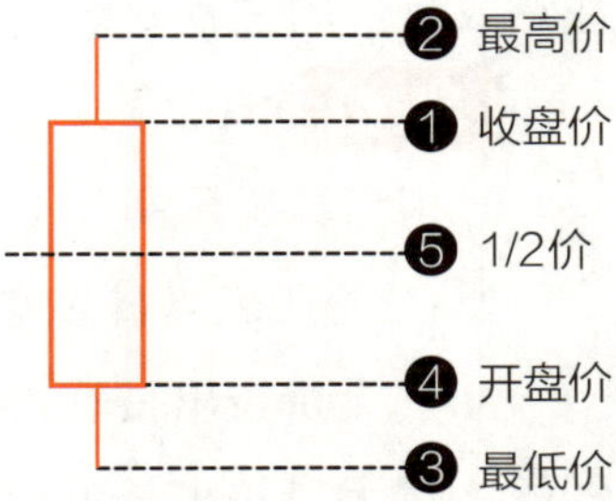

1. 反映开盘前利多或利空的消息面，至于全球股市的影响，主要是看美国股市、韩国股市、A股的表现，例如美国股市大涨2%以上，韩国股市也往上开高，A股大盘也会开高。

2. 反映主力大户的企图，例如今日开盘跳空上涨，主力拉抬企图明显，股票强势续多。如果昨日是长红K棒上涨的局面，今日开在平盘或平盘以下，表示多方今日向上的企图不强。

3. 反映变盘的先期征兆，例如多头走到高档位置，昨日收盘出现十字线、墓碑线、吊人线等变盘K线是否代表真的要变盘，那么，今日的开盘价就是很重要的观察指标。如果开高，化解变盘的疑虑；开低，多头要小心真的要变盘了！

最高价

1. 当日多方力量所能攻到的最高价位。

2. 空头抵挡反击的价位，或是多头开始撤退的位置。

3. 与昨日最高价相互比较，是否已过昨日最高价？还是未过昨日最高价即压回？借此察看主力是否有续多的企图。

最低价

1. 当日空方力量所能到达的最低价位。

2. 多头开始抵挡反击，或是空头回补的位置。

3. 与昨日最低价相互比较，是否跌破昨日最低点为观察重点。如果今日开高走低，最低价跌破昨日最低点，多空激战，则要密切注意收盘价的位置。

1/2价

1. 指当日（最高价＋最低价）÷2的价格。

2. 1/2价代表当日多空交易的平均成本。

3. 爆大量拉出长红K线，日后回档如跌破1/2价，表示多方气势转弱；爆大量拉出长黑K线，日后反弹如突破1/2价，表示空方力道转弱。

4. 股价涨到高档，出现爆大量长红K线，如果跌破该长红K线的1/2价，高档做头的概率大增，要小心反转。

5. 股价跌到低档，出现爆大量长黑K线，如果能突破该长黑K线的1/2价，低档止跌回升的概率大增，可注意反弹。

K线第5元素1/2价

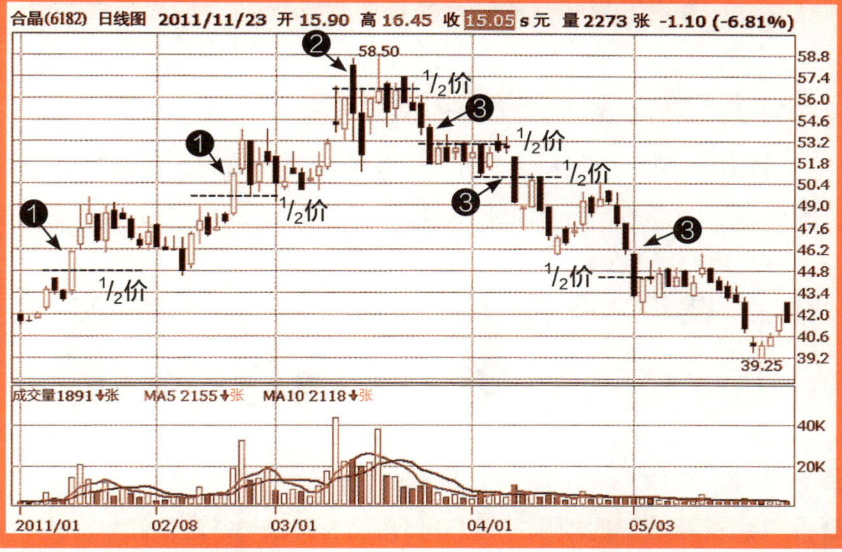

资料来源：富邦e01电子交易系统

▲上图说明：

❶ 多头上攻时，每次回档都未跌破起涨处长红K线的1/2价。

❷ 高档出现长黑K线时，日后反弹的收盘价一直无法收复长黑K线的1/2价，盘整之后再往下跌破，头部就形成了。

❸ 空头下跌时，每次反弹都无法往上突破长黑K线的1/2价。

收盘价

1. 当日多空双方经过一天的决战最后结果的价格。

2. 可以看出当日多空的强弱，并可以判断明日开高或开低的意图。

3. 收盘价与昨日最高价及最低价比较，是否突破昨日最高点或跌破昨日最低点，是转强或转弱的重要观察指标。

子母K线透露多空角力的玄机

当K线出现子（短K线）母（长K线）线并列时，透露出多空力道的角力，会影响后面的走势表现。

❶ 长红后小黑，大涨小回，多方力道强。

❷ 小红后长黑，小涨大回，不过昨日最高点又跌破昨日最低点，空方力道强。

❸ 小黑后长红，小回大涨，飙股线形，多方力道强。

❹ 长黑后小红，大跌小涨，空方力道强，但在底部，如不再破底，可能止跌。

观察合并两条K线的8个重点

股价每天交易时前后K线都会相互关连，单看一条K线只能知道当天多空的演变，从两条K线就能看出股价前后的变化，例如股价是继续向上还是停顿或是要转向？因此，当两条K线合并判断时，我们可以把两条K线合并成一条K线来看，再从连续两日的K线组合看出多空力道的状况如何。

合并的方式是把第1天K线的开盘价、第2天K线的收盘价、两天的最高价、两天的最低价组成一条K线，这就是这两根K线的强弱表现。以下图解合并两条K线的做法及判断强弱方法。

1. 连续两天中红K线，合并看是一根长红K线，其多头威力与长红K线一样，1/2价是2天的交易平均价，在高档时不能跌破1/2价，一旦跌破则气势转弱。

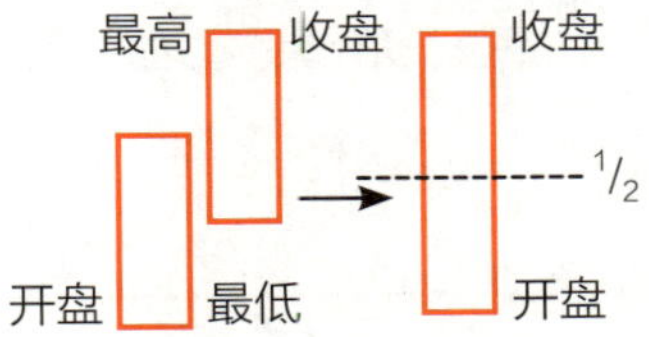

2. 右图为一天长红K线、一天长黑K线，合并看是长上影线小红K线，表示上面卖压很重，在高档出现时要小心变盘。

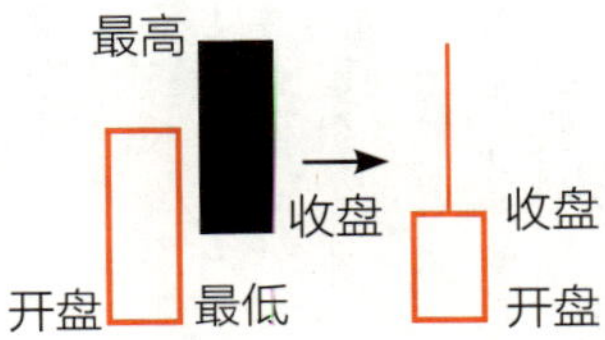

3. 右图为一天长红K线、一天长黑K线，合并看是长上影线小黑K线，表示上面卖压很重，在高档出现时要小心变盘。

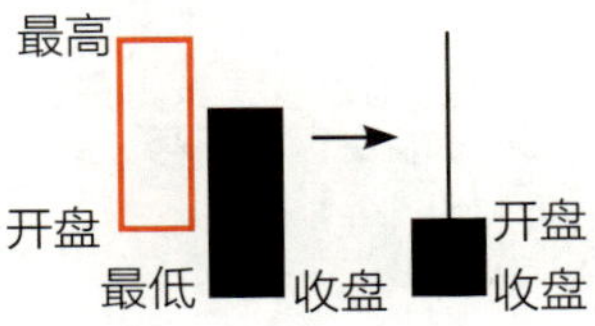

4. 右图合并看是长下影线的小红K线，在高档出现是反转讯号吊人线，在低档是止跌讯号的锤子。

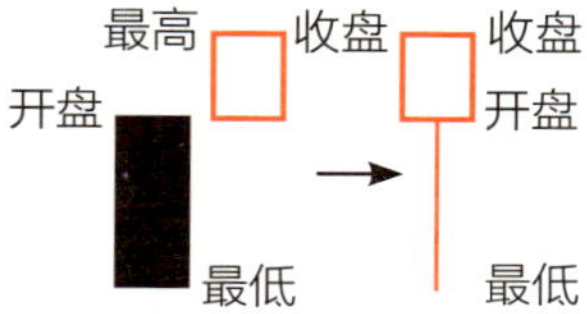

5. 右图的长黑K线一般称为“吞噬”，合并2天来看，是长上影线的小黑K线，在高档出现代表多方遇强大压力，为反转讯号。

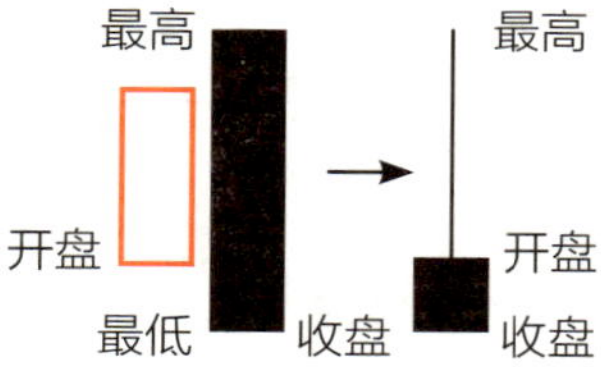

6. 右图的长红K线一般称为“吞噬”，合并2天来看，是长下影线的小红K线，在低档出现是止跌反转讯号，在高档出现是可能变盘讯号，是否变盘要看次日走势而定。

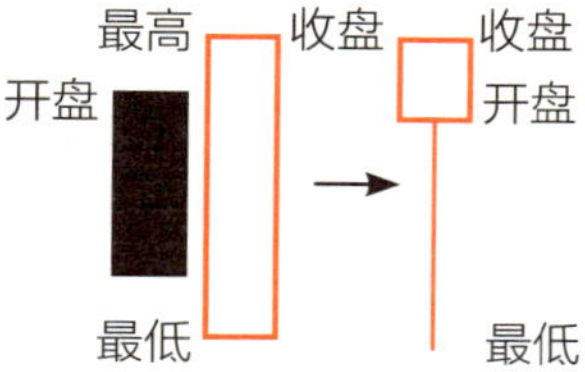

7. 右图合并看是长上影线的十字K线，代表可能变盘的讯号，是否变盘要看次日走势而定。

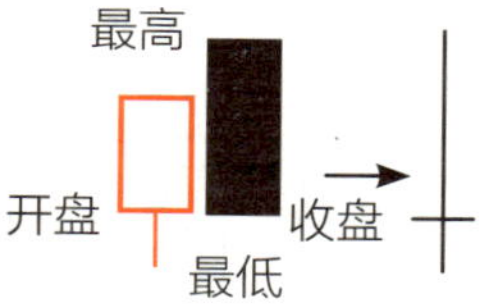

8. 右图合并看是长下影线的小黑K线的纺锤线，同样是变盘的讯号，是否变盘要看次日走势。

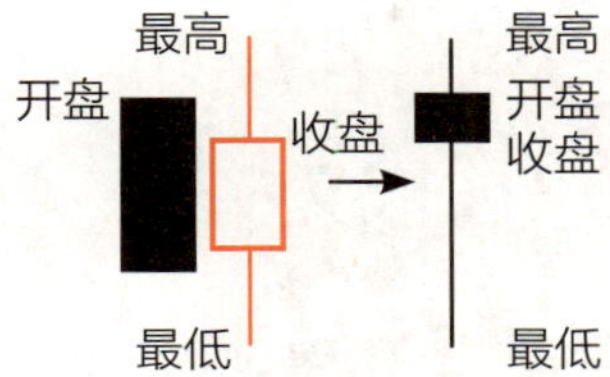

3条K线出现“夜星”的变盘讯号

我们利用两条K线合并的概念，同理可以推论出3条、4条……K线的组合概念，下面3条K线，一般称为“夜星”，是高点转折向下的讯号。如果把它组成一条K线的概念来看，就是基本技术分析单一K线高档长上影线的变盘讯号。

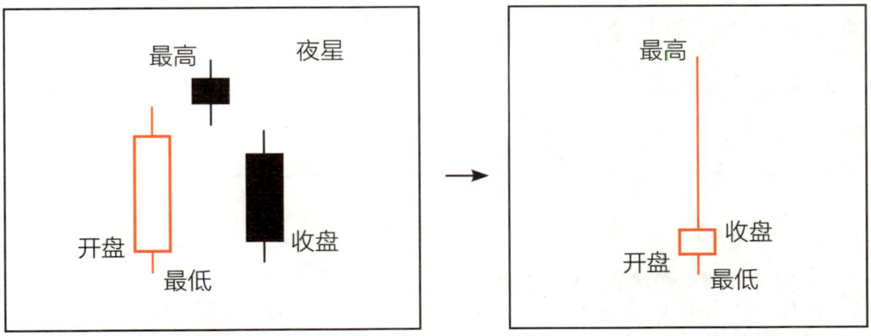

第7章 K线赚钱密码②：8个K线攻击及下杀讯号

同学经常会问，股价天天下跌，要如何知道是否已经止跌？甚至要上涨？其实，这从K线的变化上就可以看得出来，以下归纳出后市向上攻击或是要向下下杀的讯号。

自低档向上反弹的8个K线攻击讯号

当股价跌到低档时，出现以下8个K线向上攻击讯号是多头短线的强力表现。但是要注意，最低点的K线止跌讯号，必须要有过前2日K线最高点的确认红K线出现。

1. 突破下降急切线的长红K线：
低档出现长红K线，突破下降急切线，收盘过前2日最高点。

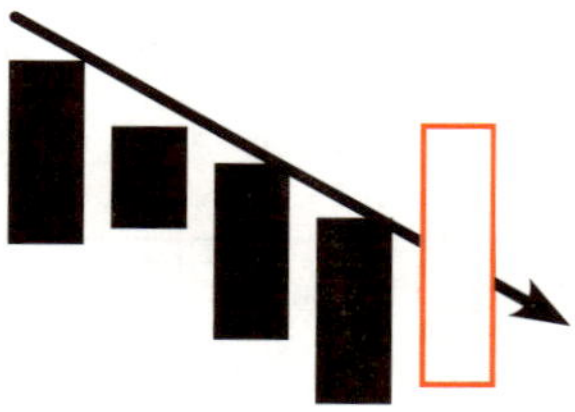

2. 出现地桩似的长下影K线：
低档出现长下影线的锤子，第2日要红K线，且过前一日最高点才能确认止跌反弹。

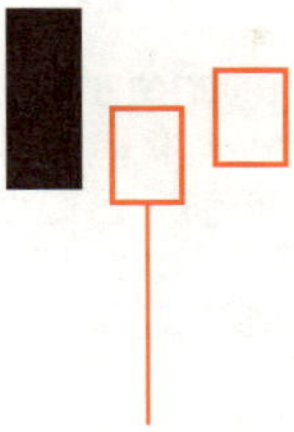

3. 低档出现十字K线：
低档出现十字或类似十字K线，是变盘讯号，第2日突破前一日最高点的红K线才能确认变盘。

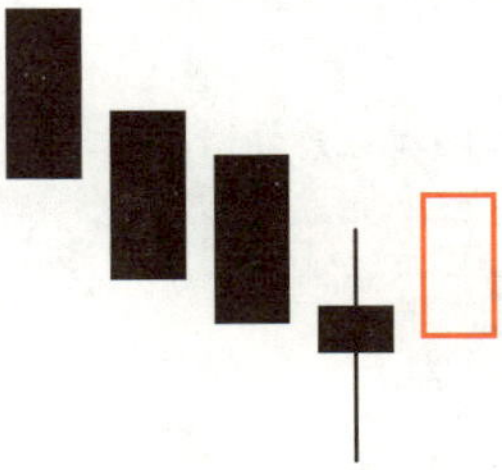

4. 低档出现倒锤K线：
低档出现长上影线的K线，是止跌讯号，第2日开高向上，表示止跌，但是第3日要过前一日最高点的红K线，才能确认反弹。

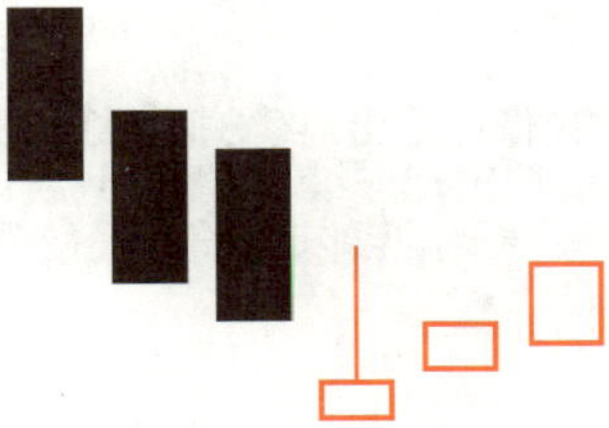

5. 低档出现穿心红K线：
低档出现长红K线，突破前一日长黑K线的1/2价，为多头强势止跌讯号；出现长红K线后次日要再过前一日最高点才能确认。

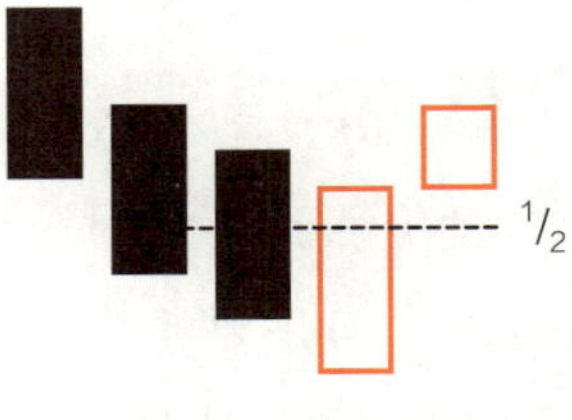

6. 低档出现阳包阴红K线：
低档出现长红K线的“吞噬”现象，当日股价跌破前一日最低价，收盘过前一日最高点，为K线单日破脚穿头现象，代表多头强攻的态势。

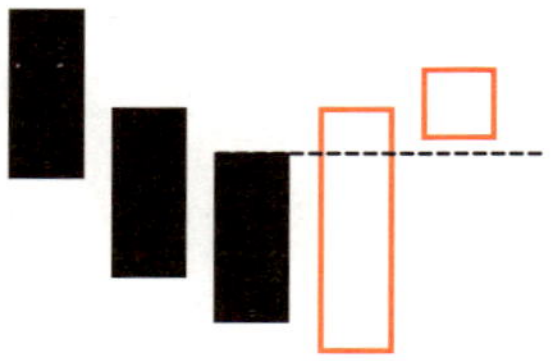

7. 低档开平高转红K线：
低档出现开盘价为昨日最高点，一路往上拉出长红K线，是多头向上的强力表现。

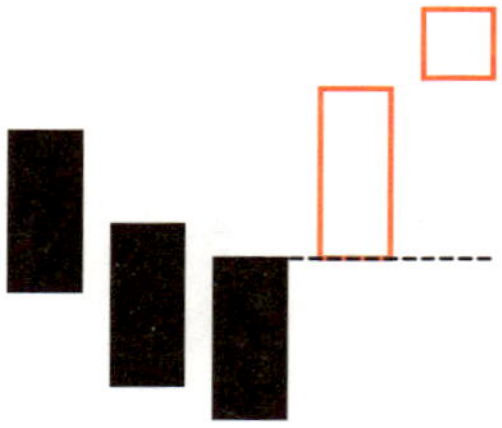

8. 低档拉出连续3根长红K线：
低档出现连续3根长红K线，为强势多头表现，可以锁股，等待回档后的买进点。

自高档向下回档的8个K线下杀讯号

当股价涨到高档时，出现以下8个向下回档讯号是空头短线的强力表现。但是要注意，最高点的K线止涨讯号，必须要有跌破前面K线低点的确认K线出现。

1. 跌破上升急切线的长黑K线：
高档出现长黑K线的“吞噬”现象，跌破上升急切线，且跌破前2日最低点。

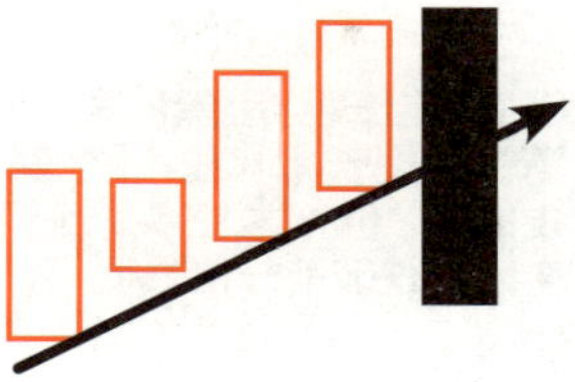

2. 天线般的长上影K线：
高档出现长上影线的K线，第2天收盘跌破前一日最低点才能确认回档。

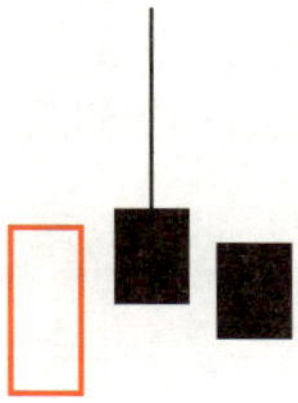

3. 高档出现十字K线：
高档出现十字或类似十字K线，是变盘讯号，第2日跌破前一日最低点，才能确认变盘。

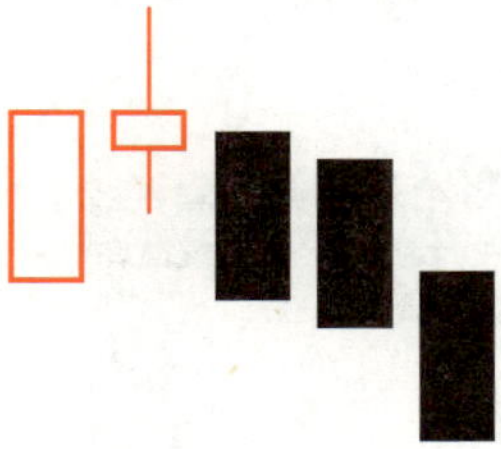

4. 高档出现吊人K线：
高档出现长下影线的K线，是止涨讯号，次日开低向下，表示回档，但要等到跌破前一日最低点，才能确认回档。

5. 高档出现穿心黑K线：
高档出现长黑K线，跌破前一日长红K线的1/2价，为空头强势下跌的讯号，次日要跌破前一日最低点，才能确认。

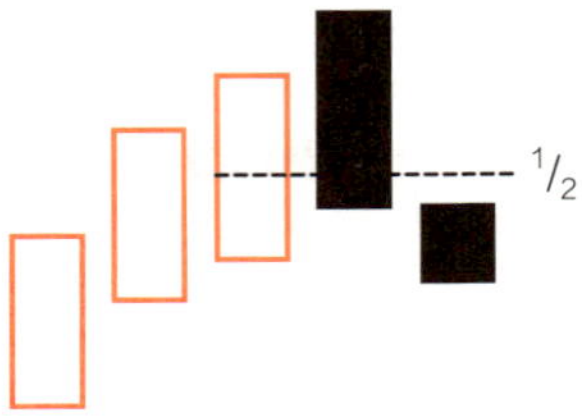

6. 高档出现阴包阳黑K线：
高档出现长黑K线的“吞噬”现象，当日创新高，收盘跌破前一日最低点，为K线单日穿头破脚，是空头强势表态。次日跌破长黑K线最低点，确认反转。

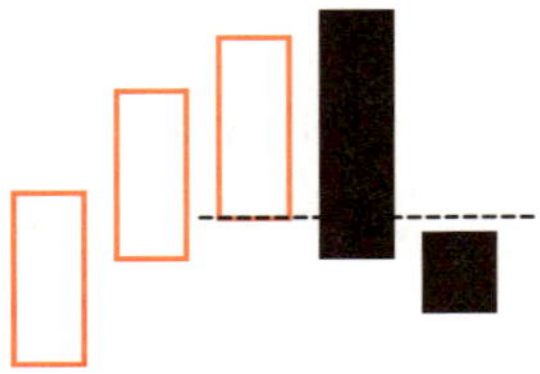

7. 高档开平低转黑K线：
高档开盘为昨日最低点，一路往下拉出长黑K线。

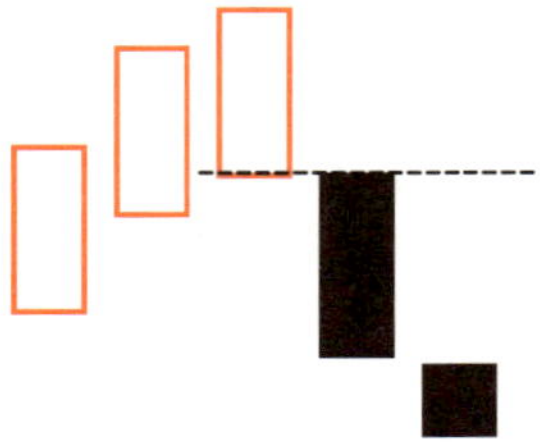

8. 高档出现连续3根长黑K线：
高档出现连续3根长黑K线，为强势空头表现，可以锁股，等待反弹后的做空点。

第8章

K线赚钱密码③：判断长红K线、长黑K线的秘诀

当上涨趋势行进时，突然出现下跌的长黑K线，把投资人给吓坏了，到底出了什么问题？同样地，在下跌趋势行进时，突然出现开低拉高的长红K线，是不是要反弹回升了？

长黑K线及长红K线在多头、空头趋势的功能

我们先要了解趋势的力量，远超过一根或数根K线的力量。当多头趋势形成时，有往上助涨的力道，所以对上涨中的关键红K线具有加强上涨的作用；对修正下跌的黑K线，反而有抗跌的支撑作用。换句话说，多头是上涨有理、下跌无理。

其次，上涨趋势的特性本来就是缓涨急跌，所以在上涨了一段之后，有一天突然出现大跌，这是主力一边洗盘、一边测试多头散户持股的信心。只要上涨趋势没有改变，长线可以保护短线，所以在上涨趋势中对于突然出现的长黑K线，不必过于恐慌。同样地，下跌的时候，突然会出现反弹的长红K线，遇到这种状况，当然不要高兴得太早，因为空头趋势并没有改变，之前的长红K线只是跌深的反弹而已。

以下归纳长红K线及长黑K线在多头趋势及空头趋势的功能：

1. 多头趋势的“长红K线”，对向上攻击有助涨的功能。
2. 多头趋势的“长黑K线”，对向上攻击只有减缓的功能。
3. 空头趋势的“长黑K线”，对向下跌有助跌的功能。
4. 空头趋势的“长红K线”，对向下跌只有减缓的功能。

长黑K线在多头趋势的代表意义

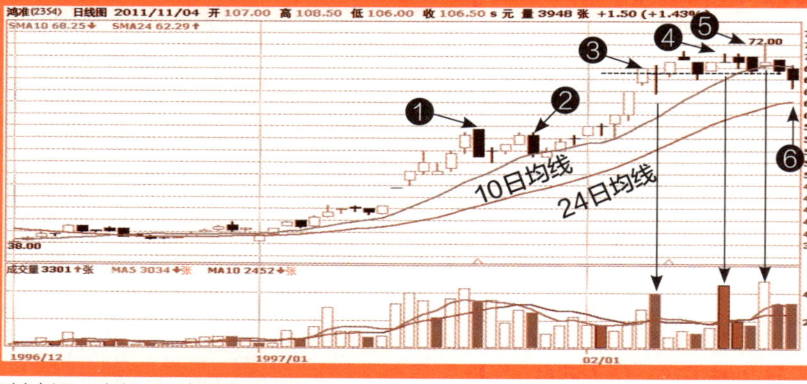

资料来源：富邦e01电子交易系统

▲上图说明：

❶ 在多头上涨走势中出现长黑K线，由于处于多头趋势，且10日、24日均线持续向上，都会造成支撑助力。

❷ 出现黑K线，由于处于多头趋势，且10日、24日均线发挥持续向上的支撑助力。

❸ 出现高档大量的十字变盘线，要密切注意日后走势。

❹❺ 连续出现大量变盘线，股价横向盘整。

❻ 盘中看到黑K线跌破前9天的K线最低点，要立刻出场。

长红K线在空头趋势的代表意义

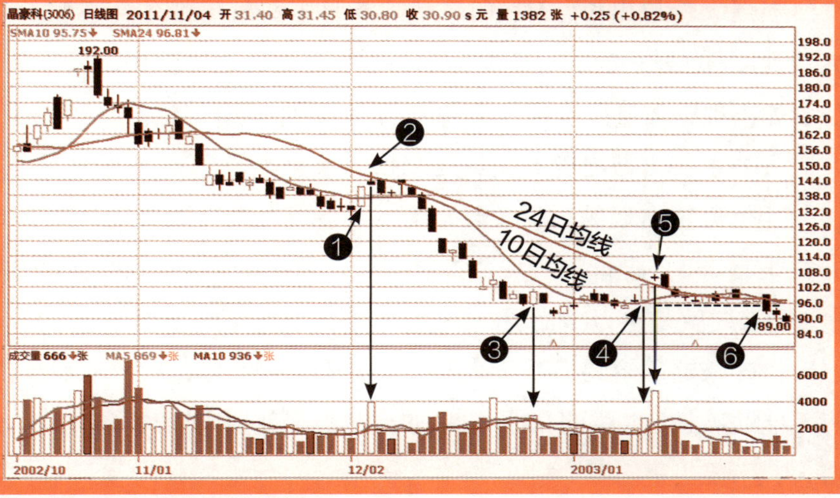

资料来源：富邦e01电子交易系统

▲上图说明：

❶ 在空头下跌走势中出现长红K线，由于处于空头趋势，且10日、24日均线持续向下，都会造成下跌压力。

❷ 出现爆大量且变盘的黑K线，由于24日均线向下的压力，空头续跌。

❸ 在空头下跌走势中出现中红K线，由于处于空头趋势，且10日、24日均线持续向下，都会造成下跌压力。

❹ 出现“底底高”的长红K线，24日均线仍然向下。

❺ 出现爆大量且变盘的十字黑K线，由于24日均线向下的压力，股价续跌，进入盘整。

❻ 出现长黑K线跌破盘整及均线，空头继续下跌。

不适合买进的5种爆大量长红K线位置

当爆大量拉出长红K线时，代表当日多头气势强劲，一般投资人看到K线这样表现，很容易冲动买进。其实，在走势中，以下5种位置如出现爆大量拉出长红K线的情况，则不适合买进。

1. 在多头高档出现大量长红K线

这个位置出现的大量长红K线，要小心主力借机出货。判别的方法是看次2日股价的表现，如果股价不涨或下跌，前面的那根大量长红K线就是主力出货了。

操作策略很容易，当天大量长红K线持股续抱，次日以后要注意不能跌破长红K线的1/2价位，如果跌破，就要卖出离场，空手投资人，不要买进。

多头高档出现的大量长红K线

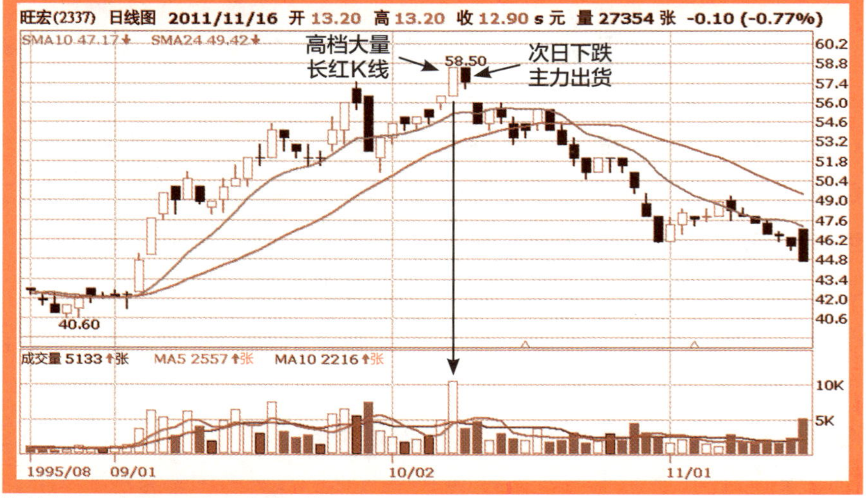

资料来源：富邦e01电子交易系统

2. 连续上涨出现第3根或第4根长红K线

当连续上涨出现3根或4根长红K线时，获利的人随时要卖出，空手投资人不适合在此进场，因为多头气势虽然强，但是极易追到高点而套牢，因此，要等到回档修正后再买进。

连续上涨出现第3根或第4根长红K线

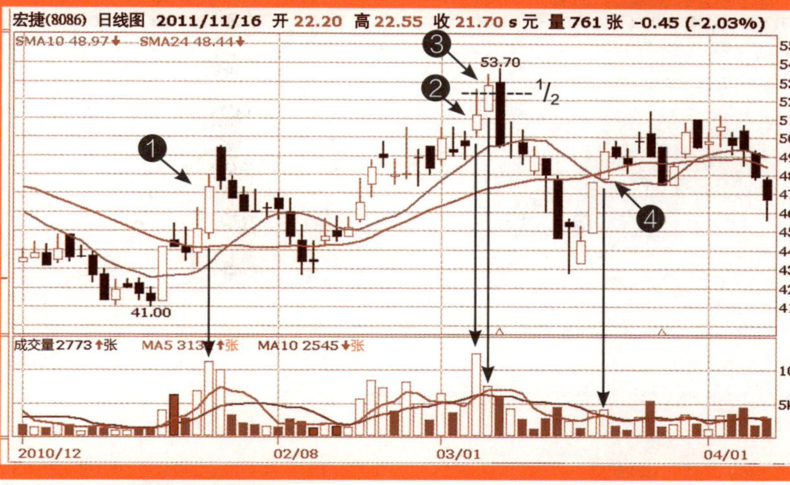

资料来源：富邦e01电子交易系统

▲上图说明：

❶ 上涨第3根的大量长红K线，次日开高走低，连续回档。

❷ 高档出现爆大量纺锤红K线，要有戒心。

❸ 高档出现大量中红K线，要以当日的1/2价为止盈点，跌破1/2价要出场。

❹ 上涨出现第3根的长红K线要小心，不能追买，次日如开高走低，要先出场。

3. 接近前面重大压力区的长红K线

当出现长红K线又接近密集压力区或是周线压力区时，空手投资人不适合在此进场，因为多头气势虽强，但是容易受制于前面压力而盘整或回档。

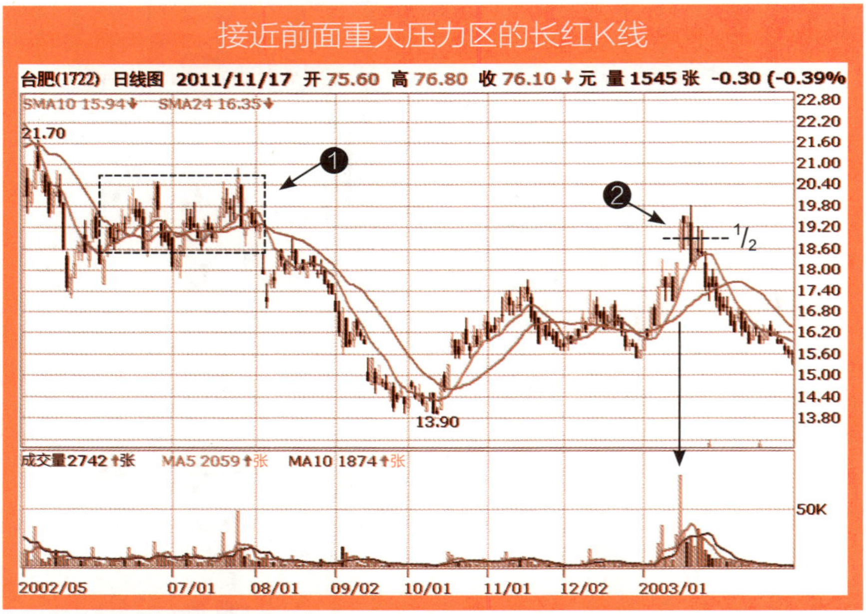

资料来源：富邦e01电子交易系统

▲上图说明：

❶ 密集盘整区。

❷ 高档出现爆量长红K线，接近前面密集盘整区压力。1/2价设为止盈点，跌破要出场。

4. 空头走势反弹中出现的大量长红K线

当空头走势时，突然出现爆大量的长红K线，空手投资人不要心动随便就进场，逆势操作不容易获利，往往容易套牢或者止损出场。

空头走势反弹中出现大量长红K线

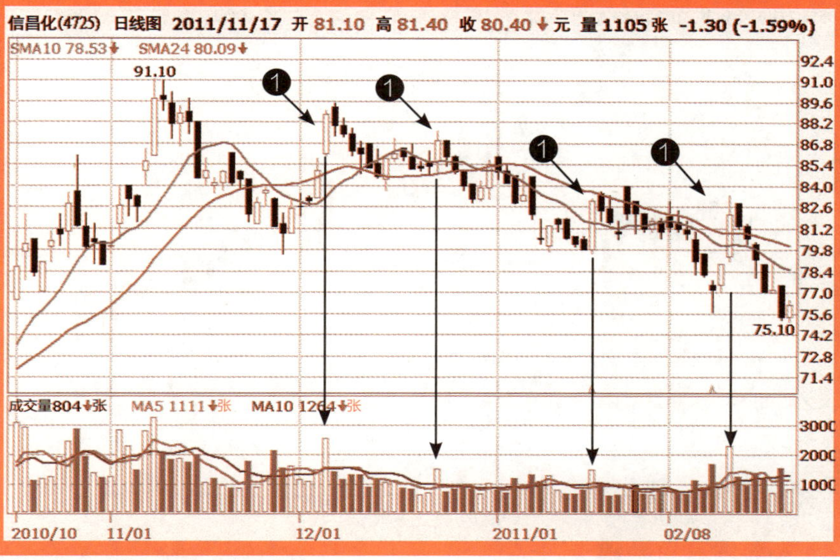

资料来源：富邦e01电子交易系统

▲上图说明：

❶ 空头走势中每当出现爆大量的长红K线，次日买进都被套牢。

5. 高档出现长黑K线吞噬后又出现爆大量的长红K线

在高档出现长黑K线吞噬现象，为反转讯号，但是次日又出现爆大量的长红K线，空手投资人不要随便追买，除非股价收盘突破吞噬长黑K线的最高点。

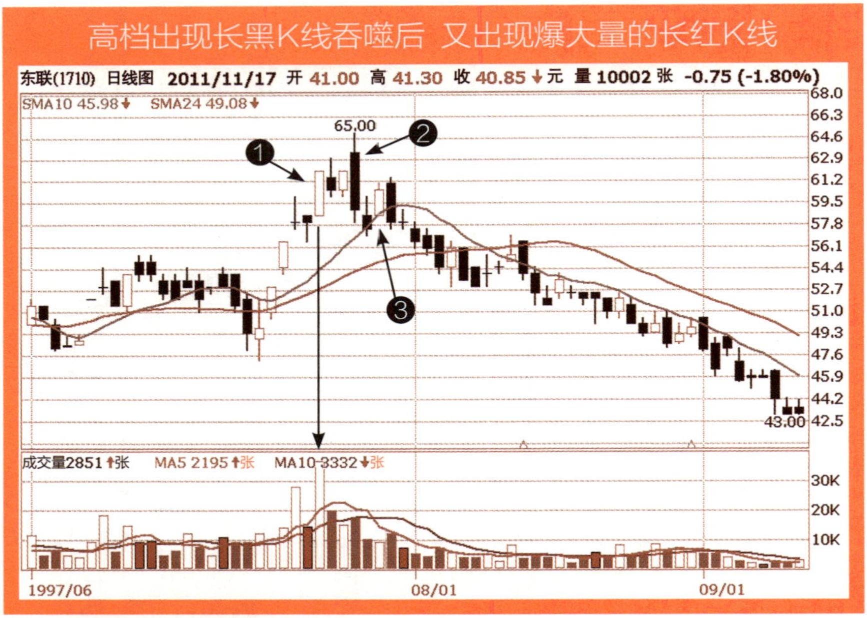

资料来源：富邦e01电子交易系统

▲上图说明：

❶ 第4根上涨的爆大量长红K线，次日走低要出场，空手勿追。

❷ 高档出现长黑K线吞噬现象，为反转讯号。

❸ 虽然出现红K线，但不能买进，除非股价收盘能突破吞噬长黑K线的最高点65元。

利用长红K线与长黑K线判断能否续势

K线充分反映多方与空方的企图，以及企图的成功与否，尤其是长红K线或长黑K线代表的企图最明显。

我们观察多头K线的走势图，几乎任何形态突破的位置，如果是长红K线，往上再涨的概率很高。长红K线的最低点也就是买方的发动点，自然也是买方的防御底线。

长红K线是买方的防御底线

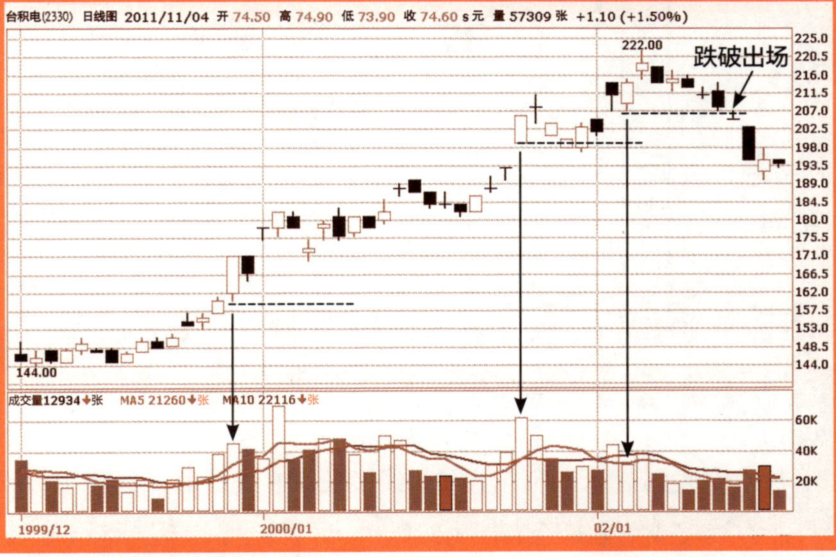

资料来源：富邦e01电子交易系统

我们观察空头K线的走势图，几乎任何形态跌破的位置，如果是长黑K线，往下再跌的概率很高。长黑K线的最高点也就是空方的发动点，自然也是空方的防御底线。

长黑K线是空方的防御底线

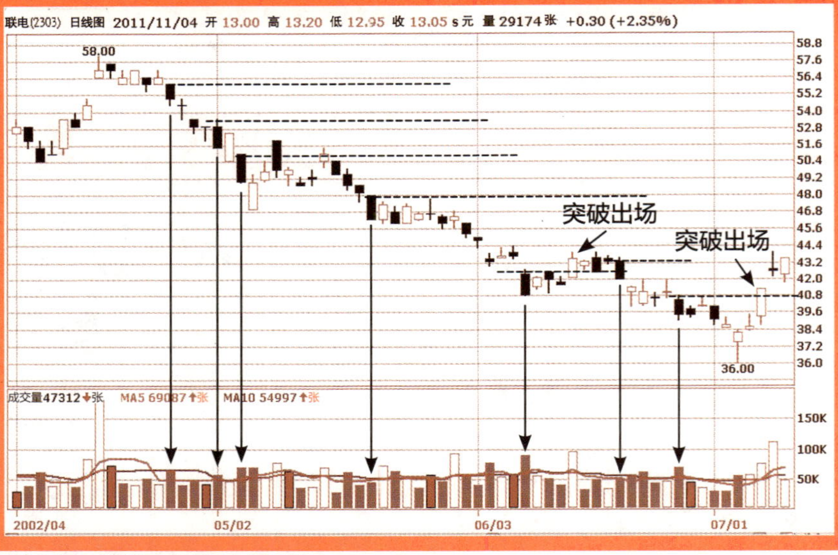

资料来源：富邦e01电子交易系统

基于前述的观念，利用长红K线及长黑K线，可以判断多方是否有能力续攻或空方是否有能力续跌。

第9章 移动平均线的进阶应用：均线交叉及纠结的操作重点

移动平均线是1960年由葛兰碧（Granvil Joseph）提出来的，中心论述是指一定期间内交易的平均成本构成的一条随着股价变动的移动曲线。

基本上，短期间的移动平均线振幅及方向变动较快，例如3日均线，是取最近3天的收盘价计算平均成本，因此，其中一天占有1/3的比重，当一日股价大涨或大跌，立刻对3日的平均价产生很大的变化。

如果是长期的移动平均线，振幅及方向变动较慢，例如60日均线，是取最近60天的收盘价计算平均成本，因此，其中一天只占有1/60的比重，当一日股价大涨或大跌，对60日的平均价产生的变化比较小。

我们在实际应用时，经常会有不知要用哪条均线较好的问题，事实上，刀有所短，剑有所长，最好是一条短期均线搭配一条长期均线，如此就能互取所长。

用月线及季线分界多空趋势

在应用移动平均线时，一般用短期均线操作进出，另外取一条较长期的均线当作多空方向的依据。

在均线中，月线及季线是重要的趋势参考线。用日线操作的短期投资人，必须要以月线研判多空的趋势。过去台湾股市每周交易6天，月线采用24日均线，现在每周交易5天，用20日均线为月线。

这两种期间差别不大，主要是在操作上，股价在月线之上，而且月线呈现向上走势，趋势为多头，只要股价没有跌破月线之前，做多操作；一旦股价跌破月线下方，而且月线下弯，就视为空头趋势，做空操作。因此，月线是短期操作的多空分界均线。

用波段操作的中长期投资人，必须要以季线分析多空的趋势，过去通常用72日均线为季线，现在每周交易5天，合理的季线应该是65日均线（52周 ÷ 4 × 5）。

季线作为中长期趋势的参考，股价在季线之上，而且季线上扬，中期趋势为多头。只要股价没有跌破季线之前，做多操作；一旦股价跌破季线下方，而且季线下弯，就视为空头趋势，做空操作。因此，季线是中长期操作的多空分界均线。

无论投资人做短期用月线判多空，或者做中长期用季线判多空，原则上，顺势操作失误的概率相当低，逆势操作失误的概率则相当高。

用月线当多空趋势分界

资料来源：富邦e01电子交易系统

▲上图说明：

❶ 用20日均线为月线。

❷ 股价站上月线，月线上扬，趋势多头，做多。

❸ 股价跌破月线，月线开始下弯，趋势空头，做空。

用季线当多空趋势分界

资料来源：富邦e01电子交易系统

▲上图说明：

❶ 用65日均线为季线。

❷ 股价站上季线，季线上扬，做多，后面出现将近18个月的多头趋势。

❸ 股价跌破季线，季线开始下弯，趋势成为空头，做空。

月线与季线交叉的代表意义

前面说明在所有的均线之中，月线及季线是重要的趋势参考线，月线及季线的交叉代表中长期趋势的改变。当月线由下往上穿越季线产生“黄金交叉”，两条均线同时往上时为中长期走多的趋势；当月线由上往下穿过季线产生“死亡交叉”，两条均线同时往下时，中长期空头趋势形成。

如果用周线来看，可用4周均线作为月线、12周均线作为季线，进行这两条均线的交叉分析。

从日线看月线及季线交叉的代表意义

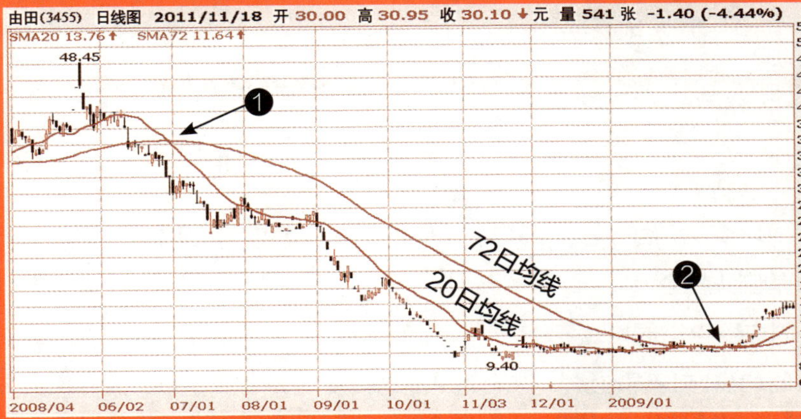

资料来源：富邦e01电子交易系统

▲上图说明：

❶ 20日均线（月线）与72日均线（季线）死亡交叉，之后连续下跌6个月。

❷ 20日均线与72日均线黄金交叉，结束空头趋势。

从周线看月线及季线的交叉代表意义

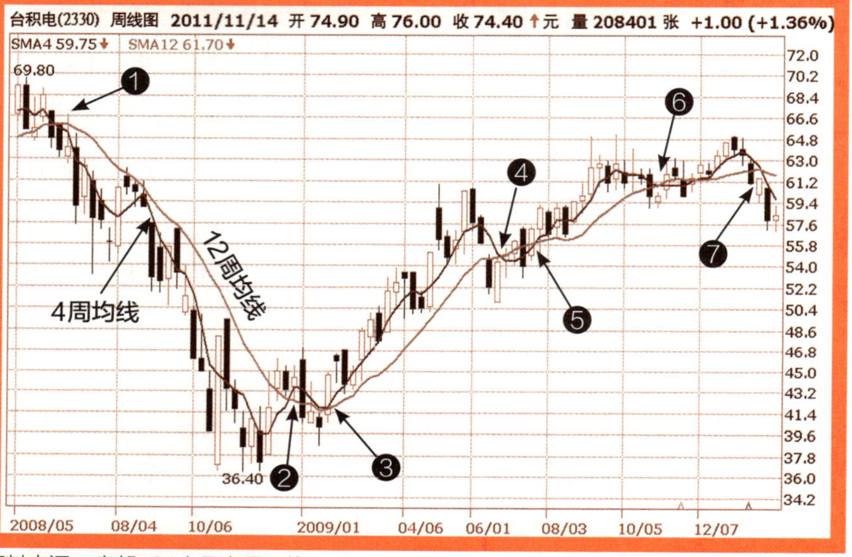

资料来源：富邦e01电子交易系统

▲上图说明：

❶ 4周均线（月线）与12周均线（季线）死亡交叉，均线下弯，展开连续33周的空头趋势。

❷ 4周均线与12周均线黄金交叉，但是12周均线还在下弯，股价还会回跌。

❸ 4周均线与12周均线黄金交叉，4周均线及12周均线上扬，展开连续21周的多头趋势。

❹ 4周均线与12周均线死亡交叉，但是12周均线还在向上，股价还会上涨。

❺ 4周均线与12周均线黄金交叉，4周均线及12周均线上扬，展开继续15周的多头趋势。

❻ 4周均线与12周均线死亡交叉，但是12周均线还在向上，股价还会上涨。

❼ 4周均线与12周均线死亡交叉，且4周均线及12周均线同时下弯，结束上升趋势。

均线纠结在操作上的应用

移动平均线是平均成本的概念，因此当多条不同期间的均线纠结在一起时，具有重要的意义。在实际操作中，均线纠结是观察进场的机会。

如果短、中、长期的5日、10日、20日均线纠结在一起，表示这些期间买股票的平均成本都差不多，因此，愈长期均线纠结，股价横向盘整的时间愈长，累积的持股能量愈大。

当股价往上突破上涨时，短期均线最先向上，然后中长期均线依序上扬，造成均线上扬的多头排列，形成强势上涨的态势。因此，一旦发现盘整中出现5日、10日、20日均线这3条均线纠结的股票，要抓住向上突破的买点；相反地，如果向下跌破，立刻产生多条均线空头排列，也是抓住做空的机会。

当多条均线多头排列时，股价向上走势中，回档修正一段时间后再次出现3条均线纠结，并且出现向上红棒（红K线）时，是另一个进场的好时机，要把握赚钱的机会，买进。

均线纠结的向上红棒是起涨的开始。
均线纠结的向下黑棒是起跌的开始。

均线纠结出现向上红棒是起涨点

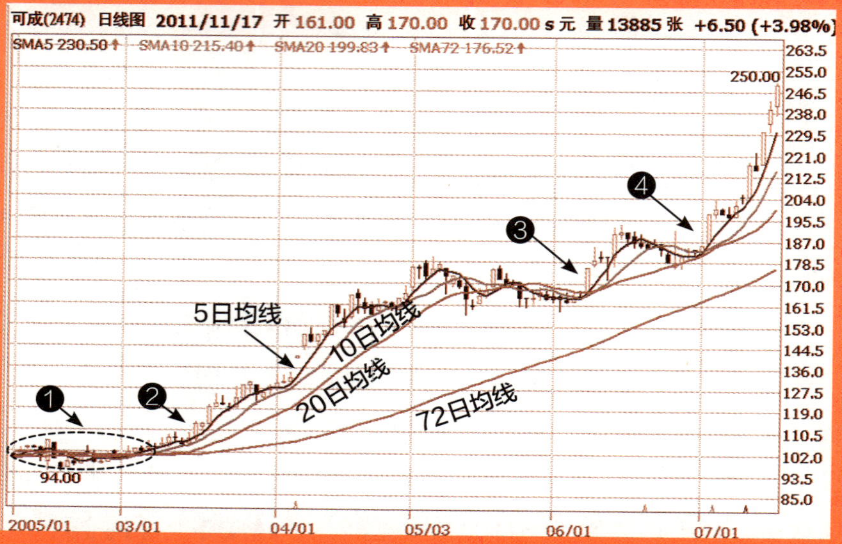

资料来源：富邦e01电子交易系统

▲上图说明：

❶ 4条均线纠结区。

❷ 股价突破均线纠结区，均线呈现多头排列，做多买进。

❸ 多头行进中盘整，3条均线纠结，出现长红K线突破盘整区，做多买进。

❹ 多头行进中回档，3条均线纠结，出现长红K线突破前波最高点，做多买进。

均线纠结出现向上红棒是起涨点

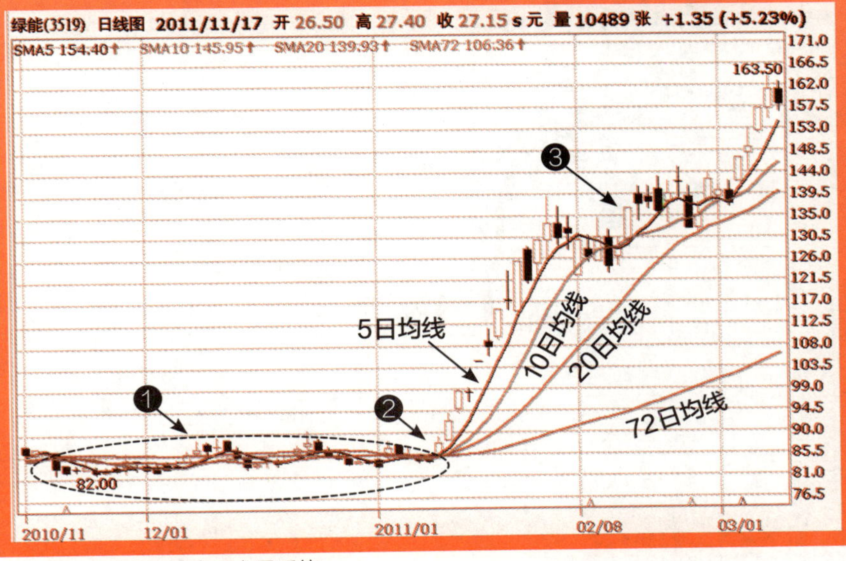

资料来源：富邦e01电子交易系统

▲上图说明：

❶ 4条均线纠结区。

❷ 股价突破均线纠结区，均线呈现多头排列，做多买进。

❸ 多头行进中，回档后出现长红K线上涨，做多买进。

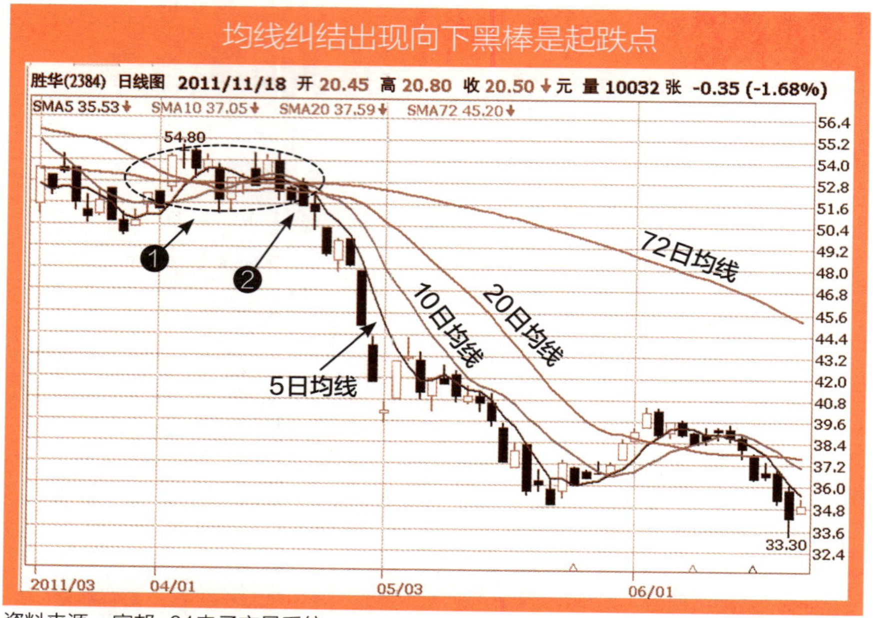

资料来源：富邦e01电子交易系统

▲上图说明：

❶ 4条均线纠结区。

❷ 股价拉出黑K线跌破均线纠结区，均线呈现空头排列，是起跌的开始，做空。

第10章 趋势线的进阶应用：找买点、空点、目标价及看强弱

趋势线是最简单判别趋势的方法。多头走势的最低转折点连接往上的切线称为“上升趋势线”，股价只要一直维持在趋势线的上方，这条趋势线代表的趋势方向及支撑就一直有效。

空头走势的最高转折点连接往下的切线称为“下降趋势线”，股价只要一直维持在趋势线的下方，这条趋势线代表的趋势方向及压力就一直有效。

不管是上升趋势线还是下降趋势线，有效的时间愈长，这条趋势线就愈重要。趋势线的重要意义并不是指它支撑或压力一直有效，而是要注意这条重要的趋势线一旦被跌破或被突破，趋势改变的概率很大。

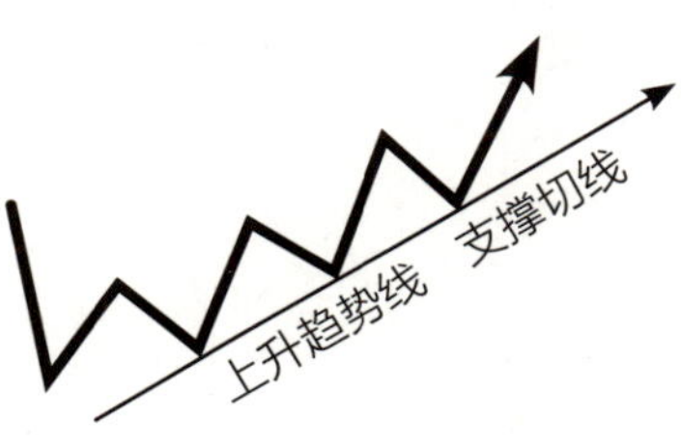

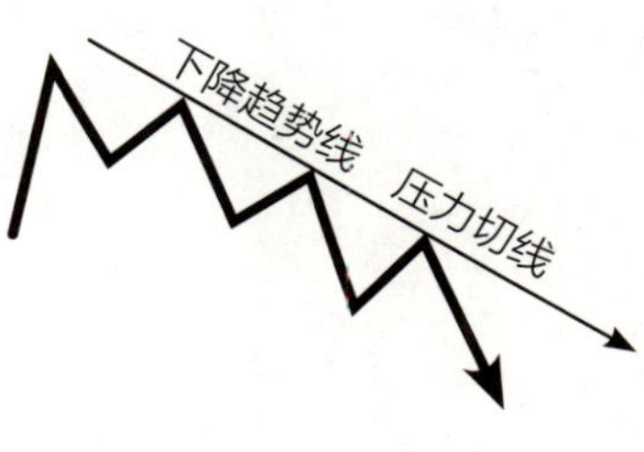

从股价与趋势线关系看趋势是否改变

趋势的发展不会一路到底，多头走势开始会先走一段，一旦这一段的上涨产生的上升趋势线被跌破，表示要回档修正。

当修正完毕继续多头的第2段走势，这时会产生一条中期的上升趋势线。

第2段上涨本身有一条上升趋势线，整个大趋势由分段的中趋势组成，一直到长期上升趋势线被跌破，波浪形态趋势改变为止。

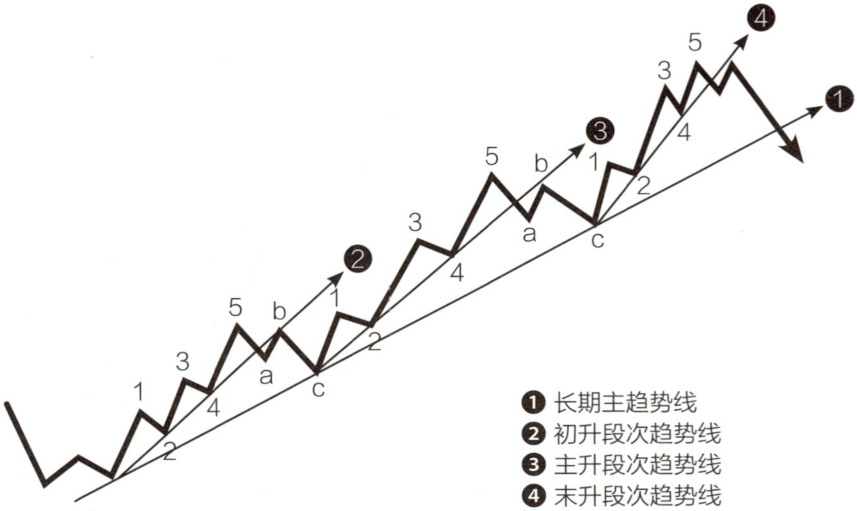

每一段中期上升趋势线，对正在上方前进的股价提供往上的助涨和支撑，所以当上升趋势线被跌破时，除了透露中期要回档修正的讯息之外，同时因为股价跌破上升趋势线，这条原本支撑的趋势线就变成日后的压力线。

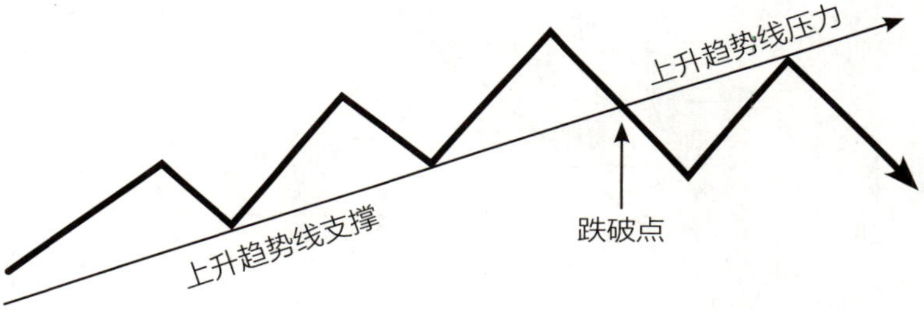

每一段中期下跌趋势线，对正在下方前进的股价提供往下的助跌和压力，所以当下降趋势线被突破时，除了透露中期要反弹的讯息之外，同时因为股价突破下降趋势线，这条本来造成压力的趋势线就变成日后的支撑线。

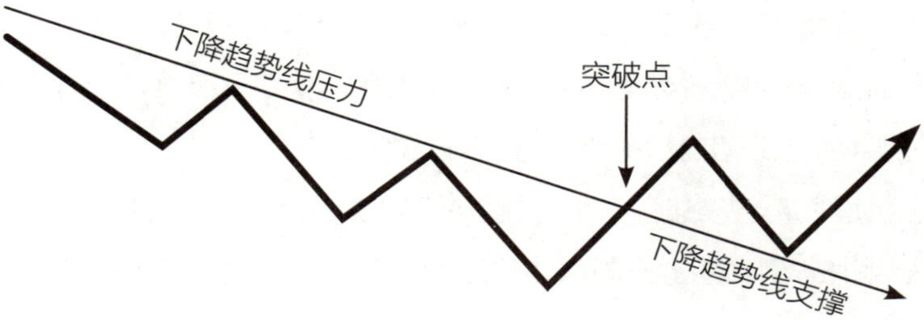

跌破上升趋势线的代表意义

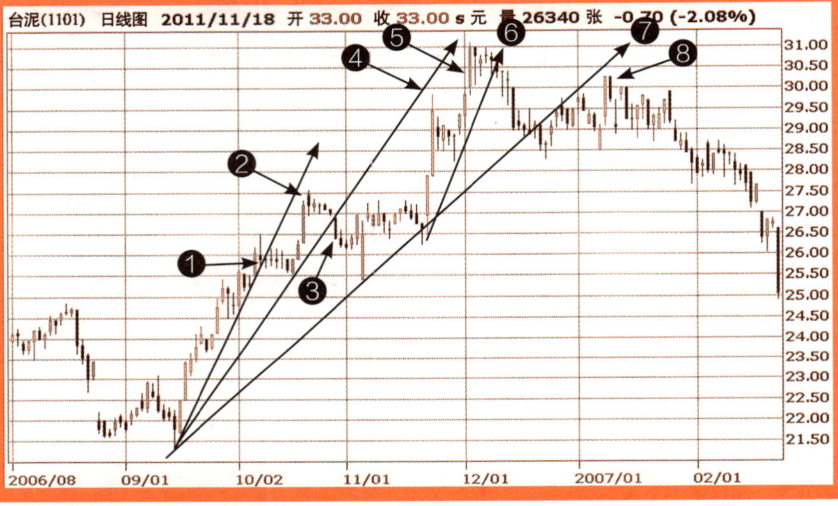

资料来源：富邦e01电子交易系统

▲上图说明：

❶ 多头起涨第1段的第1条中期上升趋势线被跌破时，回档修正。

❷ 股价碰到第1条上升趋势线时遇到压力，回档修正，盘整。

❸ 第2条中期上升趋势线被跌破时，回档修正。

❹ 股价碰到第2条上升趋势线时遇到压力，回档修正，盘整。

❺ 股价碰到第2条上升趋势线时遇到压力，回档修正，盘整。

❻ 第3条中期上升趋势线被跌破时，回档修正。

❼ 包含前面3条趋势线的长期上升趋势线被跌破时，回档修正。

❽ 再上涨时碰到长期上升趋势线的压力而回跌，这次的回跌在波浪形态上产生“头头低”现象，因此看出，时间愈长的上升趋势线被跌破，趋势改变的可能性愈高。

从趋势线找买点、空点及目标价

只要懂得运用趋势线，就可以找到投资的买点、空点，并预估目标价，从趋势线的斜率大小判断进出场时机。

1. 在上升趋势中的买点

当两个低点确立上升趋势线之后，股价回档尚未到上升趋势线就止跌再上涨时，是股价转强的买进点。股价回档接近上升趋势线不跌再上涨时，是好的机会买点。股价回档跌破上升趋势线，立刻再上涨站上趋势线时，是好的买点。

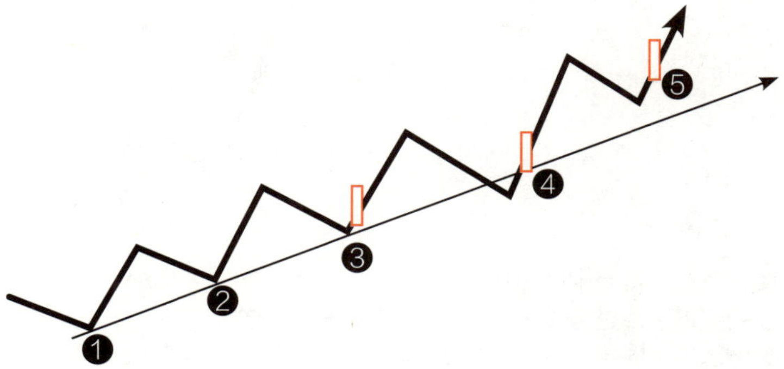

❶❷ 两个低点确立上升趋势线。
❸ 回档接近上升趋势线有支撑再上涨时，是买点。
❹ 回档跌破上升趋势线再站上趋势线上涨时，是买点。
❺ 回档尚未回到上升趋势线就强势上涨时，是买点。

2. 在下降趋势中的做空点

当两个高点确立下降趋势线之后，股价反弹尚未回到下降趋势线就止涨再下跌时，是股价转弱的做空点。股价反弹接近下降趋势线不涨再下跌时，是好的做空点。股价反弹突破下降趋势线立刻再下跌至趋势线下方时，是好的做空点。

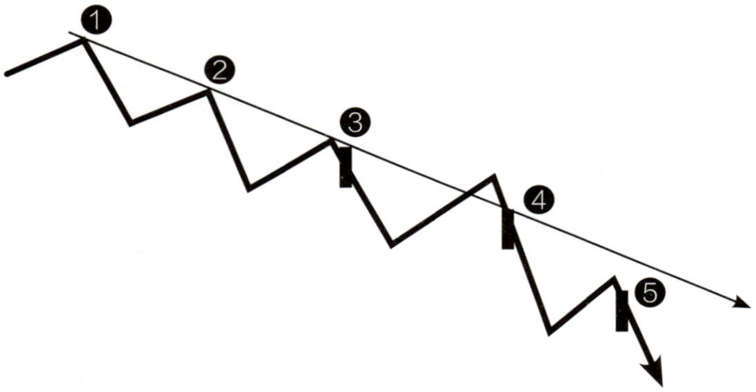

❶❷ 两个高点确立下降趋势线。
❸ 反弹接近下降趋势线有压力，为再下跌时的做空点。
❹ 反弹突破下降趋势线，之后再跌破趋势线下跌时，是做空点。
❺ 反弹尚未回到下降趋势线就弱势下跌时，是做空点。

3. 趋势线可以估算目标价

当趋势线被突破或跌破时也可以估算出目标价。当上升趋势线被跌破时，股价通常会回落到前面修正后起涨的位置。当下降趋势线被突破时，股价通常会上涨到前面反弹后起跌的位置。

用趋势线估算目标价

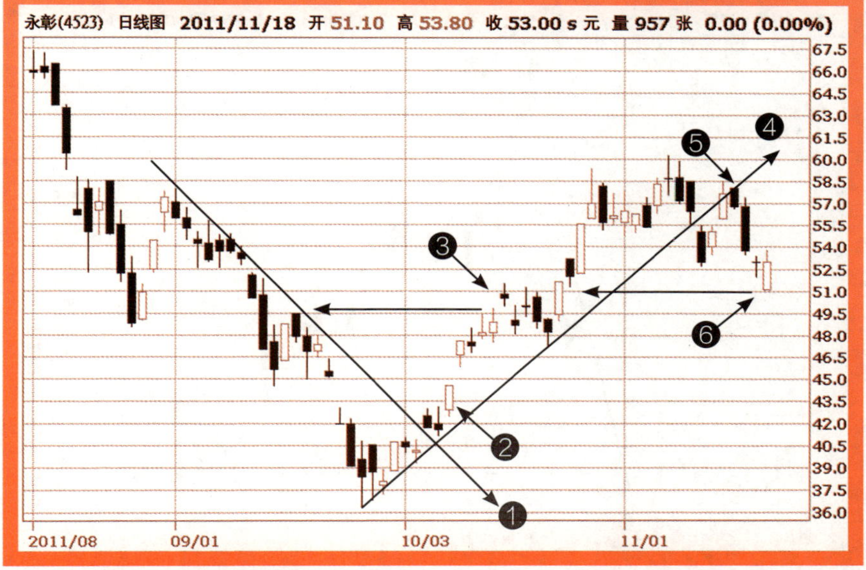

资料来源：富邦e01电子交易系统

▲上图说明：

❶ 下降趋势线。

❷ 突破下降趋势线的红K线。

❸ 反弹到前面反弹高点的位置。

❹ 上升趋势线。

❺ 跌破上升趋势线的黑K线。

❻ 回跌到前面回档修正后的起涨位置。

用趋势线估算目标价

资料来源：富邦e01电子交易系统

▲上图说明：

❶ 飙股急涨的上升趋势线。

❷ 跌破上升趋势线的黑K线。

❸ 回跌到前面盘整后的起涨位置。

用趋势线估算目标价

资料来源：富邦e01电子交易系统

▲上图说明：

❶ 下降趋势线。

❷ 突破下降趋势线的红K线。

❸ 反弹到前面盘整的位置。

❹ 下降趋势线。

❺ 突破下降趋势线的红K线。

❻ 反弹到前面起跌的位置。

4. 趋势线的斜率强度

趋势线的上升斜率（角度）愈大，表示上涨强度愈强。趋势线的上升斜率（角度）愈大，维持的时间愈短。

趋势线的上升斜率（角度）45度是价格与时间的平衡斜率。如果趋势线斜率过大，表示上涨太快，趋势难以持久，此时容易跌破上升趋势线而回档，回档修正后的上升趋势线会向45度斜率靠近。趋势线斜率过小，表示上涨强度较弱、上升的趋势不太可靠，此时最好等到上升趋势线斜率改变，上升趋势明朗时再介入。

下降趋势线的斜率（角度）45度是价格与时间的平衡斜率。如果趋势线斜率过大，表示下跌太快，趋势难以持久，此时容易突破上升趋势线而反弹，反弹后的下降趋势线会向45度斜率靠近。趋势线斜率过小，表示下跌强度较弱、下跌的趋势不太可靠，此时最好等到下降趋势线斜率改变，下跌趋势明朗时再介入。

趋势线的斜率强弱

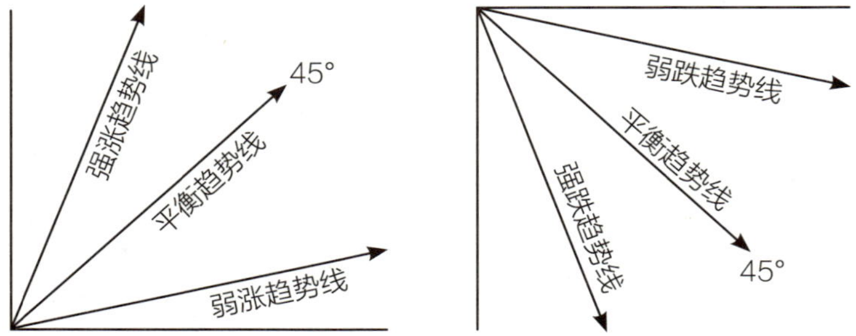

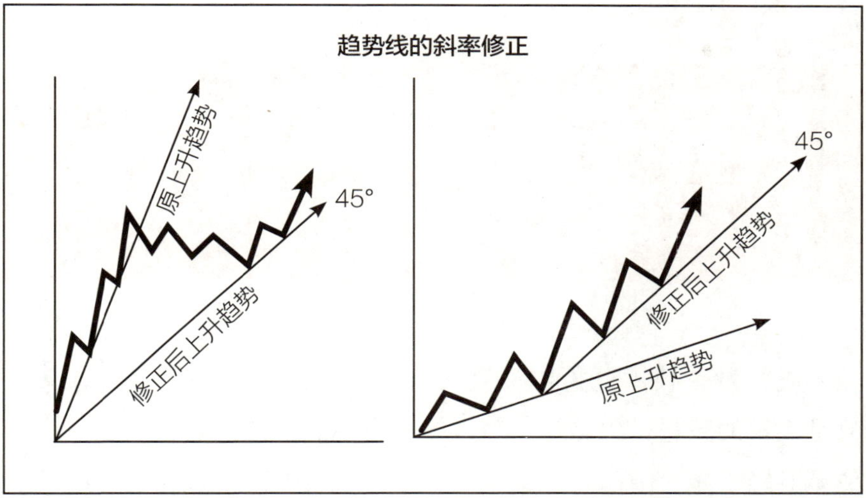

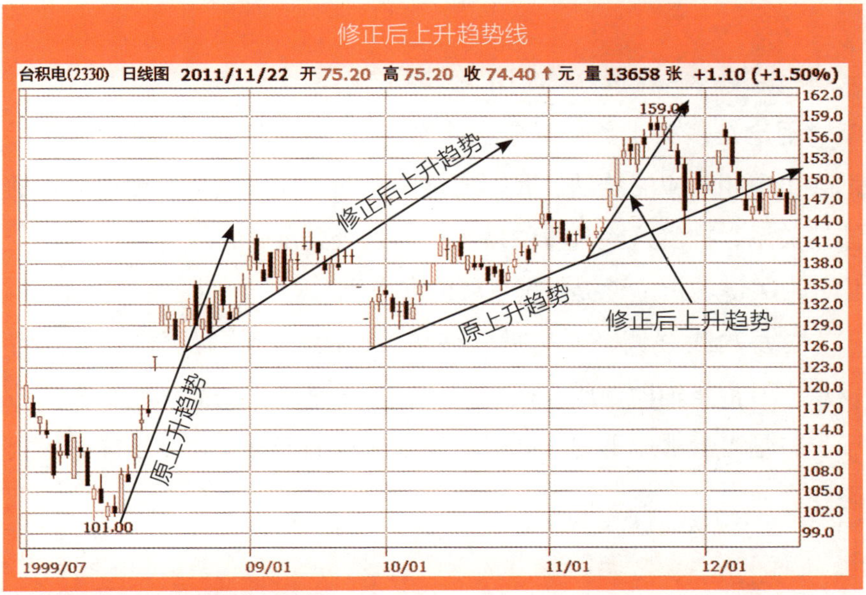

资料来源：富邦e01电子交易系统

第11章 价量关系的进阶应用：高档爆大量的因应策略

成交量在技术分析中一直具有重要的地位，其代表的意义不只是交易的数量，更是筹码与人气的指标。价量的基本关系在《抓住飙股轻松赚》中已有详细说明，本章就其他重要观念及应用予以说明。

成交量是分析趋势的辅助指标

不论是多头走势还是空头走势，在波动的每一阶段，成交量都会出现相对应的波动。我们通过走势图上面价格与下面成交量的波动关系，推测这些阶段的基本方向是否要反转，因此成交量的变化，在关键转折位置提供了重要的参考讯息。

这里再次强调，成交量能够在关键的转折位置提供重要参考讯息，通常是辅助性质，而非主角，主角是价格的波动。认真专注于价格是否上涨或下跌，同时掌握成交量的变动，才是正确的投资态度。

价是“体”量是“用”

做股票的目的是要赚到差价，所以“股价”的变动是“主体”，如果成交量的增减或其他基本面、消息面、技术面的变动不能造成股价的波动，对操作股票来说，那些变动都毫无意义，因此其他都是“应用”。

所以，我们要先看股价有没有变动，再看成交量呈现什么反应，代表的是什么意义。例如今天股价一路上涨，收盘上涨5%，就不必去介意今天成交量有没有增加或减少。明天股价要是不涨或是下跌，那么今天的成交量才会出现其背后代表的意义。

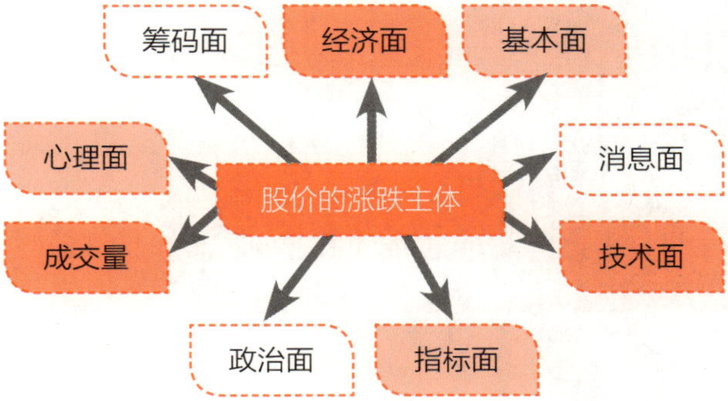

价与量同样要看位置

在研究价量关系时，股价目前在走势图中所处的“位置”才是重要关键。同样是有价有量，在低档反转的位置是主力要发动攻击的讯号，但是在大涨一段之后，在高档出现有价有量，就不要太乐观了，主力可能拉高出货，也可能是换手再攻。

从下面图例可以看出，同样是有价有量，在不同的位置，后续走势不同。

资料来源：富邦e01电子交易系统

▲上图说明：

❶ 股价走势在低档有价有量，为向上攻击量。

❷ 上涨一段之后，股价在相对高档有价有量，则容易拉回整理。

❸ 盘整后，有价有量，为突破的攻击量。

❹ 在高档有价有量，为出货量，容易拉回。

❺ 在高档下跌反弹，有价有量，反弹不过前面高点而下跌，为再次出货量，容易反转下跌。

个别股票成交量有时会骗人

一般人认为，成交量是每天实际交易的数量，是不会骗人的。纯以数字来说，成交量不会造假，但是以实质交易的对象来说，就不一定是真实的。

简单说，主力在操控一只个别的股票时，大部分筹码控制在主力手中，这时股价的涨跌就不一定呈现成交量的真实反应。例如在高档要营造多头强势的氛围，主力可以在甲账户挂出，而在乙账户买进，如此一来，成交量急剧增加，容易引诱散户上当去追买。

前述说明主力可以营造大成交量，相反地，主力没有办法缩小成交量，当市场出现恐慌下跌的时候，主力的买卖只会让成交量更大，所以从某方面来说，萎缩的成交量更加真实。

当投资人对股价看法趋于一致时，成交量会愈少。例如股价上涨到某一价位时，持有股票的投资人认为股价是高点，要获利卖出，而空手投资人同样认为股价是高点，不愿买进，这时就会造成无量下跌；相反地，当投资人对股价看法愈分歧时震荡愈大，成交量就会愈大。

高档爆大量 你该有的作为

多头上涨一段基本波过后，出现一个特别突出的大量，可能是即将来临的反转讯号，或者是回档修正的讯号。

凡是高档爆出大量，大多不是什么好事，在多头结束的头部发生前，共同的特征就是“爆大量”，所以高档爆大量不能轻忽。

既然高档爆大量不能轻忽，以下提供5种因应的操作策略：

1. 出现高档爆大量红K线，如果持股很多，应该开始分批卖出。当天可以先卖1/3或1/2，日后以这根爆大量红K线的1/2价为防守价，跌破该1/2价要全部出清持股。如果持股不多，可以持股续抱，以这根大量红K线的1/2价为防守价，跌破该价位要出场。

2. 出现高档爆大量红K线后持续上涨，则继续持股，每天以前一日的最低价为防守价，收盘跌破前一日最低价要出场。

3. 出现高档爆大量红K线后持续上涨中再一次爆大量，要以这次大量红K线的1/2价为防守价，日后收盘价跌破时要出场。

4. 出现高档爆大量红K线后急速向上拉升，切记画好上升急切线为防守线，收盘跌破上升急切线要出场。

5. 出现高档爆大量长黑K线，一律为卖出讯号，要赶快出场。

高档爆大量的因应策略1

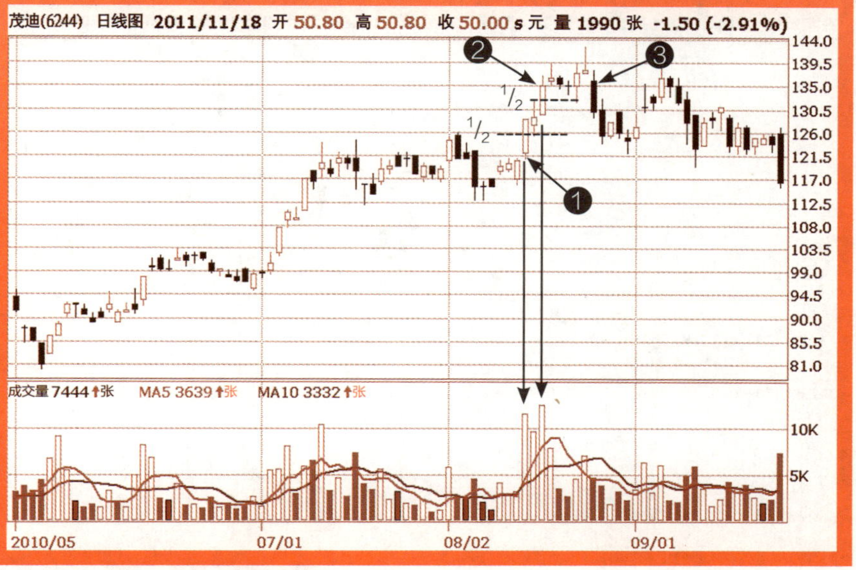

资料来源：富邦e01电子交易系统

▲上图说明：

❶ 第1次出现高档爆大量，持股多的人可以开始分批卖出，持股少的人可以继续持股，并以当天的1/2价为防守最低价。

❷ 第2次出现高档爆大量，以当天的1/2价为防守最低价。

❸ 出现长黑K线跌破前一日的最低价，同时也跌破第2次爆大量长红K线的1/2防守价，当日全部出场。

高档爆大量的因应策略2

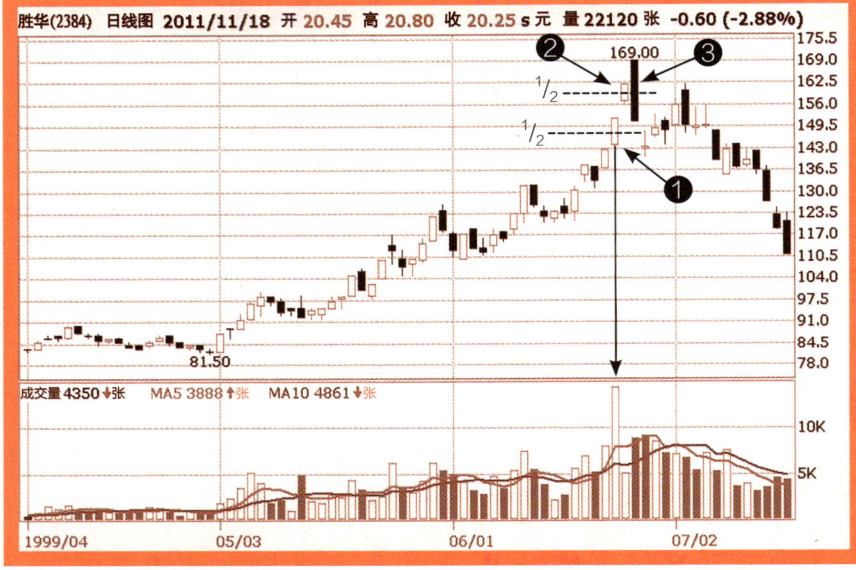

资料来源：富邦e01电子交易系统

▲上图说明：

❶ 出现高档爆大量，持股多的人可以开始分批卖出，持股少的可以继续持股，并以当天的1/2价为防守最低价。

❷ 次日续大涨，持股续抱，以次日当天的1/2价为防守最低价。

❸ 出现长黑K线跌破前一日的1/2价及最低价，立刻全部出场。

高档爆大量的因应策略3

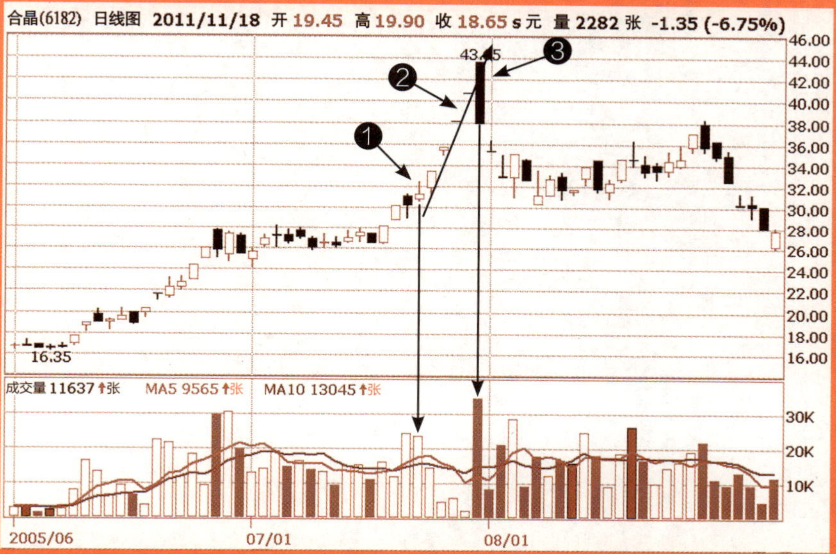

资料来源：富邦e01电子交易系统

▲上图说明：

❶ 出现高档爆大量，手中有持股的人要小心。

❷ 次日续涨，持股续抱，日后急拉，画好上升急切线（上升趋势线）。

❸ 出现高档爆大量长黑K线跌破上升急切线，立刻全部出场。

第4篇

抓住线图的长短线操作战法

操作股票如同军事作战，不但要能“知己知彼”，同时要熟悉兵法，才能“百战百胜”。

本篇提供多种交易方法，包含长波段操作战法、短线飙股战法等方法，各有其特性，能够因应不同环境走势的需求。

每一种方法各自有其优缺点，读者依个人需求取舍定夺，总之，能够让你赚钱的方法就是好方法。

第1章 定法才能定心 定心才能执法

在我认识的朋友当中，有人手中的股票长期套牢而一直抱着不动，有200元买进的鸿海（2317）、70元买进的友达（2409）、80元买进的国泰金（2882）等，后来这些股票都变成他们口中所谓的“绩优股”。这些都是他们在买进股票时，千挑万选基本面优异的好股票，当赔钱的时候，就用好的基本面安慰自己，相信公司赚钱，可以配股配息，长期投资也不会吃亏，结果一套就是好几年，股价腰斩再腰斩，真是太重感情了。

如果他们能够采取“定法”操作，必定会设定“止损”的条件，只要依照定法的纪律执行止损，就不会有70元的友达一度跌到11.9元的惨剧发生了。

定法的意义

然而，什么是定法操作？“专注于一”谓之“定”，定法就是“以固定的方法操作股票”，这种方法从选股、进场、止损、抱股到出场，都有一定的规则条件，当走势符合条件时，就执行应该有的作为。

定法因人因股而异，有些方法适合做长线，例如低档的布局、分批买进做长波段；有些方法适合短线的进出，例如强势突破时才买进的短线操作。

不同的定法，采取的规则不同，执行的速度不同，观盘的环境不同。因此，在学习各种战法的同时，除了要充分了解该战法的特性之外，也要充分了解自己操作的个性、操作的环境及能够承受的风险，然后才能找到完全适合自己的方法。

一个经由你亲身在股票市场执行过，而且能够让你稳定赚钱的方法，对你来说，才是好的操作战法，才是真正属于你自己的定法。

定法的5种功能

有股票投资经验的人都知道，操作股票最困难的部分就是情绪管理。操作时无法定心，想法变来变去，总是无法定夺，好不容易下定决心敲下计算机，结果却总是事与愿违。

如果能够定法操作，过程与结果就会大大不同，固定一种方法操作，最重要的功能就是："克服心理障碍"。

定法才能定心，定心才能执法，以下说明定法克服心理障碍的功能：

1. 定法能够去除追高猜低的心魔

当股票连续上涨或是连续下跌时，一般投资人的心魔就开始出现。当股票连涨3天时，空手的人会开始觉得这是只飙股，不买将会错失赚钱的机会，于是勇敢地追买到高点。一旦股票连跌多日，则空手的人会心想跌了不少，股价便宜，此时不买可惜，要赶快买进。

上面这两种心态，基本上都是个人主观的认定，甚至是个人的感觉而已，结果大多数人的下场都是赔钱套牢或出场。如果能够遵守定法的规则，股票投资的结果就会大不相同。

首先不必去猜测现在股价高不高、是否可以追？或是股价够低可不可以接？因为在所有的定法纪律中，绝不会有股票的价格，因为股价的高低是相对的比较，而非绝对的数字。

依据定法的操作纪律决定是否进场，例如现在确认是在下跌走势，想要进场做多，就必须等到完成打底形态，例如等到出现“底底高”的向上趋势才行，也就是要等到进场讯号，才去低接，如此胜算才高。

2. 定法能够去除对基本面的迷失

许多投资人经常因为太执着于基本面而错失赚钱的机会，也会因为基本面而套牢大赔。其实，影响一只股票的涨跌因素很多，单纯以基本面去考虑，往往会陷入一厢情愿的想法。

因为在股市中的飙股，一飙好几倍，其中许多飙股的基本面根本不堪目睹。例如玉晶光（3406）在2010年9月2日股价由97.4元开始飙涨，当时去看这只股票的基本面，公司的EPS是负数，如此高的股价你敢买吗？结果之后股价一路涨到2011年1月17日的411元，在4个半月内整整涨了3.2倍。

3. 定法能够去除对目标价的预期

每个投资人把钱投入股市时，都抱着赚钱的预期，相信不会有人是因为想赔钱而去买股票。一般人买进股票后，对股价的预期大都由以下4种方式得来：

（1）内线消息，例如听说大股东要把某只30元的股票做到100元。

（2）投顾公司、报纸、杂志及外资法人的预测。

（3）用基本面获利的本益比、净值比去估算应有的价位。

（4）以技术分析图形推测出来的目标价。

无论是用以上何种方式得到的预期股价，原则上都不是百分之百的准确，无法保证能够达到，所以千万不能坚信你的目标价一定会达到，否则死抱不放，又是一个惨赔的投资人。

解决的方法很简单，无论你的目标价是多少，当股价上涨，出现个人定法中要出场的条件时，就要断然获利出场，先获利入袋再说。

定法操作可以先避开真的下跌时的损失，如果只是回档，届时等到依据定法中合乎买进的条件出现时，再买进即可。如此一段一段往上操作，如果真能如预期到达目标价，你的定法操作绝对比一直抱着赚得更多，而且分段避开风险，既安全又不会少赚。

4. 定法能够去除消息面的影响

股票操作最大的干扰就是消息面，尤其当今社会信息发达，瞬间就会接到各种消息，其中真假好坏都有，这些消息都会影响投资人的思考或情绪，如果没有一套方法作为依归，将无法下判断，更无法有纪律地操作。

5. 定法能够去除盘面变化的影响

影响投资人情绪最直接的因素就是盘面的变化，空手时，看到股价上涨手就痒；有股票时，心情更是随股价波动上下起伏。如果一切都依自己所订定的方法，那么，一看到盘面的变动，只要对照自己的交易条件，看有没有出现状况，如果没有，就不必去理会盘中的变动。

例如，你昨天依据进场条件以50元买进一只股票，止损设在48元，今天开盘后，股价一直维持在48元以上变动，收盘前都没有触到止损价，依照原来的计划继续持有这只股票就好了，即使股价在盘中上下波动，你也不用再想东想西地乱猜了。

不同的操盘环境需要不同的定法

股票市场快速变化，随着不同的趋势环境，必须要采取不同的策略应对。个股的操作也是如此，在不同的环境中要用不同的方法。

例如，如果大盘来到历史低档区，指数在4000点以下，出现许多符合“价值型投资”的好股票，这时就可以采取分批承接，长期波段持有或操作；如果大盘来到历史高档区，指数接近9000点以上，这时当然就不适合用长期策略去投资，而是要找到有攻击力道的强势股，短期操作，才能赚取最大获利。

市场上经常在争议，股票长期操作比较好，还是短期比较好？其实，就如前文所述，在不同的大盘趋势、不同的股票走势、不同的资金部位、不同的个人操盘环境之下，需要采取不同的定法。

认识定法的3个基本观念

在拥有自己能执行的定法之前，建议你一定要对定法有以下的正确认知：

1. 定法的好坏影响操作的绩效

一套好的操作方法最重要的是自己能够“执行”，别人的方法不一定适合自己，所以开始时通过学习他人的方法，来学习不同的方法，再选择其中自己认为可以做到的方法，然后到市场中去使用，接着依据自己操作的感觉及累积的经验，修正成为自己的一套方法。

2. 没有十全十美的定法

你不可能找到一套百分之百绝对赚钱的方法，任何的方法都有可能会失败，如果你的方法能够长期稳定地保持胜率在60%以上，你就是大赢家。

读者在市面上会看到一些软件，它告诉你当出现红棒时就买、出现绿棒时就卖，真是伟大的发明！但是，有了这样的软件就保证你一定能够赚钱吗？如果答案是一定，那么，所有的基金操盘经理人就太容易做了！每人买一套，每月付一点传输费，就不怕没有绩效，股票市场也没有输家，想一想！实际情况真的是这样吗？

3. 定法后操作的成败在“人”

空有好方法，不能保证一定能成为赢家，同样的一套方法，不同的人去操作，结果不同。一只同样的飙股，不同的人用不同的方法操作，绩效会有天壤之别，原因在于是否“适时”“适法”，以及“人性”“人心”各不相同。

依市场不同的阶段做到“适时”“适法”

“适时”就是要适合当时大盘的走势；“适法”就是依照当时大盘的走势，采取适当的方法。

台湾股票市场循环的时势，分为以下4种阶段：

1. 低档打底阶段：分为探底期、打底期、底部成形期。
2. 多头上攻阶段：初涨期、盘整期、续涨期、末升期。
3. 高档盘头阶段：涨势停滞期、盘头期、头部成形期。
4. 空头下跌阶段：初跌期、盘整期、续跌期、末跌期。

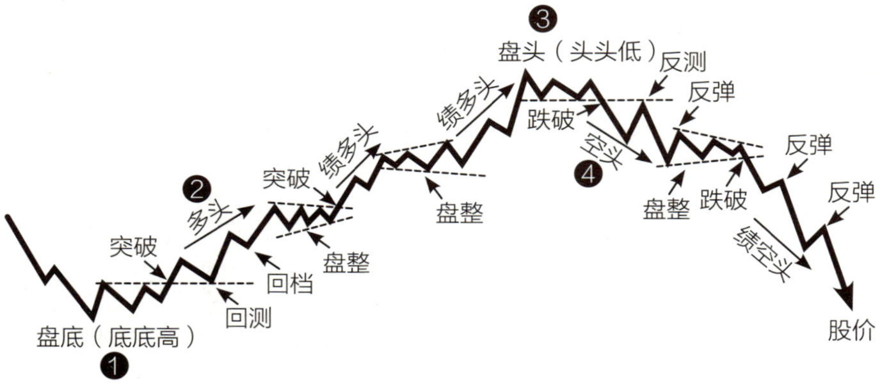

在前述股票市场不同的趋势阶段，大盘的现象是不同的，因此采取的操作方法也不同。了解市场在各阶段的特性，将有助于你采取不同的操作策略，以下针对市场的4个阶段分别进行说明：

1. 低档打底阶段

现象 平均股价处于低档，市场利空不断，绩优股物超所值，领先下跌很深的股票开始止跌或出现“底底高”的底部现象，部分高价但无实质的股票会继续下跌。

策略

（1）对于跌深物超所值的绩优股，可以采取“价值型投资”策略，选取本益比低、殖利率高的股票，做定存式买进。

（2）可采用波段操作方式，开始在盘中锁定特定的好股票，等待波段进场机会，请参考长波段操作战法（详见第212—235页）。

（3）对于部分跌深反弹、“底底高”向上股票，可以采用短期均线战法或智慧K线操作法，请参看后面战法篇（详见第247页）。

（4）对于部分高价补跌或续跌的空头股票，做空。

（5）在打底阶段要减码，控制持股部位，以总投资金额的2—3成操作。

（6）在底部盘整期利空不断，盘势容易震荡，这时操作股票要把握高出低进、短期操作策略；或暂时退场休息，待趋势明朗再介入；或是操作台指期货、选择权商品。

2. 多头上攻阶段

现象 在初涨期，跌深绩优股或权值股会先开始表态，且利空钝化，这时大盘刚突破底部盘整，成交量明显放大，但是仍有部分弱势股仍处于末跌段续跌的格局。

策略

（1）在初升段，选择物超所值的绩优股，采取“价值型投资”策略，选取本益比低、殖利率高的股票，做定存式买进。

（2）选取领先大盘上涨的股票，开始做多。观察月线突破下降切线、周线底部完成向上且站上20日均线的股票，可采用波段操作法，然后回到日线等待进场的机会买进。

（3）部分强势股出现，采用均线或飙股战法操作。

（4）在初升阶段，操盘的持股部位可增加到投资金额的4—5成操作，在主升段或末升段可提高持股部位到8成。

（5）在主升段、末升段，出现大量主流类股、飙股时，要把握操作强势股的机会，采用“飙股战法”，短期抓住高获利。此时不宜做空。

（6）在上攻阶段出现回档或盘整，应把握续势向上的机会，伺机继续做多。

3. 高档盘头阶段

现象 平均股价处于高档位置，主流领导股出现盘头，融资不断增加到达高水位，利多不断，股价停滞，绩优股或领先上涨的强势股出现跌停板现象，股价上下震荡激烈，市场极为乐观看好，股市出现天量（台股出现2000亿元以上的成交量），大盘进入盘整或出现“头头低”的波浪形态。

策略

（1）大盘在高档做头，仍有部分主力作价的飙股，可采用飙股战法，短期抓住高获利。

（2）当大盘处于高档阶段时，绩优股大多在高价位，此时不宜采取“价值型投资”策略，不要做长期投资。

（3）适合长期波段做多的股票很少，不宜用长期波段操作做多，而且当大盘做头反转时，即使是多头的股票也会受到影响。

（4）注意领先上涨的高价股是否形成头部，如有月线跌破上升切线、周线盘头的现象，可以锁住该股，准备长波段做空。

（5）在头部盘整阶段，股价位于高档，这时股票只能高出低接，不可追高，当股价出天量不涨或是下跌时，都要迅速出场。

（6）盘头阶段做多，要控制持股部位在5成以下。

4. 空头下跌阶段

现象 当整体市场的平均股价处于高档时，市场遇利多不涨，开始不断出现利空消息，而且主流高价股开始下跌，股市的下跌家数大于上涨家数，并且出现遇利多股价短暂反弹、一有利空马上下跌或大跌的现象。

策略

（1）在初跌段仍有一些落后补涨股票可做多，但是只能做短线。

（2）初跌段，在盘中锁定高价反转且符合长波段做空的股票，等待机会进场做波段空单。

（3）把握跌破头部、走势空头的股票，反弹不过前高续跌时，做空。

（4）在主跌段、末跌段，大部分股票都在下跌，应该以做空为主。

（5）做空适合采用短期均线战法或智慧K线操作战法（详见第247页）。

（6）在空头初跌段，应以总资金的6—8成操作；在末跌段，持股部位应控制在约3成操作。

第2章 长线波段操作是成为巨富的秘诀

股市中有许多令人羡慕的巨富，动不动就是百万资金赚到上亿，我认识的朋友中不乏其人，例如许多股友敬佩的王医生、30岁就赚上亿的小蔡、期货高手黄先生，观察研究他们在股市中的惊人获利，发现都具有一些相同的特质。

首先，他们对要操作的商品特性、现今发展及未来趋势，都会深入地进行研究；其次，他们在商品价格处于低档时，都会用周线甚至月线进行技术面选股，然后再依日线在适当的位置切入，并以周线或月线为依据，进行大波段操作。

他们操作的时间虽然比较长，但是获利惊人。可以说，采取长线波段操作是他们成为巨富的秘诀。

对长线波段操作应有的基本认识

虽然长线波段操作是成为巨富的秘诀，但并非每个人都适合。以下是对长线波段操作应有的认识：

1. 操作机会

长线操作是用长时间换取大的报酬，因此“时间”是重要的因

素。一年大概只有2—3次机会，采取这种方法。有时为了锁住一只股票，等待长线投资机会可能要花半年以上时间。

2. 适用对象

想要成为巨富的投资人、没有时间照顾盘面的人、有大额资金的人、有耐心的人。

3. 选股对象

长线操作的股票，必须是不必担心基本面的股票，因此投资人可以在台湾50、台湾权值股的前100名、摩台权值股、台湾中型100、富柜50等成分股中挑选，或是从各类股的龙头股中挑选。

4. 操作时机

在底部进场，不赚也难。长波段的机会不是随时都有。一般会出现在行情大跌之后的低档区，个股超跌之后，经过一段时间盘整打底，此时比较容易出现物超所值的个股，当出现周线打底的股票时，要开始锁股，等待长波段的好机会。

5. 大环境的影响

整体大环境对股票走势的时程影响很大，例如，全球经济的动荡会影响大盘的走向、大盘的涨跌会影响个股的涨跌，因此，即使是以波段操作，同样要控制风险，不可一味地看好抱住不放。

用周线图找出可以长波段操作的股票

在技术分析中，可以用周线走势图去找长波段的操作机会，读者可以参见《抓住飙股轻松赚》波段买进及卖出的13种周线图讯号，这些进场位置就是波段操作赚钱的好机会。

当你从周线找出可以长波段操作的股票时，记得要回到日线找出适当的进场点。例如，当周线打底后出现大量向上突破的长红K棒时，对照日线来看，可能是已上涨多日的高点，此时应等到股价回档修正后再上涨的买进机会进场，然后设好止损点，再依据波段的操作方法去操作，或是以一条长期均线（月线或季线）为进出场依据。

股市即生涯，生活即股市。要面对市场变化，接受当下趋势，用正确的方法处理股票的进出，放下过去的赚赔，顺应未来的行情发展。

第3章 长波段操作战法①：20周均线交易法

在我的朋友中，有位股市神童，年纪轻轻，但是股龄不浅，从股市中获利逾亿元，羡煞不少股友。他分享自己的赚钱经验就是看月线、周线选股，然后用20周均线作为止盈的出场点，因此可以赚到一大波段的获利。

20周均线交易法的重点说明

20周均线交易法，简单地说，就是用20周均线（相当于100日均线）作为判断多空方向、股票进出及止损止盈的依据。20周均线交易法的重点说明如下：

战法优点：

1. 规则简单，容易执行。

2. 长波段操作，能获得可观利润。

3. 不须经常看盘，适合波段投资。

4. 依长期趋势操作，行进中不必看盘，比较不受短期的基本面、消息面、指针、成交量的影响，因此操作情绪稳定。

5. 适合大额资金操作。

6. 操作次数少，持有时间长，获利大。

基本功力：

熟练技术分析的“四大金刚”，执行能力要100%。

操作目标：

机会确认时，每次获利50%，甚至数倍以上。

交易条件：

1. 以波浪形态为最优先考虑，顺势交易。不做空头反弹或多头回档的逆势单。

2. 采用月线、周线选股，看日线进场，守周线。

3. 20周均线交易法以用在中大型股为原则，不适合小型飙股。

波段操作的特质：

1. 做多单，买进的股价要低，最好是底部反转起涨的位置。做空单，进场的股价要高，最好是头部反转起跌的位置。

2. 报酬率高。

3. 做多时，在周线或日线要看到盘整的大底，且底部渐高，或是常见的多头形态底部出现。做空时，日线要有明显头部、周线要跌破上升切线，或是出现头部、月线跌破上升切线的现象。

4. 底部盘整时，月线、周线会出现大量，或日线打底时出现草丛量，初升段时伴随量增。头部不一定会爆出大量才下跌。

在多头走势做多的操作方法

用20周均线交易法在多头走势做多，要抓住20周均线交易法的进场时机，须配合波浪形态，看趋势方向，主要操作方法说明如下：

进场时机：

1. 在大盘空头趋势到达低档时，大部分好股票物超所值。

2. 个股要经过周线打底，开始往上。

3. 周线续势盘整完毕，股价向上突破盘整位置。

交易规则：

进场 股价在低档打底，月线出现突破下降切线的大量长红K棒，周线有“底底高”底部，当股价站上20周均线并且出大量，这时到日线找适合的位置买进。

续抱 在股价没有跌破20周均线时，续抱。

出场 在初升段、主升段，股价收盘跌破20周均线时出场；在末升段，股价在盘中跌破20周均线时出场。

止损 刚进场时，以日线波浪形态的转折低点作为止损，走出趋势，拉离成本区时，开始以20周均线作为止盈依据。

加码

（1）续势盘整的末端靠近20周均线，且乖离率在7%以内时，可以考虑加码，这时靠近20周均线，即时止损，损失不会超过7%。

（2）当续势盘整的大量向上突破盘整上颈线时。

（3）加码的数量要小于原持有的数量。

在空头走势做空的操作方法

用20周均线交易法在空头走势做空，要抓住20周均线交易法的放空进场时机，同时须配合波浪形态，看趋势方向，主要操作方法说明如下：

放空时机：

1. 大盘多头趋势到达高档，大部分股票呈现超涨现象。

2. 个股要经过周线盘头，开始往下。

3. 周线续势盘整完毕，股价向下跌破盘整的位置。

交易规则：

进场 股价在高档做头，月线出现跌破上升切线的长黑K棒，周线有“头头低”的向下头部形态，股价跌破20周均线（不一定出大量），这时到日线找适合位置做空。

续抱 股价没有突破20周均线时续抱。

出场 在初跌段、主跌段，股价收盘突破20周均线时回补；在末跌段，股价在盘中突破20周均线时回补。

止损

（1）续势盘整的末端靠近20周均线，且乖离率在7%以内。

（2）当续势盘整向下跌破盘整下颈线时（不一定要大量）。

（3）加码的数量要小于原持有的数量。

敢不敢，不是用讲的，不是用学的，不是天生的，而是不断地在股市中磨炼出来的。

用20周均线交易法做多实例1-1（月线走势）

资料来源：富邦e01电子交易系统

▲上图说明：

❶ 京元电（2449）月线出现“底底高”走势。

❷ 在2003年6月2日，月线突破下降切线，开始往上。

❸ 月线出量。

❹ 月线符合波段底部做多的条件，再看周线走势。

用20周均线交易法做多实例1-2（周线走势）

资料来源：富邦e01电子交易系统

▲上图说明：

❶ 京元电周线突破底部盘整，站上颈线。

❷ 在2003年6月2日当周出量，开始往上，这时要从日线找进场点买进。

❸ 以20周线为出场依据。

❹ 在2004年4月6日，跌破周线，在日线跌破41.17元时出场（41.17元是当周20周均价）。

用20周均线交易法做多实例1-3（日线走势）

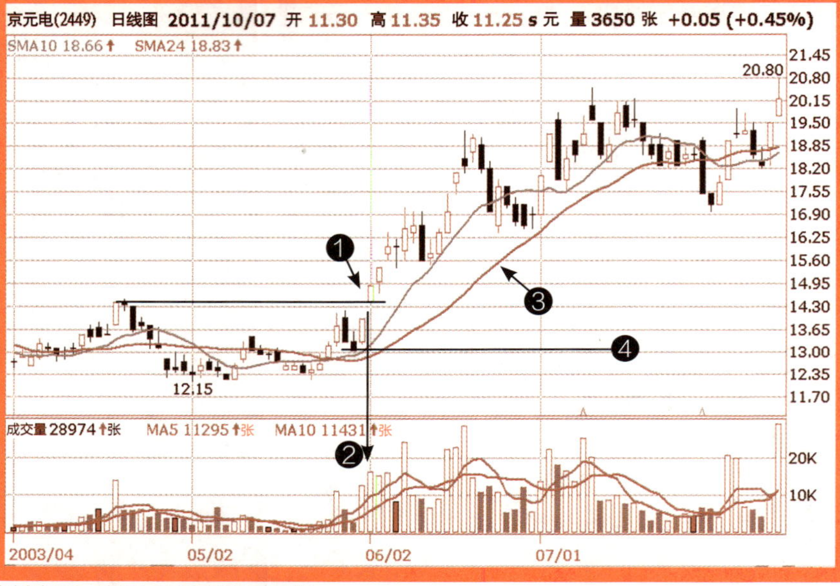

资料来源：富邦e01电子交易系统

▲上图说明：

❶ 京元电日线突破前高，在2003年6月2日以14.9元价位买进。

❷ 在2003年6月2日，日线底部完成并且量增，开始往上。

❸ 这是24日均线。

❹ 刚进场，以波浪形态转折的低点作为止损点。

用20周均线交易法做多的波段全程日线图

资料来源：富邦e01电子交易系统

▲上图说明：

❶ 京元电在2003年6月2日的买进位置。

❷ 京元电在2004年4月26日的出场位置。

京元电的波段操作摘要

1. 以20周均线操作，全程约11个月。
2. 波段操作获利181%。
3. 观察日线图，如果以24日均线操作，全程要进出6趟。
4. 如果用短线操作，该股为缓涨格局，全程短线进出可能无法获利。

用20周均线交易法做多实例2-1（月线走势）

资料来源：富邦e01电子交易系统

▲上图说明：

❶ 宏达电（2498）月线出现“底底高”走势。

❷ 在2010年3月1日时，月线突破下降切线，开始往上。

❸ 月线出量。

❹ 月线符合波段底部做多的条件，再看周线走势。

用20周均线交易法做多实例2-2（周线走势）

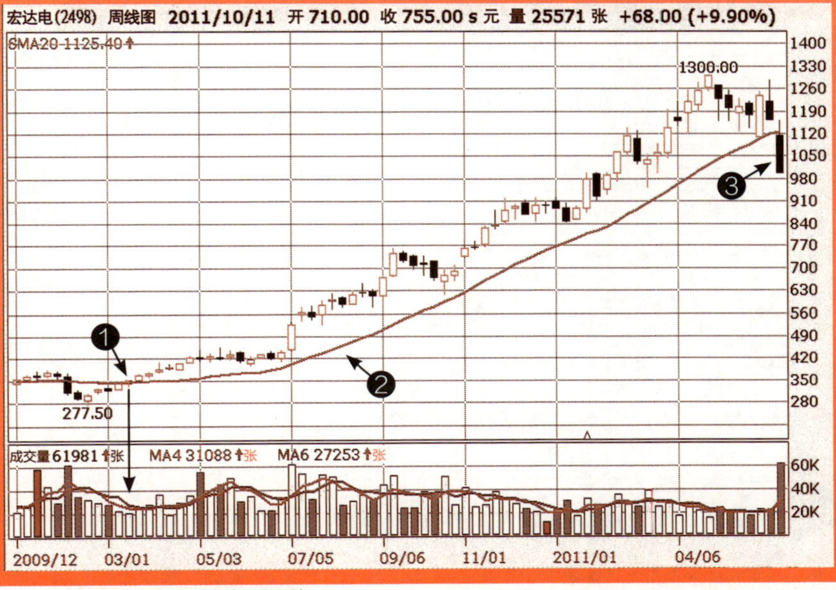

资料来源：富邦e01电子交易系统

▲上图说明：

❶ 宏达电周线在2010年3月15日站上20周均线，并且均线开始上扬。

❷ 看日线找买进点，止损守20周均线。

❸ 在2011年6月13日股价跌破20周均线价1125元，并且出大量，依出场纪律，在日线当天跌破1125元时出场。

用20周均线交易法做多实例2-3（日线走势）

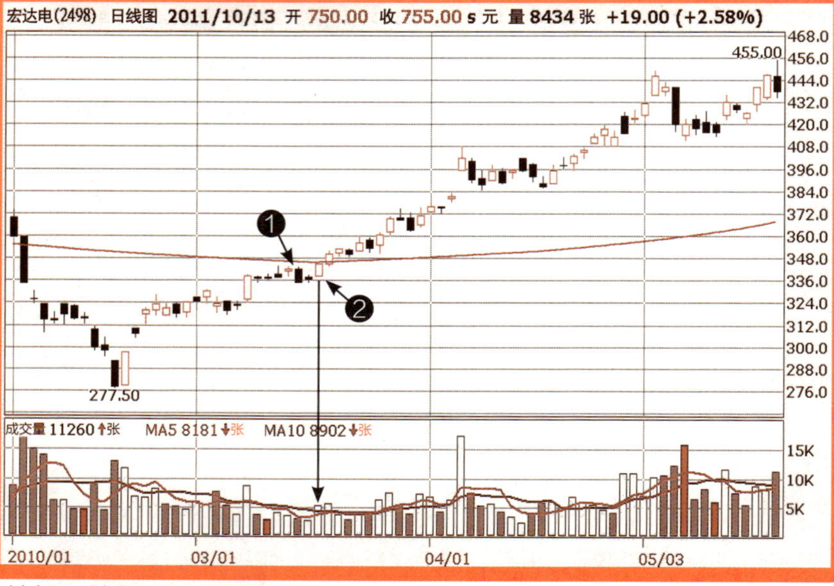

资料来源：富邦e01电子交易系统

▲上图说明：

❶ 宏达电周线在2010年3月15日站上20周均线，当天日线回档出现黑K线，不宜立刻买进。

❷ 2010年3月17日出量上涨，过前一日最高价以345元买进。

❸ 止损守20周均线，未跌破续抱。

用20周均线交易法做多的波段全程日线图2-4（日线走势）

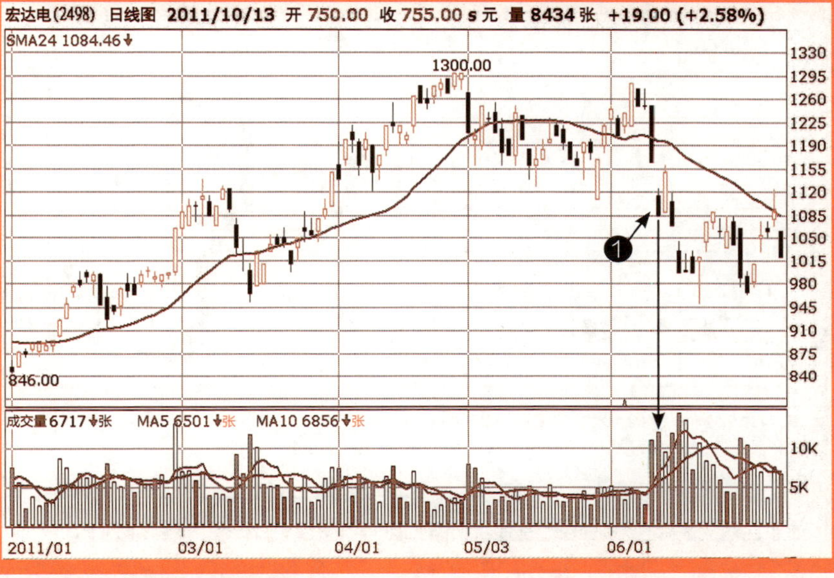

资料来源：富邦e01电子交易系统

▲上图说明：

❶ 宏达电股价在2011年6月13日跌破20周均线价1125元，并且出大量，依出场纪律，在日线当天跌破1125元时出场。

宏达电波段操作摘要

1. 以20周均线操作，全程约15个月。
2. 波段操作获利为226%[（1125 － 345）÷345]。
3. 用月线、周线确认波段趋势，要回到日线找适当位置进出场。

用20周均线交易法做空实例3-1（月线走势）

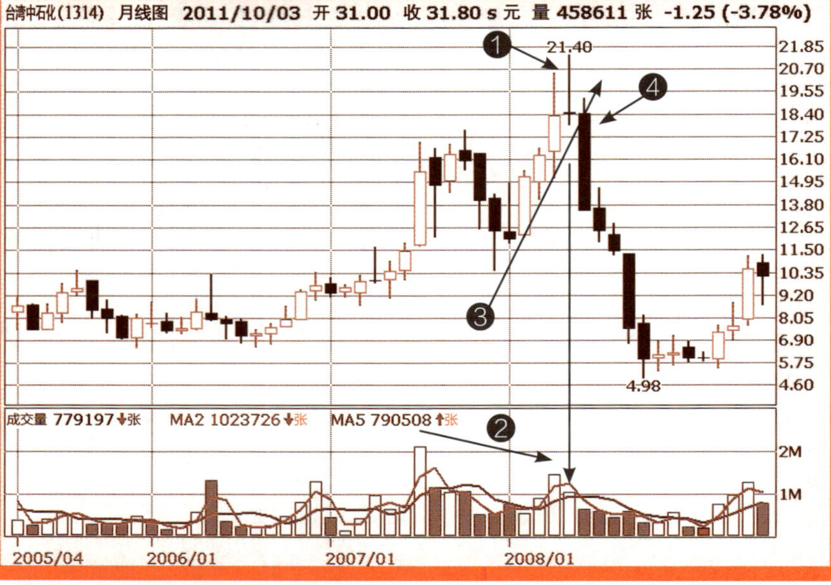

资料来源：富邦e01电子交易系统

▲上图说明：

❶ 台湾中石化（1314）月线出现长上影线的十字变盘线。

❷ 月线出现价量背离现象。

❸ 台湾中石化在2008年6月2日的月线跌破上升切线，开始往下。

❹ 月线符合波段高档做空条件，再看周线。

用20周均线交易法做空实例3-2（周线走势）

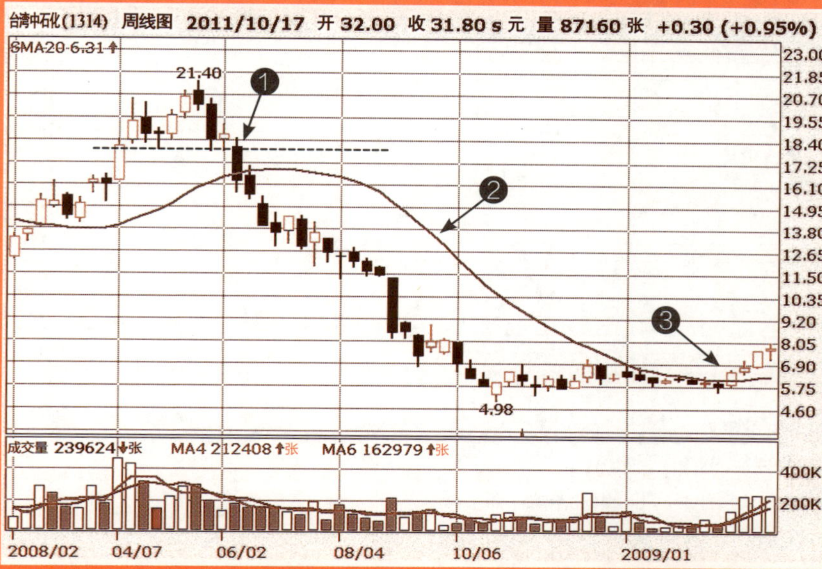

资料来源：富邦e01电子交易系统

▲上图说明：

❶ 台湾中石化周线在2008年6月9日跌破20周均线。

❷ 看日线找买进点，止损点守20周均线。

❸ 台湾中石化在2009年3月9日股价突破20周均线价6.1元，并且出大量，依出场纪律，要回到日线适当位置出场。

用20周均线交易法做空实例3-3（日线走势）

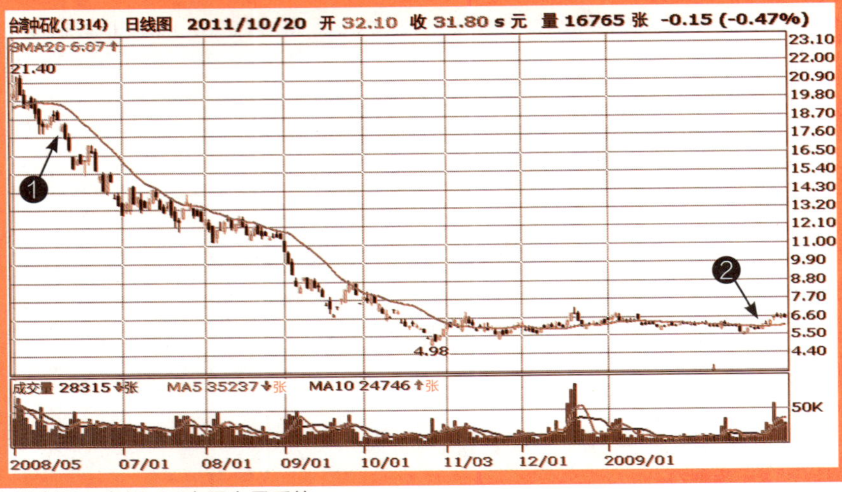

资料来源：富邦e01电子交易系统

▲上图说明：

❶ 台湾中石化周线在2008年6月9日跌破20周均线，看当天日线在18.25元放空。止损点守20周均线，未跌破续抱。

❷ 台湾中石化在2009年3月9日，周线突破20周均线，看日线在2009年3月11日的6.12元处回补。

台湾中石化波段操作摘要

1. 以20周均线操作，全程约9个月。
2. 波段操作获利为66%[(18.25 － 6.12)÷18.25]。
3. 在月线、周线确认波段趋势，要回到日线找适当位置进出场。
4. 做空成本比较高，获利无法超过100%。

第4章 长波段操作战法②：5周均线＋12周均线交易法

前面提到的20周均线交易法要等到月线出现突破切线的机会，有时要等很久。因此，我们可以把波段的周期缩短一些，用5周均线及12周均线这两条周线来操作，这样做波段的机会比较多，同时具有赚大钱的优点，同样是机会来时，就能够操作一段时间，而且不必每天盯着盘面。

5周均线＋12周均线交易法重点

“5周均线＋12周均线交易法”就是用周线的2条均线交易法，由于是依据周线操作，所以时间会比较长，可以作为长波段的操作方法。

战法优点：

1. 规则简单清楚，容易执行。
2. 中波段操作，进出次数少，获利高。
3. 不需要看盘，盘后看收盘，次日交易。
4. 操作简单，参考成交量、基本面即可。
5. 适合一般大、中、小额资金操作。

6. 操作时情绪稳定。

基本功力：

熟练技术分析的“四大金刚”，执行能力要100%。

操作目标：

走势明确时，波段获利能够达到20%以上。

交易条件：

1. 以波浪形态为最优先考虑，顺势交易。多头做多，空头做空，不逆势交易。

2. 采用技术指标：看周线走势图，用5周均线及12周均线两条均线，以5周均线做进出，以12周均线做趋势方向判断。

3. 趋势依据：股价在12周均线之上，而且该均线上扬，趋势为多，操作只做多。股价在12周均线之下，而且该均线下弯，趋势为空，操作只做空。

4. 用周线选股，守周线纪律，在日线进出。

在多头走势做多的操作定法

用5周均线搭配12周均线的交易法在多头走势做多，要抓住进场时机，须配合波浪形态，看趋势方向。主要操作方法说明如下：

进场

（1）周线低档打底完成，盘整的波浪形态符合“底底高”格局。

（2）周线连续长黑，出现突破下降切线的爆大量长红K线，而且站在12周均线之上，或者突破底部盘整区上颈线（要等到星期五收盘才确认）。

（3）均线走平或开始上扬。

（4）低档5周均线反转向上穿过12周均线，产生黄金交叉，股价站在5周均线之上时。

（5）股价跌破12周均线，均线维持上扬，当股价再次站上12周均线时买进。

（6）符合前述（1）至（5）条件的个股，回到日线等到符合进场的位置进场做多。特别提醒读者：周线确认长红K棒突破底部盘整，日线可能已上涨一段来到高档，这时即使周线大机会出现，但是仍然要等待日线出现正确进场位置时切入。

（7）刚进场时，止损守20日均线。

续抱 股价未跌破5周均线时续抱。

出场 股价接近5周均线时，当日K线跌破5周均线的价位时出场。例如当日是星期二，当周的5周均价是98元，如当日收盘前股价跌破98元就要出场，而不是等到星期五收周线时才做处理，这是管控风险第一的观念。

续势 12周均线保持向上走势，股价未跌破12周均线之前，继续做多；股价站上5周均线时，进场继续操作。

在空头走势做空的操作定法

用5周均线搭配12周均线的交易法在空头走势做空，要抓住进场时机，须配合波浪形态，看趋势方向。

主要操作方法说明如下：

进场

（1）周线在高档做头完成，波浪形态符合“头头低”（峰峰低）格局。

（2）周线连续长红，出现跌破上升切线的爆大量长黑K线，而且股价在12周均线之下，或者跌破头部盘整区下颈线（要等到星期五收盘才确认）。

（3）在高档均线走平或开始下弯。

（4）在高档5周均线反转下弯，向下穿过12周均线产生死亡交叉，股价跌落5周均线之下时。

（5）股价突破12周均线，均线维持下弯，当股价再次跌破12周均线时，续空。

（6）符合前述（1）至（5）条件的个股，回到日线等到符合进场的位置进场做空。

（7）刚进场时，止损守20日均线。

续抱 股价未突破5周均线时，续抱。

出场 股价接近5周均线时，当日K线突破5周均线的价位时出场。例如当日是星期二，当周的5周均价是98元，如当日在收盘前股价突破98元时就要出场，而不是等到星期五收周线时才做处理，这是管控风险第一的观念。

续势 12周均线保持向下走势，股价未突破12周均线之前，继续做空；股价跌破5周均线时，进场继续放空操作。

5周均线+12周均线交易法也可将周线图换成20日均线（月线）及72日均线（季线）来操作，可参看第235页图例说明。

用5周均线+12周均线交易法做多实例1

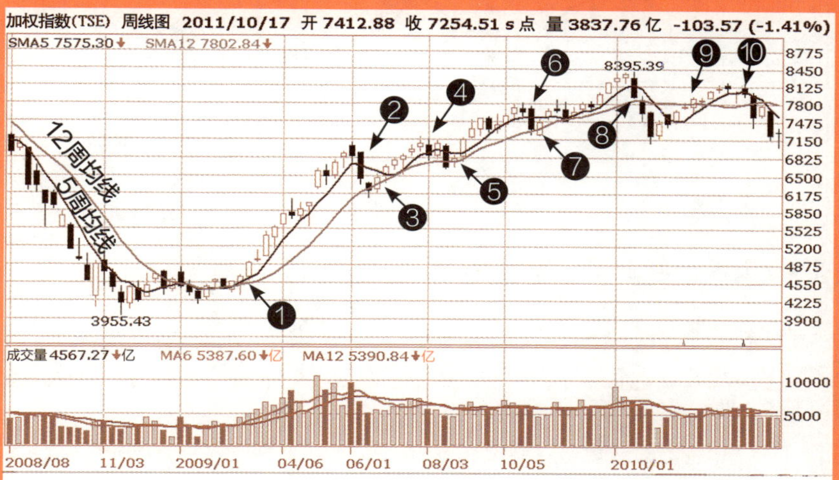

资料来源：富邦e01电子交易系统

▲上图说明：

❶ 5周均线及12周均线出现黄金交叉、波形出现“底底高”，股价站上均线，看日线买进。

❷❹❻❽❿ 跌破5周均线，看日线卖出。

❸❺❼❾ 股价站上12周均线，均线上扬，看日线买进。

用5周均线+12周均线交易法放空实例2

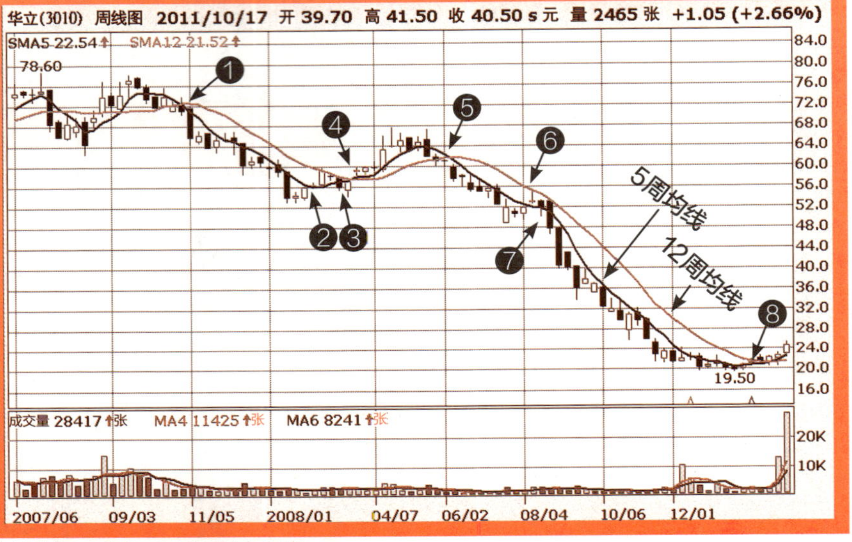

资料来源：富邦e01电子交易系统

▲上图说明：

❶ 5周均线及12周均线出现死亡交叉、波形出现“头头低”，股价跌破均线，看日线放空。

❷ 突破5周均线，看日线回补。

❸ 股价跌破5周均线，看日线放空。

❹ 突破5周均线，黄金交叉，看日线回补，止损一次。

❺ 5周均线及12周均线出现死亡交叉，股价跌破均线，看日线放空。

❻ 突破5周均线，看日线回补。

❼ 股价跌破5周均线，看日线放空。

❽ 突破5周均线，看日线回补。

用5周均线＋12周均线交易法做多实例3

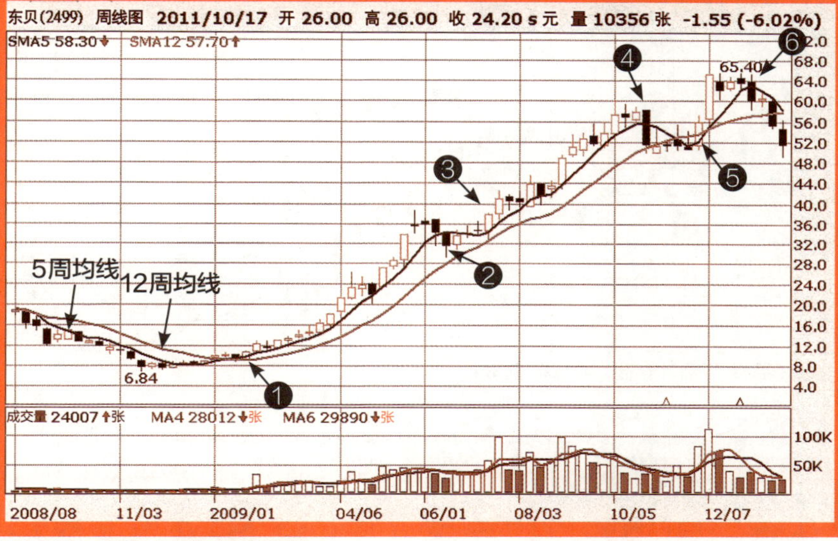

资料来源：富邦e01电子交易系统

▲上图说明：

❶ 5周均线及12周均线出现黄金交叉、波形出现“底底高”，股价站上均线，看日线买进。

❷ 跌破5周均线，看日线卖出。

❸ 股价突破5周均线，看日线买进。

❹ 跌破5周均线，看日线卖出。

❺ 5周均线及12周均线出现黄金交叉，股价站上均线，看日线买进。

❻ 跌破5周均线，看日线卖出。

用5周均线+12周均线交易法放空实例4

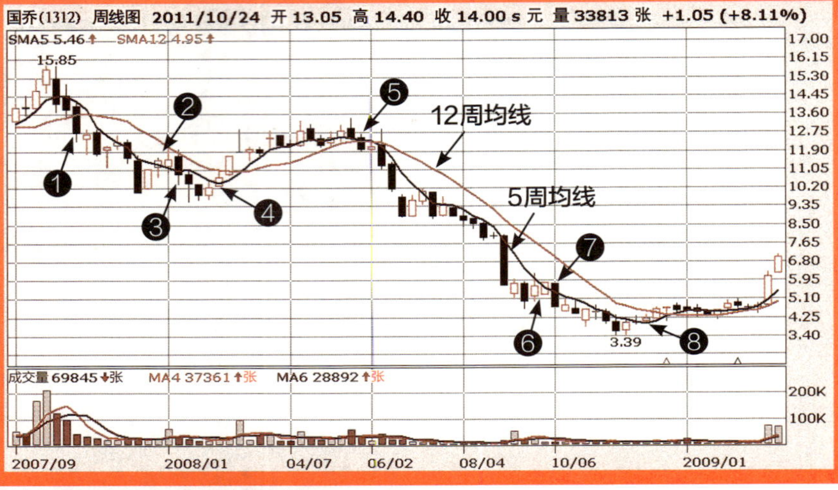

资料来源：富邦e01电子交易系统

▲上图说明：

❶ 股价跌破5周均线及12周均线之下，5周均线开始下弯，看日线放空。

❷ 股价突破5周均线，看日线回补。

❸ 股价跌破5周均线，看日线放空。

❹ 股价突破5周均线，看日线回补。

❺ 股价跌破5周均线及12周均线之下，5周均线开始下弯，出现死亡交叉，看日线放空。

❻ 股价突破5周均线，看日线回补。

❼ 股价跌破5周均线，看日线放空。

❽ 股价突破5周均线，看日线回补。

用5周均线＋12周均线交易法做多实例5

资料来源：富邦e01电子交易系统

▲上图说明：

❶ 股价突破20日均线与72日均线，两条均线出现黄金交叉，买进。

❷ 股价跌破20日均线，卖出。

❸ 股价突破20日均线，均线仍然呈现多头排列上扬，买进。

❹ 股价跌破20日均线，卖出。将近5个月，只进出操作2次。

第5章 长短皆宜的顺势操作波浪形态战法

有位刘同学，在上完技术分析的波浪形态课程之后，立刻利用波浪形态多头的进场位置去买了一只股票，经过两三天之后，赚到了钱，高兴得不得了。她说，从来没有这样轻易地赚到股票钱，我告诉她，因为她是顺着波浪的趋势去做，所以很容易成功。

顺势操作波浪形态战法重点说明

依据道氏（Charles H. Dow）的“股价理论”，多头市场走势会持续走一段时间，行进中每次都会继续创新高点，每次下跌回档的修正，都不会跌破前面的波底就再往上上涨，如此，股票趋势就是上升的多头市场。相反，股价往下走，每次下跌都一再破新低价，而反弹时无法过前面高点，继续下跌，如此，股票趋势就是下跌的空头市场。

我们利用道氏的多头特性顺势做多、空头特性顺势做空，如果股票趋势没有改变，就维持原来方向操作，做长或做短都可以的操作方法，这就是顺势操作波浪形态战法。

当然，既然要顺着趋势操作，对趋势进行方向、趋势改变讯号、趋势反转的形态必须要精练，读者可以参见《抓住飙股轻松赚》中第1篇所详述的波浪形态变化。

战法优点：

1. 规则简单清楚，容易执行。

2. 做长做短都可获利，长线多头可以保护短线的回档。

3. 可以看盘操作，也可以不看盘。

4. 纪律守好，赚多赔少，趋势走多远，获利就多少。

5. 适合一般资金操作。

基本功力：

熟练技术分析中的“波浪形态”，执行能力要100%。

操作目标：

走势明确时，随趋势操作，赚到趋势改变为止。

交易条件：

1. 以波浪形态为最优先考虑，顺势交易，趋势向上做多，趋势向下做空，盘整或趋势不明时则不做。

2. 进场前要先做好功课，慎选形态明朗、走势清楚的标的，平日做好锁股、研究产业及追踪主流股等功课。准备要进场的股票，对进场位置的设定、止损价位的设定、操作策略及止盈目标，都要事先做好。

3. 做多，要等波段下跌之后，出现底部形态或反转完成（至少出现底底高）、上升波确立（头头高、底底高）、续势盘整突破等关键位置出现再进场。做空，要等波段上涨之后，出现头部形态或反转完成（至少出现头头低）、下跌波确立（头头低、底底低）、续势盘整跌破等关键位置出现再进场。

4. 采用日线K线，再配合5日均线作为操作依据。

5. 顺势操作波浪形态战法可用在飙股、强势股、多头股票，但不能在盘整区间使用。

6. 无论进出，均以收盘价确认。

在多头走势做多的操作定法

想用顺势操作波浪形态战法在多头走势做多，必须配合波浪形态，看趋势方向为多头时才能进场。同时，一定要在回档止跌再上涨时买进，以及在盘整末端向上突破时买进。主要操作方法说明如下：

进场

（1）低档打底出现底底高的第2只脚，爆大量拉出上涨红K线，且股价站上5日均线。

（2）低档打底完成，出现突破底部盘整上颈线的大量上涨红K线。

（3）上升一段后回档，出现止跌回升的大量上涨红K线，股价站上5日均线。

（4）盘整末端，股价向上，出现突破盘整上颈线的大量长红K线。

续抱 收盘没有跌破5日均线时，续抱。

出场 收盘确认股价跌破上升切线，且股价跌破5日均线时，出场。

止损 进场当日波浪转折的最低点，以及盘整突破上颈线的位置。

在空头走势做空的操作定法

想用顺势操作波浪形态战法在空头走势做空，必须配合波浪形态，看趋势方向为空头时才能进场。同时，一定要在反弹止涨再下跌时放空，以及在盘整末端向下跌破时放空。主要操作方法说明如下：

进场

（1）股价高档做头，出现“头头低”（峰峰低）的第2个头及下跌的黑K线，股价跌破5日均线。

（2）下跌一段时间后反弹，出现止涨回跌的黑K线，股价跌破5日均线。

（3）盘整末端股价向下，出现跌破盘整下颈线的长黑K线。

续抱 收盘没有突破5日均线时，续抱。

出场 收盘确认股价突破下降切线，且股价突破5日均线时，回补。

止损 进场当日波浪转折的最高点，以及盘整跌破的下颈线位置。

在盘整区间的操作策略

前述有提到顺势操作波浪形态战法可以用在飙股、强势股、多头股票，但不能在盘整区间使用。如果遇到盘整的情况，可以采取以下5种因应策略。

1. 进入盘整区间可以采取做或不做两种策略，除非价差很大，否则不宜操作。

2. 如果前波走势是多头，盘整区间以“低接高出”操作。

3. 如果前波走势是空头，盘整区间以“高空低补”操作。

4. 盘整时要以单边操作，避免两边挨打。

5. 要把握盘整末端突破的方向，抓住进场机会。

顺势操作波浪形态战法的9点提醒

1. 一般投资人比较偏向做多，前面说过要顺势操作，因此股票在走空的时候千万不要做多，做多一定要等到打底，底部形态完成（至少出现底底高），上升波确立（头头高、底底高）后，再找做多进场时机。

2. 回后买上涨是指上升走势中，在股价回档修正后再次上涨时买进，而不是在回档中自认为是低价就去买。

3. 依据波浪形态操作，股价跌破5日均线时出场。但是下列情况可做调整：

（1）在关键进场点进场，获利未达5%且未跌破止损价位时，可暂不出场。

（2）往上走出趋势，且获利达20%以上时，下列情况可先获利出场：

• 当日出大量上涨到高点，股价折返下跌超过3%时。例如当日股价上涨到5%，然后回跌至涨幅只剩2%时，要先卖出一半；拉回到平盘时，要全部出清持股，将获利先入袋为安。

• 当日爆量不涨，股价创新高之后，收盘跌破前一日最低点。

• 前面连续几日是急涨，当日跌破上升趋势线（急切线）时，先获利入袋。

● 波形产生“头头低”的格局，股价不过前高就往下跌时。

● K线出现长黑、长上影线、带大量的十字线等出场讯号，先卖出一半；次日开盘不往上再攻，要全部出清持股。

4. 多头就是不断地在创新高价，回档时不会跌破前面的低点，若多头走势不创新高就回档，就是多头改变的讯号，此时要密切注意手中持股，往后走势不对时，要赶快出场避险。

5. 在多头走势中，长线会保护短线，回档套牢时比较容易解套，但是遇到反弹没有过前高时，即使小赔也要立刻逃命。像这种反弹没有过前面高点就下跌的走势，俗称“逃命波”。

6. 空头就是不断地创新低价，反弹不过前次高点，若空头走势不再破新低就回升，就是空头改变的讯号，放空的股票要注意回补点，空手者观察是否有做多的机会。

7. 在空头走势中做多，一旦套牢很难解套。所以，在空头走势中做多，一定要执行止损。

8. 多头走势的进场好时机，是买在回档止跌再上涨的位置，而不是突破前面高点的位置。因为过高必拉回是多头的特性。

9. 空头走势的放空好时机，是卖在反弹止涨再下跌的位置，而不是跌破前面低点的位置。

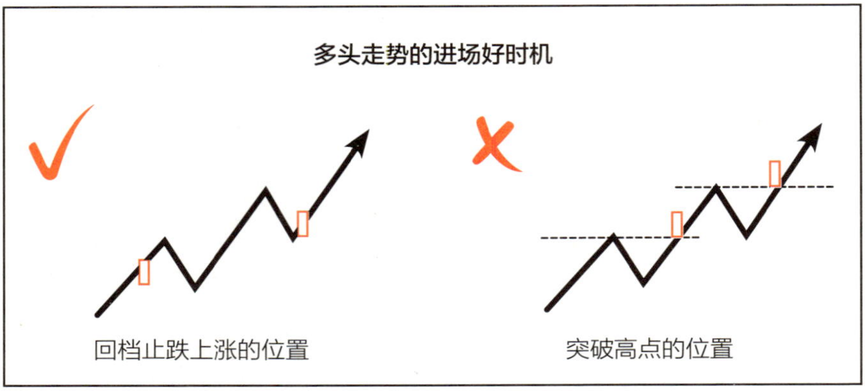

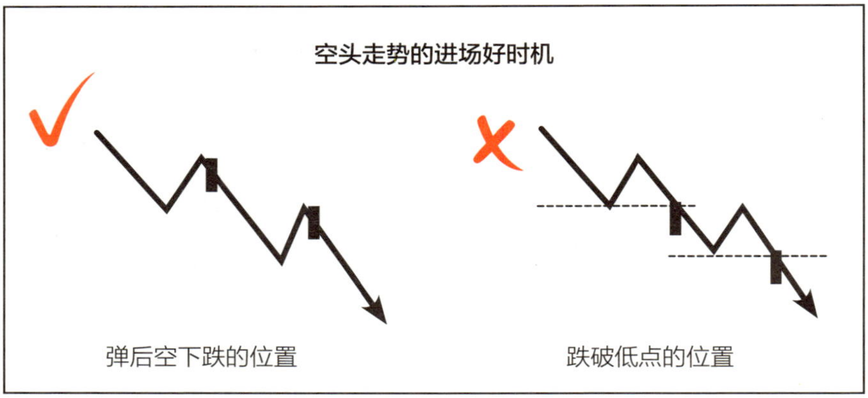

简单的口诀

小不忍则乱大谋，股票方向不明、位置不好，都要忍住，不要随意出手买进。

依照波浪形态战法顺势做多的实例说明

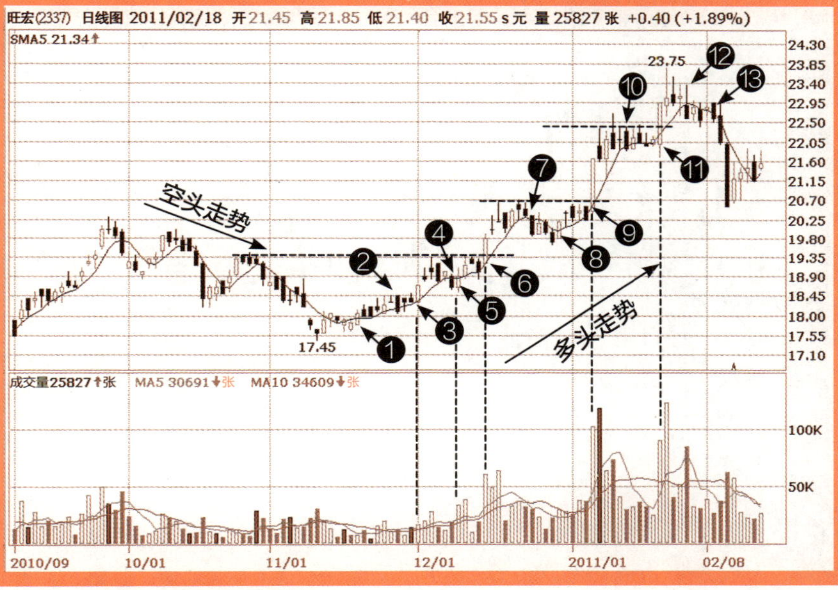

资料来源：富邦e01电子交易系统

▲上图说明：

❶ 在底部出现“底底高”现象，站上5日均线，买进。

❷ 收盘跌破5日均线，卖出。

❸ 收盘突破5日均线，买进。

❹ 收盘跌破5日均线，卖出。

❺ 收盘突破5日均线，买进。

❻ 带量突破盘整区，加码买进。

❼ 收盘跌破5日均线，卖出。

❽ 回后买上涨。

❾ 带量突破前高加码，买进。

❿ 收盘跌破5日均线，卖出。

⓫ 带量突破盘整，买进。

⓬ 收盘跌破5日均线，卖出。

⓭ 出现“头头低”现象，波形改变，退出操作。

依照波浪形态战法顺势做空

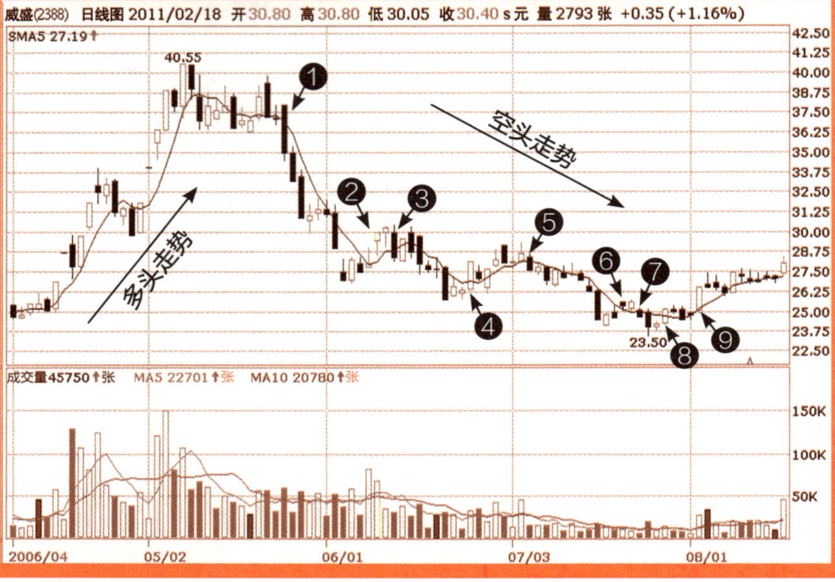

资料来源：富邦e01电子交易系统

▲上图说明：

❶ 在头部出现“头头低”现象，跌破5日均线，做空。

❷ 收盘突破5日均线，回补。

❸ 收盘跌破5日均线，做空。

❹ 收盘突破5日均线，回补。

❺ 收盘跌破5日均线，做空。

❻ 收盘突破5日均线，回补。

❼ 收盘跌破5日均线，做空。

❽ 收盘突破5日均线，回补。

❾ 出现“底底高”现象又突破前高，结束操作。

依波浪形态战法在盘整区间的操作策略

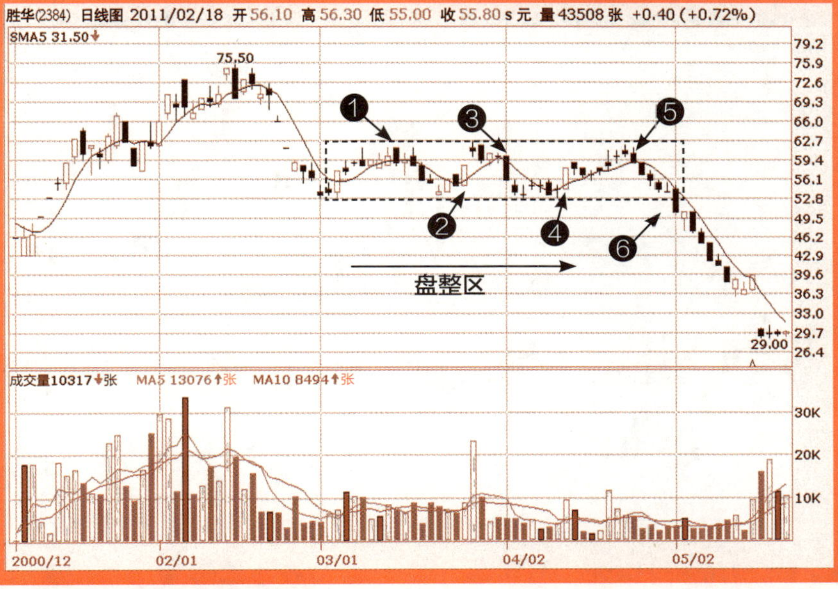

资料来源：富邦e01电子交易系统

▲上图说明：

❶ 空头，继续做空。

❷ 收盘突破5日均线，回补。

❸ 收盘跌破5日均线，做空。此时出现高不过高、低不破低的盘整盘。

❹ 收盘突破5日均线，回补。

❺ 收盘跌破5日均线，做空。

❻ 跌破盘整区，确立继续空头，可向下加码做空。

依波浪形态战法顺势做多

资料来源：富邦e01电子交易系统

▲上图说明：

❶ 出现底部“底底高”现象，收盘站上5日均线，买进。

❷ 收盘跌破5日均线，卖出。

❸ 收盘站上5日均线，回档后上涨，买进。

❹ 收盘跌破5日均线，卖出。

❺ 收盘突破5日均线，买进。

❻ 收盘跌破5日均线，卖出。

❼ 收盘突破5日均线，买进。

❽ 收盘跌破5日均线，卖出。

第6章 轻松就能赚 智慧K线战法

智慧K线战法属于短线操作法，撷取明显上涨或下跌的一段，由于规则简单，操作容易，又称为“傻瓜操作法”。这种简单的方法是根据“市场惯性原理”，当价格突破前一天的最高点，买进力道大于昨日，依惯性股价会继续往上；当股价跌破前一天最低点，表示多方力竭，空方力道大于昨日，股价容易继续往下。

智慧K线战法重点说明

我们利用“市场惯性原理”下单操作，是最省时间的下单选择方式，也是最可能买在发动点的第1天及卖在高点结束的第1天。主要操作方法说明如下：

战法优点：

1. 规则简单清楚，容易执行。
2. 短线即可获利，止盈明确。
3. 不需要看盘，收盘前5分钟看盘即可。
4. 不会赔大钱，获利很好。
5. 不用顾及技术分析指标、成交量、基本面。

6. 适合一般资金操作。

7. 解决盘中上下震荡的困扰。

基本功力：

熟练技术分析的“四大金刚”，执行能力要100%。

操作目标：

走势明确时，每次获利能够达到7%以上。

交易条件：

1. 以波浪形态为最优先考虑，顺势交易。抢空头急跌的反弹做多，或是末升段急涨的回档放空。

2. 做多买进遇到走势急涨、做空卖出遇到走势急跌时，可立刻采取智慧K线战法操作，找到最佳的止盈位置。

3. 采用日线K线为操作依据。

4. 智慧K线战法可用在飙股、强势股，但不能在盘整区间使用。

5. 此一方法属于短线交易，因此要在行情刚发动时介入，不适宜提前布局使用。

6. 无论进出，均以收盘价确认。

在多头走势做多的操作定法

用智慧K线战法在多头走势做多，要配合波浪形态、趋势方向多头及K线进场讯号。主要操作方法说明如下：

进场时机：

1. 低档打底完成，出现爆大量上涨的红K线，股价要突破前一日最高点，或突破底部盘整上颈线。

2. 上涨途中回档，出现再上涨红K线，股价突破前一日最高点时。

3. 续势盘整完毕，股价向上，出现突破盘整的爆大量长红K线时。

4. 强势飙股的第1根上涨长红K线最高点，被第2根红K线越过之后，可以买进。

交易规则：

进场 收盘前确认股价，突破前一日最高点时买进。

续抱 每天收盘前检视股价，没有跌破前一日最低点时，续抱。

出场 收盘前确认股价跌破前一日最低点时，出场。

止损 进场当日K线股价的最低点（不能超过7%）。

在空头走势做空的操作定法

用智慧K线战法在空头走势做空，要配合波浪形态、趋势方向空头及K线出场讯号，主要操作方法说明如下：

进场时机：

1. 高档出现不过前面高点的“头头低”下跌黑K线，以及确认头部完成的下跌黑K线，股价跌破前一日最低点、跌破头部盘整下颈线的位置。

2. 下跌途中出现反弹再下跌的黑K线，股价跌破前一日最低点。

3. 下跌中，续势盘整完毕，股价向下跌破盘整区。

4. 确认空头的第1根下跌黑K线最低点，被第2根黑K线跌破，可以放空。

交易规则：

进场 收盘前确认股价跌破前一日最低点时，放空。

续抱 每天收盘前检视股价，没有突破前一日最高点时，续抱。

出场 收盘前确认股价，突破前一日最高点时，出场（回补）。

止损 进场当日K线股价的最高点（不能超过7%）。

遇到一日反转的操作定法

当遇到一日反转情况时，此时如要采取智慧K线战法，必须配合波浪形态、看趋势方向及K线进出场讯号，主要操作方法说明如下：

进场时机：

1. 出现跌深或急跌的一日反转或V形反转形态。

2. 出现涨多或急涨的一日反转或倒V形反转形态。

交易规则：

进场

（1）在前面急跌的前提下：

- 出现大量。
- K线呈现长下影线、十字线、墓碑线、锤子线等止跌变盘线讯号。
- 第2天出现上涨的红K线，股价收盘过前一日最高点，进场做多。

（2）在前面急涨的前提下：

- 出现大量。
- K线呈现长上影线、十字线、T字线、吊人线等止涨变盘线讯号。
- 第2天出现开低下跌，收盘跌破前一日最低点的黑K线，进场做空。

续抱 每天收盘前检视股价，做多的股票没有跌破前一日的最低点时，续抱，做空的股票没有突破前一日的最高点时，续抱。

出场 做多，收盘前确认股价，跌破前一日最低点时，出场；做空，收盘前确认股价，突破前一日最高点时，出场（回补）。

止损 做多，以进场当日K线股价的最低点为止损点；做空，以进场当日K线股价的最高点为止损点。

智慧K线战法的7项重点整理

1. 如果想操作长波段，可采用个股的周线图，以周线图走势按照纪律操作。

2. 无论何时进场，必须遵守止损止盈的纪律。

3. 资金的分配投入要灵活，走势明朗时可加大资金投入，走势不明或有疑虑时，应小量资金投入或退出操作。

4. 如果行情走单边市场（一直多或一直空），这个方法就很好用，但是遇到上下震荡盘整时就会经常止损，因此在选择商品标的时要特别注意，要挑选走势清楚的个股。

5. 走势平缓时不易获利，上升或下跌的角度低于45度的走势，则不建议用此方法。

6. 走势强劲时，进行短线快速获利的交易（上升或下跌的斜率在45度以上），往往能够简单轻松快速获得最大利润。

7. 在快速上涨或下跌时应用此方法，能够明确地止盈，对不知道如何止盈的投资人来说，是很好的方法。

用周线进行智慧K线战法

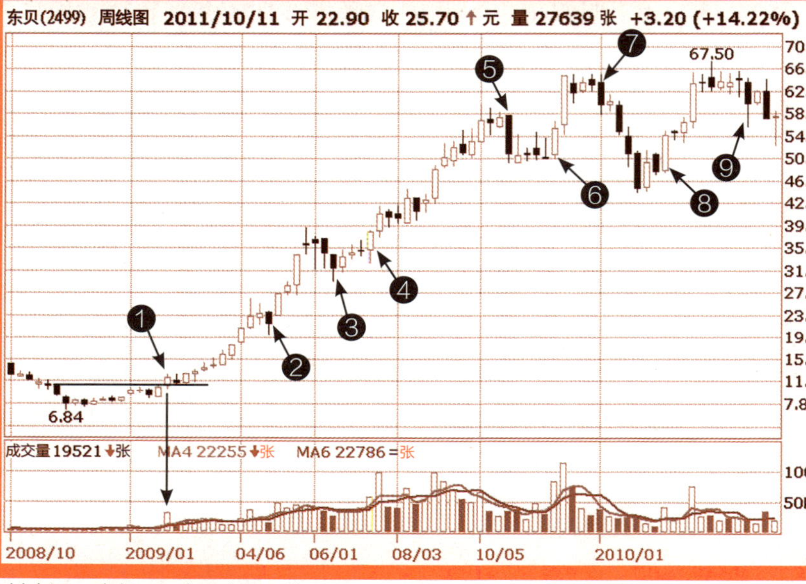

资料来源：富邦e01电子交易系统

▲上图说明：

❶ 出现“底底高”、爆大量突破底部盘整格局，看日线进场后，用周线的智慧K线战法操作。

❷ 当周收黑K线，但是收盘价并未跌破前一周的最低价，持股续抱。

❸❺❼ 当周收黑K线，收盘价跌破前一周的最低价，持股卖出。

❹❻❽ 趋势维持多头，收盘价突破前一周最高点，买进。

❾ 当周收黑K线，收盘价跌破前一周的最低价，持股卖出。走势继续下跌，头部形成，多头结束。

用日线抢反弹的智慧K线战法

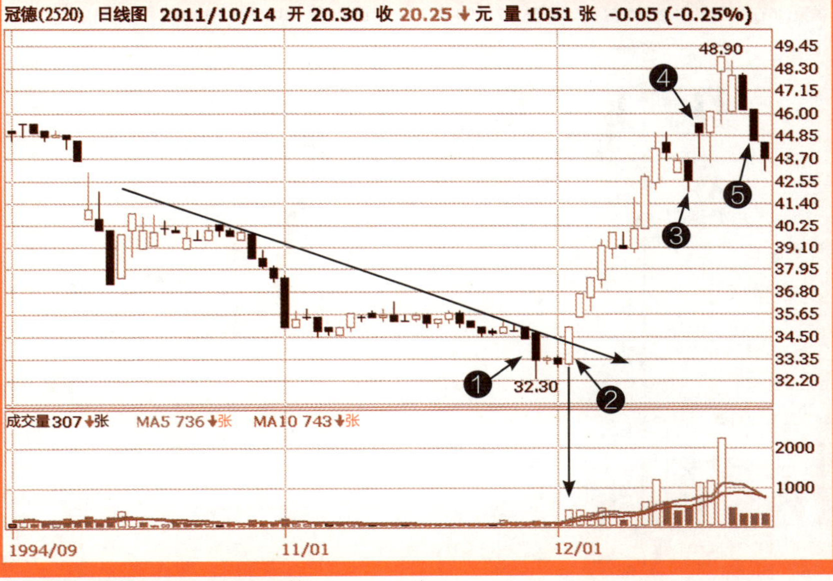

资料来源：富邦e01电子交易系统

▲上图说明：

❶ 跌深，出现长下影线、长黑K线的止跌讯号。

❷ 出现大量长红K线，收盘价突破前面3天最高点，同时突破下降切线，可以进场抢反弹。（此处是跌深的第1只脚反弹，并不是打底回升。）

❸ 用智慧K线战法操作。当日收黑K线，收盘价跌破前一日的最低价，持股卖出。

❹ 收盘价突破前一日最高点，买进。

❺ 收盘价跌破前一日最低价，持股卖出。

用日线做空的智慧K线战法

资料来源：富邦e01电子交易系统

▲上图说明：

❶ 高档出现“头头低”的长黑K线，股价跌破前一日的最低点，做空。

❷ 用智慧K线战法操作。收盘价突破前一日的最高点，回补。

❸ 收盘价跌破前一日的最低点，继续做空。

❹ 收盘价突破前一日的最高点，回补。

❺ 收盘价跌破前一日的最低价，继续做空。

❻ 收盘价突破前一日的最高点，回补。底部出现打底的第2只脚，结束做空。

当V形反转时用智慧K线战法

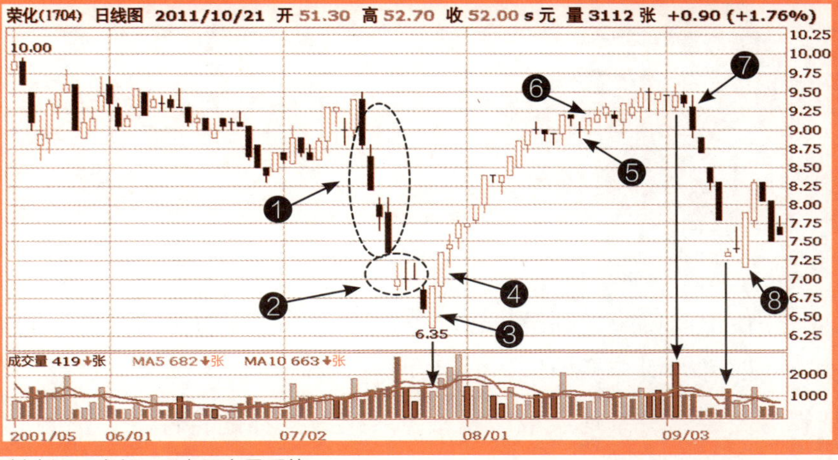

资料来源：富邦e01电子交易系统

▲上图说明：

❶ 末跌段出现长黑K线，连续急跌。

❷ 后3日K线收盘都没有跌破前一日的最低点，但未出现过高的K线，不可抢反弹。

❸ 底部出现破底穿头的长红K线，为止跌讯号。但是收盘没有过前一日的最高点，观察即可。

❹ 次日过前一日的最高点，在7.35元处买进。

❺ 收盘跌破前一日的最低点，在9元处卖出。

❻ 收盘价突破前一日的最高点，在9.1元处买进。

❼ 收盘价跌破前一日的最低价，在9.3元卖出。头部爆量后的跌破盘整，在收盘9元处放空。

❽ 收盘价突破前一日的最高点，在7.4元处回补。

第7章 一线定江山 简易的一条均线战法

操作要简单而且容易执行，我们用一条均线做方向及进出的依据，同样可以很容易操作，但是同样要在规定的条件之下进行，否则容易失败。一条均线战法是根据“均线支撑的特性”，当价格在均线之上，均线方向向上时，均线就具有支撑和助涨的功能。

一条均线战法重点说明

当然，采取不同周期的均线，会产生不同的绩效，原则上，建议不要用太短期的均线，否则会频繁地进出，而且趋势方向也会变来变去，无法有效掌握。以下说明一条均线战法的主要操作方法。

战法优点：

1. 规则简单清楚，容易执行。
2. 不需要看盘，收盘前5分钟看盘即可。
3. 不会赔大钱，用长期均线可以做到波段。
4. 不用顾及技术分析指标、成交量、基本面。
5. 适合任何资金操作。
6. 解决盘中上下震荡的困扰。

基本功力：

熟练技术分析的“四大金刚”，执行能力要100%。

操作目标：

走势明确时，每次获利能够达到10%以上。

交易条件：

1. 以波浪形态为最优先考虑，顺势交易。不逆势交易。

2. 多头或空头走势明确时可用此法，轻松操作。

3. 采用20日均线为操作依据。也可自行调整使用其他均线，例如10日均线、24日均线、60日均线等。

4. 跌深要经过打底、出现“底底高”现象，多头走势要确认。

5. 涨多高档要做头下跌，出现“头头低”（峰峰低），空头走势要确认。

6. 一条均线战法适合用在一般上涨的多头股票或空头股票，不适合强势上涨或在盘整区间使用。

7. 此方法属于波段交易，因此要在走势确认时介入，不适宜提前布局使用。无论进出，均以收盘价确认。

8. 走势明确时赚多赔少，而且可以大大减少进出操作的次数，容易控制操盘情绪。

在多头走势做多的操作定法

想用一条均线战法在多头走势做多，必须注意以下的交易规则：

进场 低档打底完成出现爆大量上涨的红K线，股价站上20日均线之上，且均线走平或上扬，买进。上涨行进中，跌破20日均线后出场，当股价再站上20日均线，且20日均线仍持续向上时，继续做多。

续抱 收盘股价没有跌破20日均线时，续抱。

出场 收盘前确认股价跌破20日均线时，出场。

止损 进场后，守20日均线。

在空头走势做空的操作定法

想用一条均线战法在空头走势做空，必须注意以下的交易规则：

进场 高档做头完成的下跌长黑K线，股价跌破20日均线之下，且均线走平或下弯，做空。行进中，突破20日均线出场后，当股价再跌破20日均线，而且20日均线仍持续向下时，继续做空。

续抱 收盘股价没有突破20日均线时，续抱。

出场 收盘前确认股价突破20日均线时，出场（回补）。

止损 进场后，守20日均线。

一条均线操作法的5点提醒

1. 采用一条均线操作，固然方便，但是采用不同周期均线的差别很大。

2. 采用短期3日或5日均线操作，股价与均线会出现频繁交叉的现象，不断地发出买进卖出讯号，因此，错误的讯号及骗线机会比较多。

3. 采用3日或5日短期均线，由于上下变化快速，均线方向忽上忽下，不易把握长期趋势方向。这个问题可利用长短期不同的2根均线来解决，或者用3根均线来解决。读者可以参看本篇第8章“稳健获利密技三条均线战法”或第11章“获利目标达成利器①：短线攻击的二条均线战法”。

4. 采用长周期的均线，例如20日、60日均线，所产生的错误及骗线的讯息及进出次数会少很多，但却有缓不济急的现象，因为等待股价与均线交叉时，往往都是涨了一段或已下跌一段了，容易延误进出场的时机。

5. 建议用一条均线时，不要用太短或太长的均线，采用10日或20日均线为宜。

用一条均线战法进行多头交易

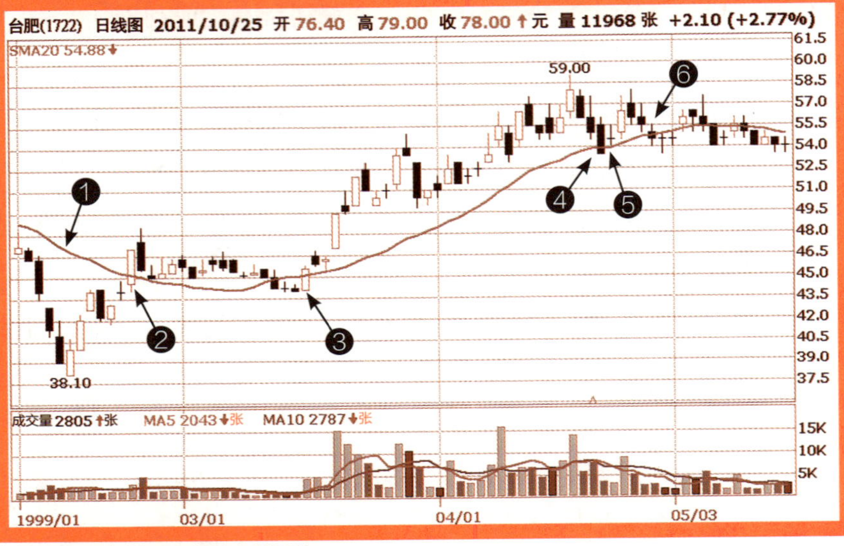

资料来源：富邦e01电子交易系统

▲上图说明：

❶ 20日均线。

❷ 出现一根长红K线站上20日均线，但是多头形态未打底，而且均线仍然下弯，观察即可，不可动作。

❸ 出现“底底高”的红K线，而且站上20日均线，均线上扬，买进。

❹ 收盘价跌破20日均线，卖出。

❺ 收盘突破20日均线，均线方向向上，买进。

❻ 收盘价跌破20日均线，卖出。波浪形态已出现“头头低”（峰峰低），股价盘整，停止操作。

用一条均线战法进行多头交易

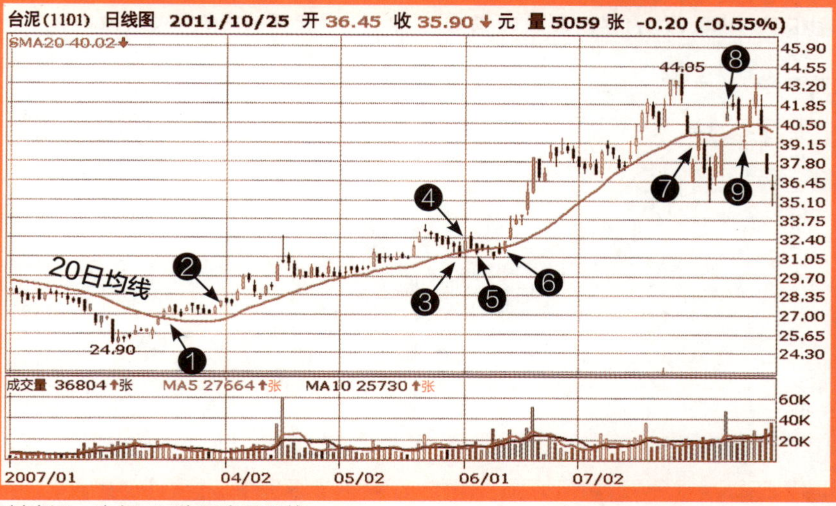

资料来源：富邦e01电子交易系统

▲上图说明：

❶ 出现长红K线站上20日均线，但是均线仍然下弯，不可动作。

❷ 出现“底底高”突破盘整，站上20日均线，均线上扬，买进。

❸ 收盘价跌破20日均线，卖出。

❹ 收盘突破20日均线，均线方向向上，买进。

❺ 收盘价跌破20日均线，卖出。

❻ 收盘突破20日均线，均线方向向上，买进。

❼ 收盘价跌破20日均线，卖出。

❽ 收盘突破20日均线，均线方向向上，买进。

❾ 收盘价跌破20日均线，卖出。波浪形态已出现“头头低”（峰峰低），股价盘整，停止操作。

用一条均线战法进行空头交易

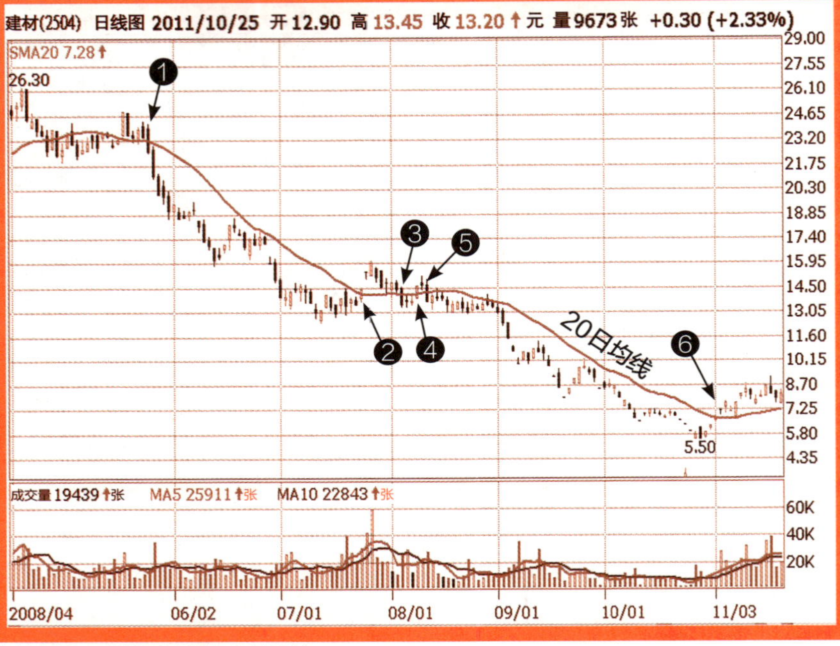

资料来源：富邦e01电子交易系统

▲上图说明：

❶ 长黑K线跌破20日均线，形态为“头头低”，而且均线下弯，做空。

❷ 收盘突破20日均线，回补。

❸ 收盘价跌破20日均线，做空。

❹ 收盘突破20日均线，回补。

❺ 收盘价跌破20日均线，做空。

❻ 收盘突破20日均线，回补。

第8章 稳健获利密技 三条均线战法

如果利用均线交叉特性作为操作方法，其中比较稳健的做法，可以用二条均线的黄金交叉与死亡交叉的讯号，来代替前面股价与一条均线的交叉。

当出现黄金交叉时，买进；出现死亡交叉时，卖出。同时，再设定一条长期均线作为趋势方向的基准，如此可以降低失误率，不失为一种稳健的操盘法。

三条均线战法重点说明

以下说明三条均线战法的主要操作方法：

战法优点：

1. 规则简单清楚，容易执行。
2. 不需要看盘，收盘前5分钟看盘即可。
3. 不会赔大钱，用长期均线可以做到波段获利。
4. 不用顾及技术分析指标、成交量、基本面。
5. 适合任何资金操作。
6. 解决盘中上下震荡的困扰 。

基本功力：熟练技术分析的“四大金刚”，执行能力要100%。

操作目标：走势明确时，顺势交易，每次获利能够达到20%以上。

交易条件：

1. 以波浪形态为最优先考虑，顺势交易。不逆势交易。

2. 采用3日均线及10日均线为操作进出依据。24日均线作为趋势方向及多空的依据。

3. 跌深要经过打底，出现“底底高”现象，多头走势要确认。

4. 涨多高档要做头下跌，出现“头头低”（峰峰低），空头走势要确认。

5. 无论进出，均以收盘价确认。

6. 可以减少进出操作的次数，容易控制操盘情绪。

在多头走势做多的操作定法

想用三条均线战法在多头走势做多，必须注意以下的交易规则：

进场 当3日均线与10日均线出现黄金交叉，股价在24日均线之上，且24日均线向上，股价站上3日均线时，买进。

续抱 在3日均线与10日均线没有出现死亡交叉前，续抱。

出场 在收盘前确认3日均线与10日均线出现死亡交叉，股价跌破3日均线时，出场。

止损 进场后，守10日均线。

趋势 股价在24日均线之上，且均线保持上扬，趋势为多头，顺势做多。

在空头走势做空的操作定法

想用三条均线战法在空头走势中做空，必须注意以下的交易规则：

进场 当3日均线与10日均线出现死亡交叉，股价在24日均线之下，且24日均线向下，股价跌破3日均线时，做空。

续抱 在3日均线与10日均线没有出现黄金交叉前，续抱。

出场 收盘前确认3日均线与10日均线出现黄金交叉，股价站上3日均线时，出场。

止损 进场后，守10日均线。

趋势 股价在24日均线之下，且均线保持下弯，趋势为空头，顺势做空。

用三条均线战法进行多头交易

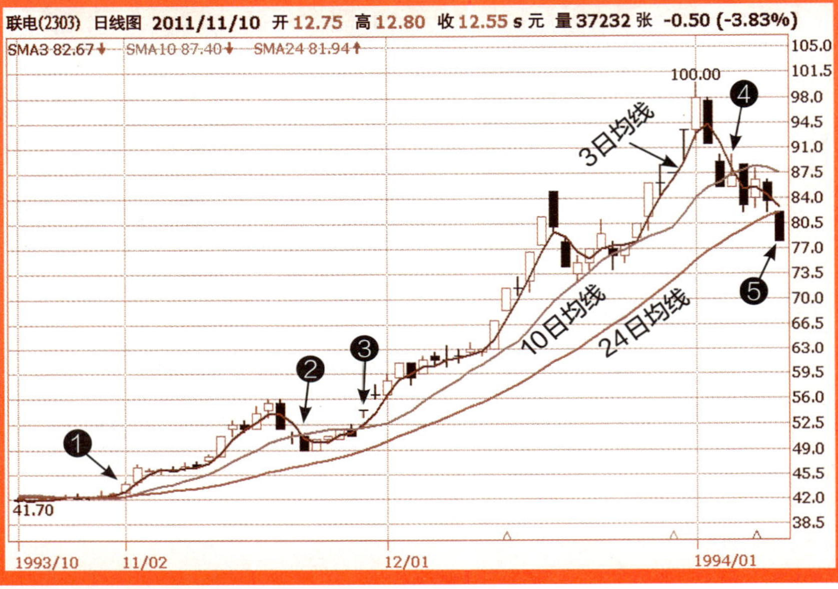

资料来源：富邦e01电子交易系统

▲上图说明：

❶ 出现红K线站上三条均线，且均线上扬，买进多单。

❷ 3日均线与10日均线出现死亡交叉，股价跌破3日均线之下，出场。

❸ 3日均线与10日均线出现黄金交叉，股价跳空站上三条均线，且均线上扬，买进多单。

❹ 3日均线与10日均线出现死亡交叉，股价跌破3日均线之下，出场。

❺ 股价跌破24日均线之下，不能做多。

用三条均线战法进行空头交易

资料来源：富邦e01电子交易系统

▲上图说明：

❶ 波浪形态出现“头头低”，跌破3日、10日及24日均线这三条均线，做空。

❷ 3日均线与10日均线出现黄金交叉，回补。

❸ 3日均线与10日均线出现死亡交叉，股价跌破3日均线，做空。

❹ 3日均线与10日均线出现黄金交叉，回补。

❺ 3日均线与10日均线出现死亡交叉，股价跌破3日均线，做空。

❻ 3日均线与10日均线出现黄金交叉，回补。

第9章 一年赚1倍获利方法：股票获利目标管理

有制度、有企图心的公司，每年都会设定营业目标。有了目标即有中心方向，公司全体上下全力以赴，找方法拟策略，以完成目标为使命。不过，一般散户在操作时很少会去设定获利目标，做股票一切随缘，能赚就赚，不能赚，赔钱就认命了，如此在股海中漂浮，很难有成就。

其实，刚开始进入股票市场，就要建立获利目标管理的观念。例如，要用多少时间学习完技术分析？要用多少资金操作？操作的获利目标有多少？如此有计划地去执行，才能作为后续检讨精进的依据。

股票获利目标管理，能够避免对股价涨跌情绪的反应，订定出目标，做好交易计划，依据计划执行，能够冷静地进行每一次交易，是在股市中胜出的重要功课。

股票获利目标管理应以一年为周期

股票获利目标管理，可以年度计划为周期，因为如果设定的目标时间太短，当遇到行情不好时就很难达成。因此，建议初步目标设定一年获利50%为目标，那么，平均每月的获利目标约4.2%，加上手续费支出，每月的获利目标设定为4.25%，这样去执行，比较容易。

假设你用100万元操作，全年获利目标希望能够赚到50万元，那么平均每个月要获利4.25万元，这样有金钱的具体数字，就容易管控你的资金了。

股票获利目标管理具有以下5项优点：

1. 目标设定，才能有目的地执行动作。

2. 目标设定能够避免人性的贪婪。

3. 做多，选股一定都是上升走势的个股，会避开下跌或盘整的股票，赔钱立刻出场，因此风险相对最小；做空，选股一定都是下跌走势的个股，会避开上涨或盘整的股票，赔钱立刻出场，因此风险相对最小。

4. 掌握波段趋势方向，长线短做，短期内累积获利，一样可以达到波段操作的效果。

5. 以事业经营角度做股票获利的目标管理，可长可久。

做股票不是赌博，而是一项有技术、有方法、有策略、有纪律的长久经营的事业。

执行股票获利目标管理必须注意的重点

选股条件： 以主流股、强势股、开始发动的股票、快速上涨的股票、明日能续涨的股票为操作的标的。

集中火力： 以3—5只股票为原则。

操作战法：

（1）用智慧K线战法、快进快出策略，快速达到获利目标。

（2）采飙股战法，条件符合、机会出现，立刻进场；出现亏损，立刻出场；达到获利目标或出现出场条件，按纪律止盈出场。

（3）采取短线攻击战法，利用二条均线选股进出，可以中小波段操作，并且达到获利目标。

其他要点：

（1）以题材面、主流面加技术分析进场，完全以技术面操作，并且依据智慧K线战法的纪律出场。

（2）每月20个交易日，不在乎出手次数的多寡，而是以达到每月获利4.25%为最低目标，以这个方式认真选股，专注操作，如果一个月只等到两次好机会，要达成每次获利2.2%的目标，实非难事。

（3）要以长期稳定的态度经营股票操作。

每天2个买股票的黄金时段

股票市场虽然每天开市交易时间有4.5小时，但是交易热络的时间是前后1个小时。

早上9点开盘，大盘指数在反映昨天收盘后的全球股市情形，或是发生的重大利多或利空消息，个股则在反映主力大户今天的企图或策略。10点以后，交易比较缓慢，大多是散户在动作。

到了收盘前1小时，一些当冲的单开始找机会出场，布局明天的单开始进场，或者主力决定是否要调节的动作，交易开始频繁，因此我们买股的黄金时间是：

1. 开盘 9:00—9:30，抢当日强势上涨的多头攻击的股票。

2. 尾盘13:00—13:30，观察尾盘拉升、次日会涨的强势多头股票。

6个进场的黄金机会

当我们看到强势上涨的股票时，不能见红就抢，比如是第3根的长红K线，很容易引来获利卖压。在接近套牢压力的位置，很容易遇压折返修正。在空头走势中的突然大涨，也要小心切入。

以下6个位置是进场的黄金机会，一定要把握：

1. 打底完成“底底高”后，回测不破低点的上涨位置。

2. 多头盘整完成的出大量突破位置。

3. 均线纠结后的放量上攻位置。

4. 强势股回档后强势续攻的起涨点。

5. 创新高后，回测有撑的再上涨位置。

6. 末升段的喷出行情。

股票获利目标管理的4个制胜关键

股票获利目标管理的成功关键，在于选股能力要强及百分之百的执行力。以下提供4个制胜关键：

1. 要达成目标→止盈比止损重要

要达成获利目标，一定要执行止盈，否则获利回跌，浪费一次获利机会及操作的时间。

2. 获利要有效率→短线比长线重要

短线能够快速获利，目标才易于达成，除非等到大波段的机会，否则要抓住每个能够快速获利的操作机会。当买进后是飙股走势，利用飙股战法操作；如果是强势波段股，可以长线短做，无论如何都要以获利为第一目标。

3. 注意时间成本→强势比涨势重要

由于股票获利目标管理有时间上的限制，所以要选择强势股操作，一些缓慢牛步上涨的股票，一周半月上上下下涨不到5%的多头股票，都要换成强势股操作。

4. 纪律执行→执行与选股一样重要

选到好股票，要实现获利必须执行操作的纪律，例如选股条件的纪律、进场位置的纪律、止损的纪律、持股续抱的纪律、止盈的纪律，每一步都要执行纪律，如此才能顺利完成每一次的赚钱交易。

第10章 认清短线操作的优势及必备条件

短线交易为交易策略的一种，一般包括当冲、隔日冲、2日到5日的交易。只要属于短时间内完成进场出场的交易，都算是短线交易。无论是做长线波段，或是短线快进快出，只要方法正确，执行力百分之百，都能在股市中累积财富。

短线操作的6大优点

短线操作战法尤其适合一般资金不大的投资人，利用短线交易是最佳快速累积资本的方法。在后面文章介绍短线操作战法之前，本章先说明短线操作的特性及重要观念。

以下为短线操作的6大优点：

1. 任何趋势、任何大小波段都有交易机会赚钱

（1）多头时，赚上升波或乖离过大的回档。

（2）空头时，赚下跌波或反弹波。

（3）盘整时，赚高低差价。

（4）以短线交易累积利润的方式，绩效往往比不长不短的操作更好。

2. 资金运用效率更高

资金效率是指在某一固定期间内的获利率，也就是要加上时间成本的观念。例如，甲股进场一个月时间获利30%，乙股进场4个交易日获利12%，以资金运用效率而言，乙股优于甲股。

3. 能够快速累积交易经验

股市进出，无论投资期间长短，交易知识及方法大体相同。换句话说，如果短线做不好，中长线一样也不会做好，因此，频繁的短线进出，反而能够快速累积经验。

对于初进股市的投资人而言，最缺乏的就是操作经验，短线交易正好可以练习自己的“定法”是否正确，当知道如何进出获利之后，要不要做中期或长期操作，只是个人的选择而已。

4. 更容易控制风险

短线交易谋取短时间的利润，当交易失败时要立刻出场，因此交易风险反而控制在极小范围。短期交易的进出点，不完全考虑公司的基本面，纯粹以技术面为进出依据，反而交易纪律明确。

5. 最适合资金小的投资人快速累积第一桶金

资金只有20万元、30万元的投资人，可以操作小型飙股，买进的数量不多，可以快进快出，适合利用短线交易的战法，集中火力，专注在快速获利的强势股票进出，快速累积人生第一个一百万。

6. 短线机会多

经验法则告诉我们，以下状况都会造成短线股价的波动，对操作短线的人来说，都是值得注意的赚钱机会。

（1）季报公布前，行情变动很大。

（2）台指期货及摩台指期货结算时，股价波动明显。

（3）明显的利多不涨或下跌，明显的利空不跌或上涨。

（4）美国股市大跌，市场容易开低走高。美国股市大涨，市场容易开高走低。

（5）一些季节题材，如节气变盘说、寒暑假旺季的观光股及游戏股、年初的生技股、年底航运股旺、长假的消费性支出等。

（6）反映完突发性利空造成的恐慌下跌后的上涨，或是反映完突发性利多造成的急涨后的回跌。

大赚小赔是股市致富的不变道理，要会“止盈”才能大赚，要会“止损”才能小赔，因此“止盈”及“止损”是股市操作必修的功夫。

短线交易1次的成本计算

短线交易的次数比较频繁，因此会造成交易成本的增加，以下举例说明股票交易1次的成本计算方式。

以某股票为例：买进50元，卖出53元，买5张

1. 融资买进： 成交金额：50元 × 5000股＝250000元

买进手续费：50元 × 5000股 × 0.001425＝356.25元

应付券商款项：250000元＋356.25元＝250356元

2.融券卖出： 成交金额：53元 × 5000股＝265000元

卖出手续费：53元 × 5000股 × 0.001425＝377.625元

交易税：265000元 × 0.003＝795元

融券手续费：265000元 × 0.0008＝212元

投资人应收款项：

265000元－377元－795元－212＝263616元

3.获利： 263616元－250356元＝13260元

以上面股票为例：买进50元，卖出53元，买5张

简便计算方式：一次当冲成本≈股价 × 1.007倍

成交金额：50元 × 5000股＝250000元

买进成本 × 1.007倍：50元 × 1.007＝50.35元

获利：（53元－50.35元）×5000股＝13250元

短线操作的基本功

短线操作想要成功，应具有以下4项基本功：

1. 掌握国际及大盘的趋势方向

顺势操作永远是事半功倍，短线操作的人更要注重趋势的方向，从大环境评估目前的股票处在何种市场氛围中是很重要的。

2. 精通技术分析具备选股能力

短线操作不能光靠感觉去判断，必须熟悉技术分析所反映的股市真实心理状态。技术分析有数十种，基本上只要学好波浪形态、K线、均线、成交量、KD指标、RSI指标，就足以应付短线操作。

3. 专注在1到3只股票的操作，最多不能超过5只

短线操作必须全神贯注，如果持股家数太多，往往无法面面俱到，一有风吹草动，将会手忙脚乱，而且过多的持股，会造成获利及损失的互抵，降低获利率。

4. 百分之百的操作执行力

短线操作的成败在于果断的执行力，否则机会往往稍纵即逝，因此，胆要大，心要细。

第11章 获利目标达成利器①：短线攻击的二条均线战法

短线攻击的二条均线战法，是以进场3—5天，每次获利达到5%—10%为目标，是一年赚1倍的必要操作方法。

二条均线战法的重点说明

二条均线战法是我个人达成每年获利1倍的操作方法，在此分享给股友做参考，希望对大家的操作有所帮助。

战法优点：

1. 规则简单清楚，容易执行。
2. 短线快速获利，止盈明确精准。
3. 需要看盘，若修正部分出场规则，也可不看盘。
4. 适合300万元以下资金操作。
5. 固定操作模式。
6. 解决看对行情抱不住、赚不到、涨高不敢买的状况。

基本功力：

熟练技术分析的“四大金刚”，执行能力要100%。

操作目标：

每月获利8.4%，全年获利1倍。

重点说明：

1. 以波浪形态为最优先考虑，波形为空头，不考虑做多；波形为多头，不考虑做空。符合特殊条件时，可抢空头急跌的反弹，但是不做多头的回档放空。

2. 采用10日均线及24日均线这两条均线操作。

3. 二条均线战法是以短线获利为目标，选股以强势攻击股票为主，进出点配合波浪形态、K线形态、均线方向、飙股特性及价量关系的综合使用。

二条均线战法在多头趋势下的操作定法

当盘势出现由空转多的低档反转现象时，想要短线制胜，采取二条均线战法，就要进一步观察是否出现下列现象：

1. 反转形态至少要出现“底底高”。

2. 10日均线与24日均线同时向上，或是10日均线向上，即将与24日均线形成黄金交叉，股价站上10日均线，买进，成交量要配合放大。

3. 同时看第1个压力位置是否形成上升的严重阻碍，以及距离进场位置的远近，以评估可能获利幅度。

4. 进场后，止损守10日均线或24日均线中离股价最近的一条均线。

5. 开始上涨，守10日均线，当获利超过10%以上时，依K线出场讯号出场，或急涨后跌破上升急切线出场。

6. 出现飙升情形，改以飙股战法操作。

二条均线战法在多头趋势下的操作纪律

采取二条均线战法时，在多头行进间也要注意以下的操作纪律：

1. 当24日均线方向维持向上时，持续做多。

2. 当10日均线、24日均线同时向上呈多头排列，股价在上方时，依波浪形态回档后上涨再买进，或盘整突破上颈线后再买进，持续做多。

3. 股价收盘跌破10日均线一定要先出场。10日均线持续上扬，股价收盘站上10日均线，再进场买进。

4. 途中获利超过10%以上，依K线出场讯号出场，遇到“头不过前头高”时，出场避险。

5. 若股价回档到24日均线有支撑，再上涨时买进。回档跌破24日均线，如24日均线仍向上，要等到股价再站上24日均线时再买进。

6. 不追第3根长红K线，持股上涨到第3根长红K线，观察出场讯号，准备获利出场。

7. 当10日均线开始走平或10日均线下弯，K线出现该攻不攻时，要立刻出场，避免短期回档的风险。

8. 当波形进入盘整时，退出，直到方向明确时再操作。

二条均线战法在空头趋势下的操作定法

当盘势出现由多转空的高档反转位置，想要采取二条均线战法，短线制胜，就要进一步观察是否出现下列现象：

1. 反转形态至少出现“头头低”（峰峰低）。

2. 10日均线与24日均线同时向下，或是10日均线向下即将与24日均线形成死亡交叉，股价跌破10日均线，做空，成交量不一定放大，如果成交量放大更好。

3. 同时看第1个支撑位置是否形成下跌的重要支撑，以及距离放空位置的远近，以评估可能获利幅度。

4. 进场后，止损守10日均线或24日均线中离股价最近的一条均线。

5. 开始下跌，守10日均线，当获利超过10%以上时，依K线出场讯号出场，或急跌后突破下降急切线回补。

6. 出现急跌情形，改以智慧K线战法操作。

二条均线战法在空头趋势下的操作纪律

采取二条均线战法时，在空头行进中也要注意以下的操作纪律：

1. 24日均线方向维持向下，持续做空。

2. 10日均线、24日均线同时向下呈空头排列，股价在下方，依波浪形态反弹后再下跌时做空，或盘整跌破下颈线位置，持续做空。

3. 股价收盘突破10日均线一定要先回补。10日均线持续下弯，股价收盘跌破10日均线，再进场做空。

4. 途中获利超过10%以上，以K线出场讯号出场，遇到“底不破前底”时，要出场避险。

5. 股价反弹到24日均线遇压力不过，再下跌时做空。反弹突破24日均线，24日均线仍向下弯，股价再跌破24日均线时，做空。

6. 不追第3根长黑K线，手中空单如出现下跌到第3根长黑K线的情况，观察出场讯号，准备获利出场。

7. 当10日均线开始走平或10日均线开始上扬，K线出现“该跌不跌”时，要立刻出场，避免短期反弹的风险。

8. 当波形进入盘整时，退出观望，直到方向明确时再操作。

9. 波形出现“底底高”时，要结束空头做空的想法。

操作二条均线战法的重点提醒

操作二条均线战法，有以下4个选股时机：

1. 收盘看每日强势股。

2. 盘中看强势股讯息。

3. 收盘前找明日攻击强势股。

4. 开盘前以市价买进强势股。

不过，如遇到盘整期，则要注意以下2点：

1. 一般盘整期不操作。

2. 出现大箱形盘整，获利有10%以上空间，均线符合方向时，在箱形高低点的位置，配合急切线操作。

遇到跌深反弹走势时，这时如要逆势做多，必须符合以下3种条件：

1. 股价急跌，与24日均线乖离率达15%以上，K线出现止跌讯号，并且出量往上的单脚反弹过前一日最高点时，要抢反弹做多。

2. 严格执行止损，以进场当日K线的1/2价为止损点。

3. 上涨出现黑K线，立刻出场。获利10%以上，一旦K线出现出场讯号，或跌破上升急切线时，立刻出场。

最后提醒读者，在操作二条均线战法时，也要严守以下3条纪律：

1. 凡是10日均线与24日均线同时往下，股价在均线下方时不做多，即使反弹到上方也不做。

2. 当两条均线上下穿梭或纠结时要小心应对，最好不做。

3. 股价位于高档（走第3波）时，10日均线走平或下弯，要小心行情有可能会结束。

股市中强者恒强，弱者恒弱。
要想赚钱，永远要买强势股，汰换弱势股。

用二条均线战法进行多头交易

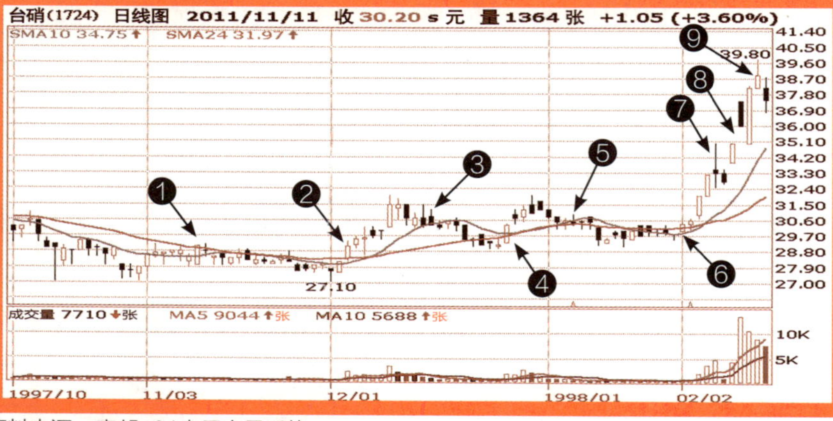

资料来源：富邦e01电子交易系统

▲上图说明：

❶ 1997年11月10日，台硝股价站上月线，但是月线往下，不进场。

❷ 1997年12月3日，台硝股价再站上月线，月线往上，在收盘价29.1元买进。

❸ 1997年12月9日，股价跌破10日均线，在30.2元卖出。

❹ 1997年12月26日，股价再站上月线，月线往上，在收盘价30.3元买进。

❺ 1998年1月7日，股价跌破10日均线，在30.4元卖出。

❻ 1998年2月2日，股价再站上月线，月线往上，在收盘价30.4元买进。

❼ 1998年2月6日，股价连涨3红，高档出量，出现长上下影线的纺锤线，在收盘价33.3元卖出。

❽ 1998年2月9日，股价爆大量跳空上涨拉出长红K线，在收盘价35元买进。

❾ 1998年2月12日，股价高档价量背离，出现长上影线，次日开低，在38.2元出场。

用二条均线战法进行多头交易

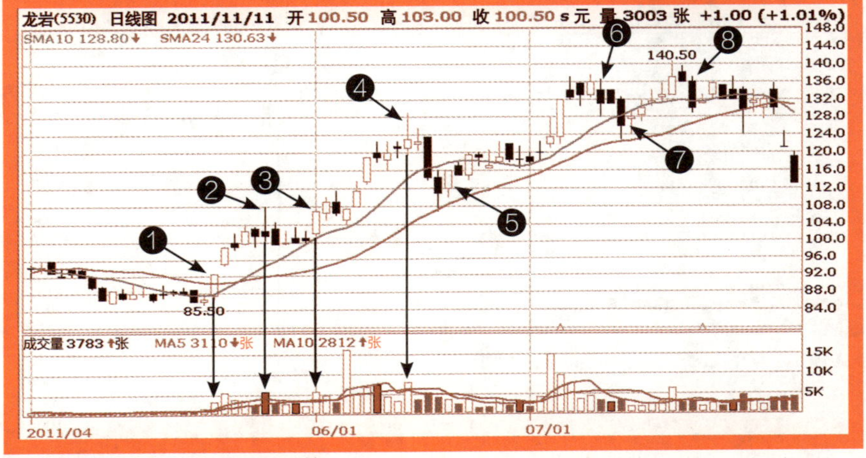

资料来源：富邦e01电子交易系统

▲上图说明：

❶ 2011年5月18日，龙岩股价在低档盘整有量突破，收盘站上24日均线，在92元买进。

❷ 2011年5月25日，K线出现出场讯号，获利超过10%，在105元出场。

❸ 2011年6月1日，盘整有量突破，在106.5元买进。

❹ 2011年6月15日，K线出现出场讯号，获利超过10%，在125元出场。

❺ 2011年6月21日，24日均线有撑，回后买上涨，在116元买进。

❻ 2011年7月12日，K线出现出场讯号，获利超过10%，在131元出场。

❼ 2011年7月15日，24日均线有撑，回后买上涨，在128元买进。

❽ 2011年7月26日，高档跌破10日均线，价量背离，在132元出场。

用二条均线战法进行多头交易

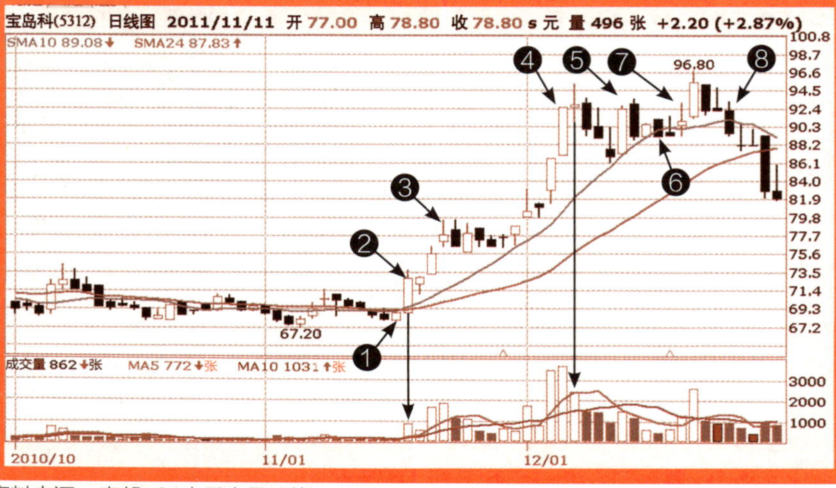

资料来源：富邦e01电子交易系统

▲上图说明：

❶ 2010年1月16日，宝岛科的波浪形态盘整出现“底底高”的现象。

❷ 2010年11月17日，盘整有量突破，站上10日均线及24日均线，在72元买进。

❸ 2010年11月22日至11月30日，获利不到10%，守10日均线。

❹ 2010年12月7日，高档K线出现出场讯号，获利超过10%，在92.5元出场。

❺ 2010年12月13日，10日均线有撑，回后买上涨，在92.4元买进。

❻ 2010年12月16日，跌破10日均线，在89.2元出场。

❼ 2010年12月20日，有量站上10日均线，在91元买进。

❽ 2010年12月24日，高档跌破10日均线，在90元出场。

结算：操作1个月3天，进出3趟，获利16.3元，获利率22.6%。

用二条均线战法进行空头交易

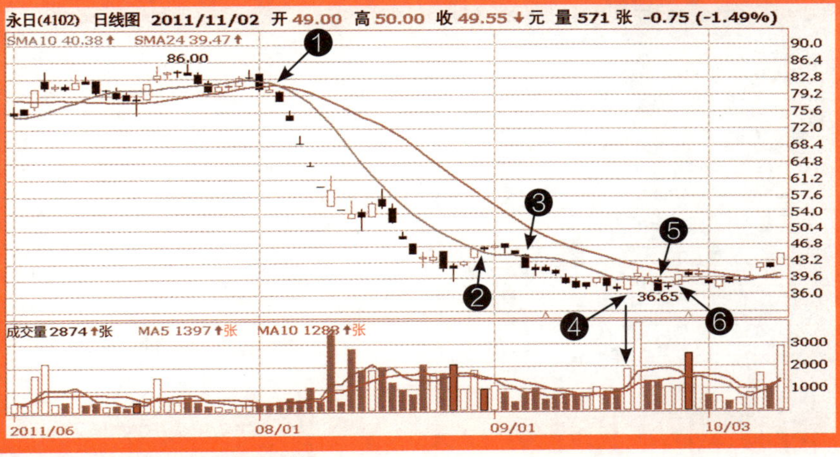

资料来源：富邦e01电子交易系统

▲上图说明：

❶ 2011年8月2日，永日的波浪形态盘整出现“头头低”，10日均线下弯，收盘股价跌破10日及24日两条均线，在80.5元放空，止损点守24日均价81.4元。

❷ 2011年8月31日，收盘股价突破10日均线，在46.15元回补。

❸ 2011年9月6日，收盘股价跌破10日均线，两条均线向下，在41.85元继续放空。

❹ 2011年9月21日，收盘股价突破10日均线，在39.8元回补，出现大量红K线，注意是否止跌。

❺ 2011年9月26日，收盘股价跌破10日均线，两条均线向下，在36.5元继续放空。

❻ 2011年9月28日，收盘股价突破10日均线，在40.1元回补，10日均线上扬，进入盘整，结束操作。

结算：操作2个月，进出3趟，获利32.95元，获利率40.9%。

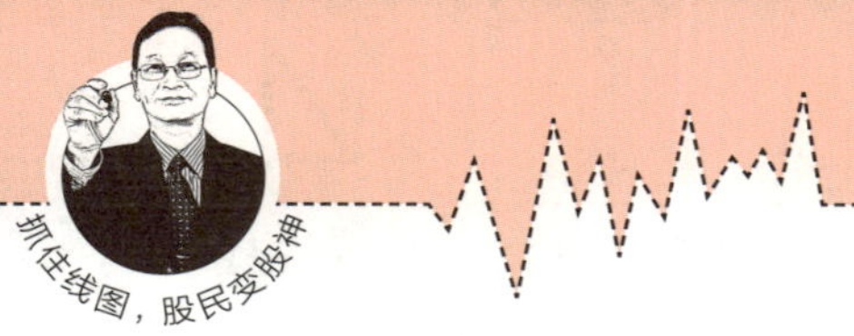

用二条均线战法短线获利

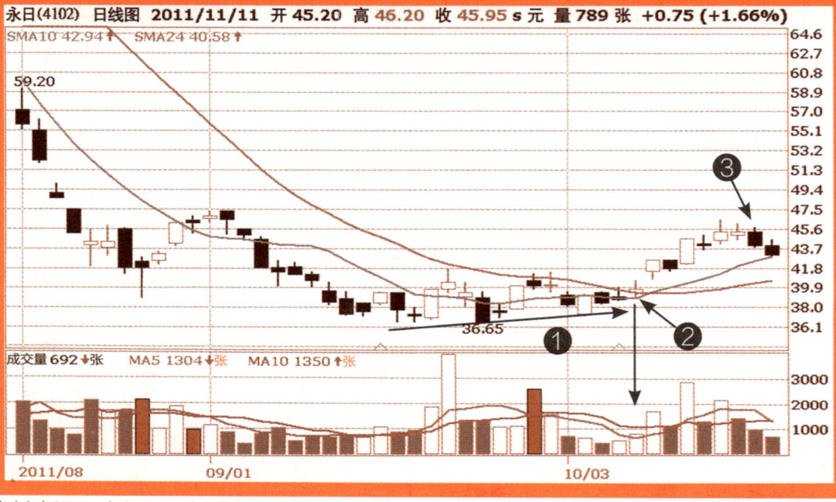

资料来源：富邦e01电子交易系统

▲上图说明：

❶ 股价跌深，低档盘整，出现“底底高”。

❷ 2011年10月7日，收盘站上10日均线及24日均线，在39.8元买进。

❸ 2011年10月19日，K线跌破前一日最低点，获利估计有10%，在44.5元出场。

结算：操作8个交易日，进出1趟，获利4.7元，获利率10.6%。

补充说明：2011年10月，正逢欧债危机最严重的时刻，台股大盘处于跌势的短线反弹，利用短线攻击战法，保持获利。

第12章 获利目标达成利器②：短期赚高报酬的飙股战法

飙股人人爱，可是没有一套方法是不容易操作的，不但技术分析功力要超强，还要具备过人的胆识，当机立断的执行力更是操作飙股的必备条件。想要尝试快速赚钱快感的读者，除了仔细阅读以下飙股战法外，个人情绪的掌控要更稳定。

构成飙股的要件

飙股是指起涨时快速发动，经常在开盘后半小时内就涨停板，让人措手不及，以后连续数日上涨，短时间获利惊人，行进中有时停留一或两天，又继续飙涨。

构成飙股的要件如下：

1. 股性活泼，曾经飙涨过，股本不大，为中小型股。

2. 新产业、新技术、独占性、转机题材股。

3. 法人持股不多，资券同步增加。

4. 大盘处于多头时出现飙股的机会较多，大盘在多头处于盘整盘时也会出现飙股。

同时，飙股也须具备以下8种图形条件：

1. 经过长期盘整（2—3个月以上）。

2. 底部渐渐高的形态。

3. 盘整期出现草丛吸货量。

4. 突破颈线，带量发动。

5. 发动前，短中长期均线纠结。

6. 发动时，力道够强，量价均佳，短期上档无压。

7. 每日浏览强势股，归纳出主流股，搜寻符合潜在飙股要件的标的，置入个人锁股的资料，锁股，等待发动时机。

8. 盘中及时选股，出现符合飙股条件的标的，立刻行动。

新世纪（3383）的飙股图形

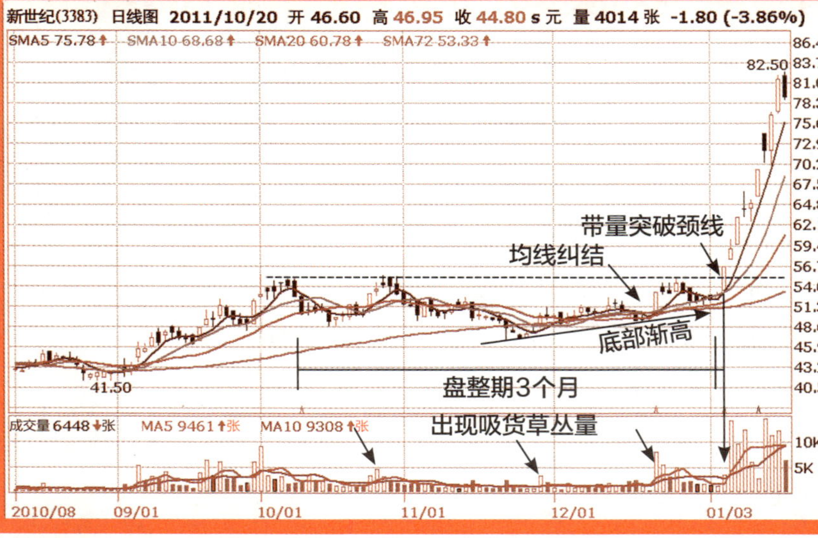

资料来源：富邦e01电子交易系统

抓住飙股才能轻松赚

想要学到短期赚高报酬的飙股战法精髓，你要先认识飙股战法，说明如下：

战法优点：

1. 选股标的明确。

2. 快速进出、低风险。

3. 短期达到高获利。

4. 不考虑基本面、消息面，以技术面进出。

5. 适合100万—200万元资金操作。

6. 需要盯盘操作。

基本功力：

1. 快速精准的选股能力：精通熟练的技术分析功力，熟悉飙股的特性及技术形态，掌握主流类股。

2. 盘中变化的解读力：包括近日大盘方向、当日大盘可能变化、盘中各项数据变化的判断。

3. 当机立断的执行力：要具备买进时“敢不敢”，卖出时“狠不狠”的执行力，一切均以技术面操作。

4. 操作飙股不要想买在最低点、卖在最高点。

5. 要大胆违反人性，以技术面操作，遵循纪律规则。

操作目标：

机会确认时，短时间获利50%，甚至倍数以上。

交易条件：

1. 以波浪形态最优先考虑，顺势做多交易为主。不做逆势单。

2. 采用日线选股进场，看日线出场。

3. 飙股战法以用在中小型股为原则，并不适合大型股。

操作飙股的13项教战守则

飙股操作的重要前提是大环境要处在大多头趋势，也就是说全球行情稳定，且台股大盘趋势确认为多头行情的情况下。以下提供操作飙股的13项教战守则：

1. 以个人资料库锁股及当日盘中及时出现的强势股为标的。

2. 以开盘后在9:00—9:10内强势拉向涨停的个股为第一优先追进的强势标的。当出现这种个股时，要立刻打开走势图，在10秒内做下列图形分析：

（1）看波浪形态，是否为多头起涨点？是否有飙股形态？是否有上涨空间？

（2）看价量结构，是否价涨量增？

（3）看均线排列状况，是否符合上攻的多头排列？

（4）如果这只个股的图形很好，或者原本就是自己已经锁定的股票，当机立断，勇敢地立刻买进。

3. 在9:30前奔向涨停的股票，为第二强势股。如果这只个股的图形符合飙股条件，可以买进。

4. 在9:30到10:00间，盘中慢慢涨停的股票列为一般观察名单，可能是走多头的股票，但是不一定是会飙的股票。

5. 在10:00至12:00中间时段勿随便就追高，强势股票的主力早在10:00前就已完成今天的策略动作，而10:00至12:00时段大多是散户在交易，或者是主力为配合期货多空而在现货进出，这段时间除非手中持股出现纪律出场的状况，才要处理，否则不要随便做动作。

6. 在12:00至13:30期间，要观察是否有尾盘强势往上拉向涨停的股票，这是明日会续强上涨的股票，检查线形后买进。

7. 当日个股出现大量长红K棒突破盘整区、均线纠结区、下降切线、反转的“底底高”的第2只或第3只脚成立时的强势发动位置，当股价上涨时，立刻追进。

8. 当日追进的股票，走势不如预期时，可采取当日券出。因此要先开好信用账户，当日才能做券出。

9. 持股次日开盘，涨幅在3.5%以上续抱；如果涨幅在3.5%以下，在回跌接近平盘时出场。

10. 持股次日涨停，当涨停打开，回跌到涨幅剩5%时，出脱止盈。

11. 先前高点卖出的股票，当股价杀低出现买点时，可再买进。

12. 股价已上涨一段，在前一日收黑K线时卖出。如当日再发动往上，拉出长红K线过前一日最高点时，再进场继续操作。

13. 涨停锁住的股票不可卖，要卖弱势股，抽出资金，换买强势股。

操作飙股的5大心法

1. 胆大心细，飙股发动前后经常会有洗盘的动作，仔细观察前后价量的关系。参考第295页振维（3520）图例。

2. 操作飙股也可以长线短做，用长线保护短线，同样能够赚到整个波段。

3. 飙股战法着眼股市“强者恒强”的惯性，以追强势股为操作的主轴，进出快速，追求短期获得高利润，因此需要专注于高超的操盘技巧及心法。总之，进场不对，在小赔时就要立刻出场。抓对飙股获利既快又大，是获利效率最高的方法。

4. 做飙股不看基本面，飙股为主力资金及筹码的作战，速战速决，短时间涨幅惊人。要享受这种快速赚钱的滋味，除了要精通技术分析之外，更要具备当机立断的执行力。

5. 操作飙股要集中精神注意盘中变化，要具备百分之百的执行力，操作飙股，当股价转弱（不一定是赔钱）时就立刻出场，所以风险反而较小。

操作飙股的4大制胜秘诀

1. 要具备扎实的技术分析能力，熟练飙股形态，每日检视强势股。

2. 要具备“敢不敢”“狠不狠”的执行力，当符合飙股条件时，勇敢介入，并以个人飙股操作守则执行出场纪律。

3. 操作飙股基本面勿放心上，一切以技术图形走势及进出场守则为准。

4. 以飙股特性操作，看清洗盘、续势等手法，赚到最高点。

家·泓·叮·咛

操作飙股第一守则，完全依技术面操作。

振维（3520）的飙股图形

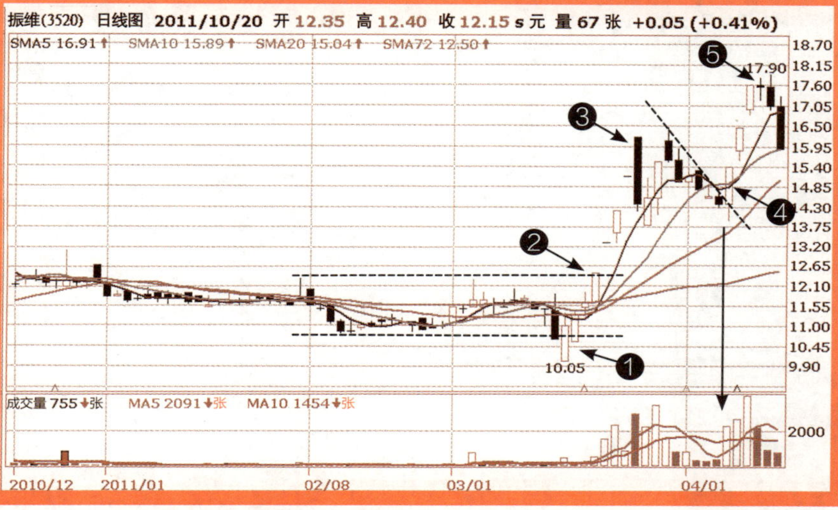

资料来源：富邦e01电子交易系统

▲上图说明：

❶ 振维（3520）股价在底部盘整1个半月，发动前有洗盘的动作，先跌破盘整下颈线，再往上飙涨。

❷ 2011年3月21日，拉出长红K线突破盘整区，股价站上均线，在12.45元买进。

❸ 2011年3月25日，开盘涨停，随后股价往下跌，回跌到涨幅剩5%时，以15.9元卖出。

❹ 2011年4月11日，爆大量拉出长红K线突破下降急切线，在15.4元买进。

❺ 2011年4月14日，开平盘下跌，立刻以17.5元卖出。

总结：17个交易日，交易2次，获利5.55元，获利率44.5%。

科风（3043）的飙股图形

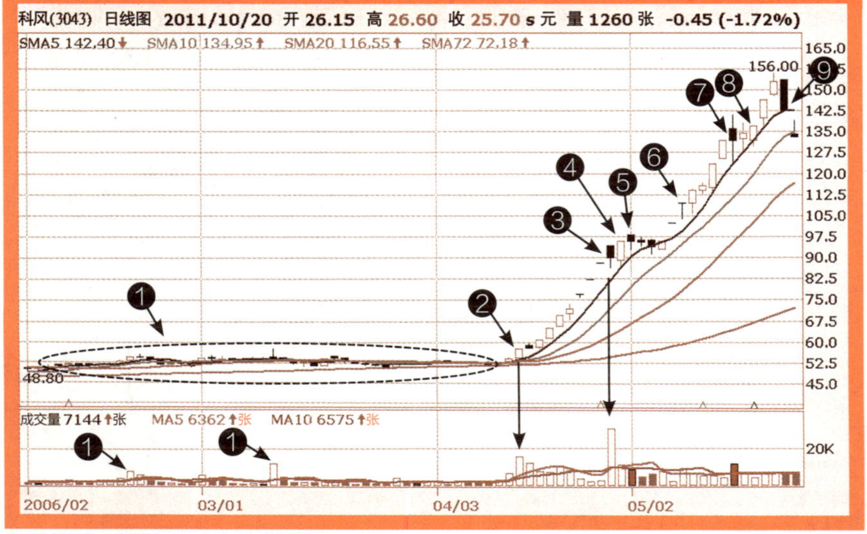

资料来源：富邦e01电子交易系统

▲上图说明：

❶ 科风（3043）股价在底部盘整2个半月，出现吸货草丛量现象。

❷ 2006年4月14日，爆大量拉出红K线突破盘整区，在57.7元买进。

❸ 2006年4月27日开盘涨停，盘中涨停打开，回跌到涨幅剩5%时，以92.5元卖出。

❹ 2006年4月28日，拉出红K线过前一日最高点，以96元买进。

❺ 2006年5月2日，开高跌回平盘，以96元卖出。

❻ 2006年5月9日，拉升至接近涨停，以109元买进。

❼ 2006年5月16日，开高跌回昨日平盘，在132元卖出。

❽ 2006年5月19日，开高走高，以146.5元买进。

❾ 2006年5月23日，开平下跌，在153元卖出。

总结：27个交易日，交易4次，获利65.1元，获利率112%。

互亿（6172）的飙股图形

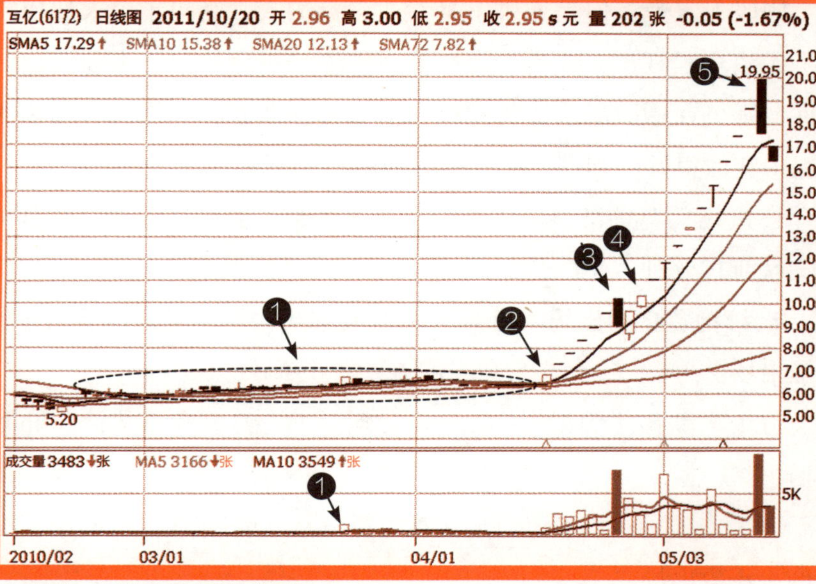

资料来源：富邦e01电子交易系统

▲上图说明：

❶ 互亿（6172）股价在底部盘整2个半月，出现吸货草丛量。

❷ 2010年4月19日，拉出红K线突破盘整区，以6.84元买进。

❸ 2010年4月27日，打开涨停，回跌到涨幅剩5%时，以10元卖出。

❹ 2010年4月29日，拉出红K线，过前一日的最高点，以10.3元买进。

❺ 2010年5月13日，开高回跌到涨幅剩5%时，以19.5元卖出。

总结：19个交易日，交易2次，获利12.36元，获利率180%。

飙股战法调整术

飙股人人爱，但是如果不是专业操盘的人，受限于个人环境条件，无法全程盯盘，或是个人操作习性无法符合快速、果断进出的条件，则可在飙股战法的精神架构下做一些调整，同样能够在飙股飙涨中获取很好的利润。战术调整的重点如下：

1. 进场： 盘前准备工作相同，进出场时机为当日开盘后30分钟或收盘前10分钟。

2. 续抱及止盈出场： 除可参考飙股方式之外，可调整下列各种讯号出场。

（1）未跌破上升趋势线，可以续抱；跌破上升趋势线，止盈出场。

（2）未破前一日低价（K线顺势法），可以续抱；跌破前一日低价，止盈出场。

（3）未跌破3日均线，可以续抱；跌破3日均线，止盈出场。

（4）未出现黑K线，持股可以续抱；出现黑K线下跌走势，止盈出场。

（5）成交量研判重点：

- 无量飙涨，可以续抱。
- 量稍放大，价仍稳，可以续抱。
- 量放大，价大幅震荡，可以先出一半。
- 量大增，价仍收涨，保守者先出场，或再看次日走势而定。
- 量大增，开高走低，出现黑K线，代表高点已到，迅速卖出。

怡利电（2497）的飙股战法调整

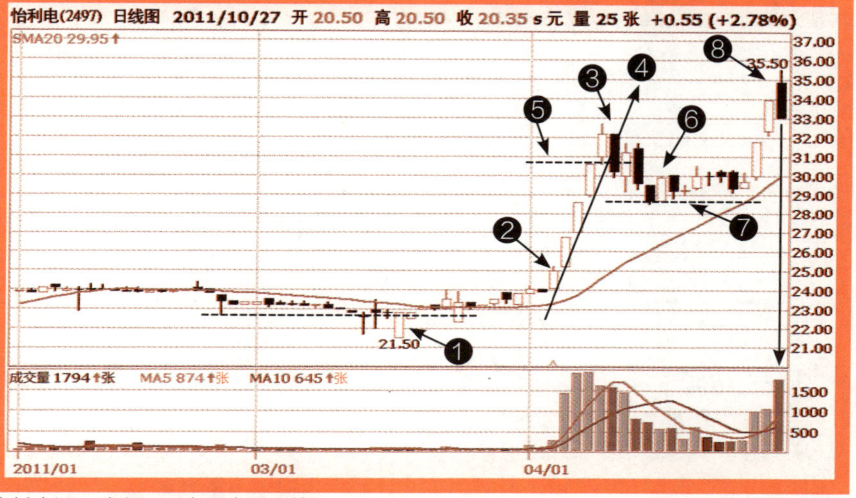

资料来源：富邦e01电子交易系统

▲上图说明：

❶ 怡利电（2497）股价在底部盘整3个月，发动前有洗盘的动作，先跌破盘整下颈线，再往上飙涨。

❷ 2011年4月7日，拉出长红K线突破盘整区，股价站上20日均线，买进。

❸ 2011年4月14日开平盘，随后股价往下跌，以飙股止盈纪律立刻出场。以飙股战法调整跌破上升急切线❹出场，或跌破昨日K线最低点❺出场。

❻ 2011年4月20日，拉出红K线突破昨日K线最高点，回跌后上涨买进；止损守波段低点❼，买进。

❽ 2011年5月5日开高走低，出大量，以飙股止盈纪律，回跌接近平盘时卖出。以飙股战法调整止盈，看到黑K线，出场。

新世纪（3383）的飙股战法调整

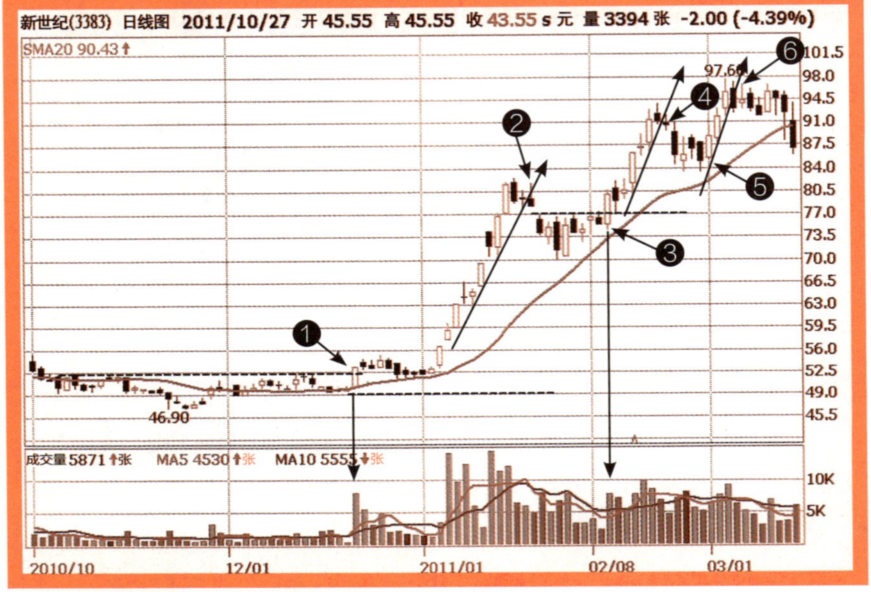

资料来源：富邦e01电子交易系统

▲上图说明：

❶ 新世纪（3383）股价在底部盘整3个月，拉出大量长红K线突破盘整上颈线，买进。止损点设在进场当天K线的最低点。

❷ 以飙股战法调整，跌破上升急切线出场。

❸ 爆大量拉出长红K线突破盘整上颈线，买进。

❹ 以飙股战法调整，跌破上升急切线，出场。

❺ 回跌后，红K线上涨突破昨日最高点，买进。

❻ 以飙股战法调整，跌破上升急切线，出场。

升阳科（3561）的飙股战法调整

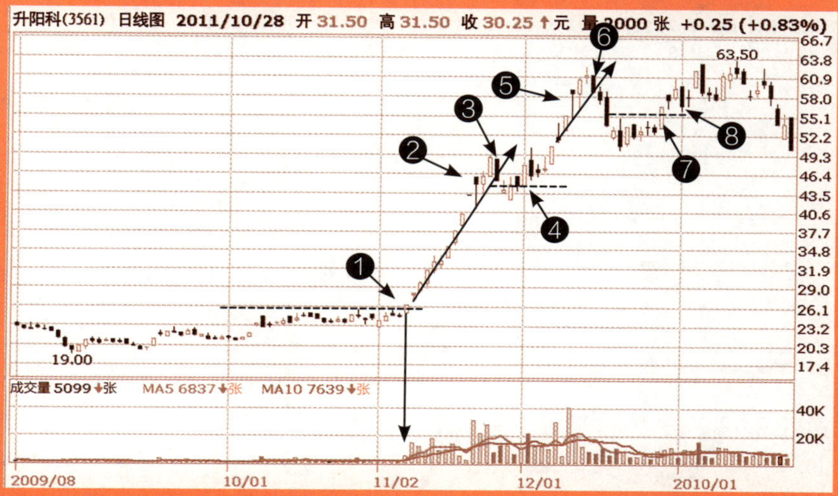

资料来源：富邦e01电子交易系统

▲上图说明：

❶ 升阳科（3561）股价在底部盘整3个月，呈现“底底高”走势，拉出红K线突破盘整，买进。

❷ 以飙股战法在此处卖出。

❸ 用飙股战法调整术操作，跌破上升切线，黑K线也跌破前一日最低点，卖出。

❹ 回档后，出现红K线突破前一日最高点，买进。

❺ 以飙股战法在此处卖出。

❻ 用飙股战法调整术操作，跌破上升切线，黑K线也跌破前一日最低点，卖出。

❼ 拉出红K线突破盘整，买进。

❽ 跌破上升切线，黑K线也跌破前一日最低点，卖出。

新日光（3576）的飙股战法调整

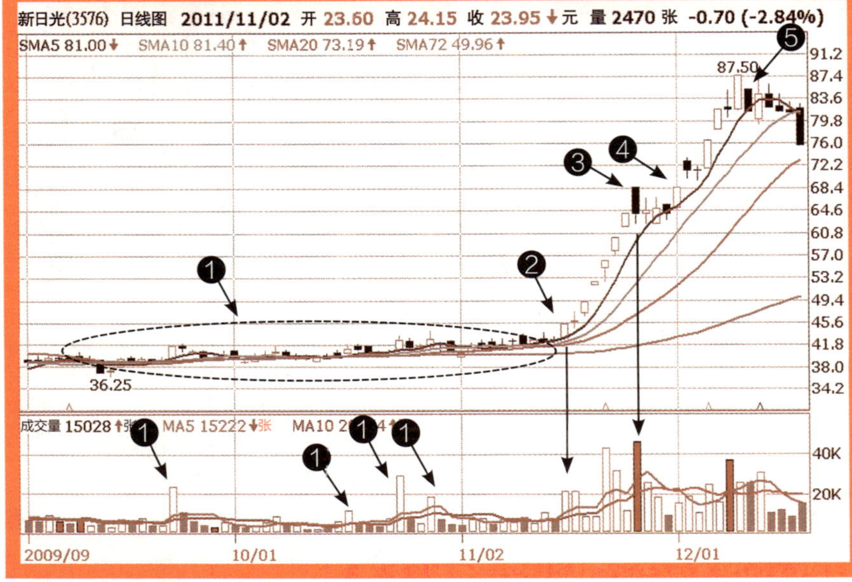

资料来源：富邦e01电子交易系统

▲上图说明：

❶ 新日光（3576）股价在底部盘整2个半月，多次出现吸货草丛量。

❷ 2009年11月16日，出大量红K线突破盘整区，以45.5元买进。

❸ 2009年11月25日，开高走低，爆大量收长黑，以收盘价64.2元卖出。

❹ 2009年12月1日，拉出红K线过前一日最高点，以68.6元买进。未破前一日最低点，续抱。

❺ 2009年12月10日，跌破前一日最低点，收盘前以81.4元卖出。

总结：20个交易日，交易2次，获利31.5元，获利率69.2%。

第13章 财神就在眼前 聪明的续势战法

依据波浪理论及主力操盘惯用手法，90%的飙股不会只飙涨初升段一波就结束，往往在拉回洗盘修正之后，还有很大的续飙机会。因此，在飙股拉回时，要密切注意再次出现续飙的时机，这就是飙股第2波、第3波进场时机，专心锁定此类飙股，抓住机会，既轻松又好操作。

续势战法 抓住强势飙股的主升段及末升段

这种续势操作战法，不需要具备基本分析或是太多的技术分析条件，实际操作时，更不需要自己千辛万苦地去追逐消息，找会涨的飙股。整套方法就是跟随初升段已经表态的强势飙股，继续做后面的主升段、末升段。

当然，股票多头能够持续上攻，先决条件就是大盘要处于大多头格局，这时当盘面上飙股辈出，这种飙股盘面上已经自己飙出来，所以不需自己去先知先觉。

因为，依据艾略特（Ralph Nelson Elliott）的“波浪理论”，多头市场走势会走3段上升，也就是一般所谓的“初升段”“主升段”“末升段”，在每两段的中间，是下跌回档的修正，此时正好是我们做好准备、守株待兔的时机。

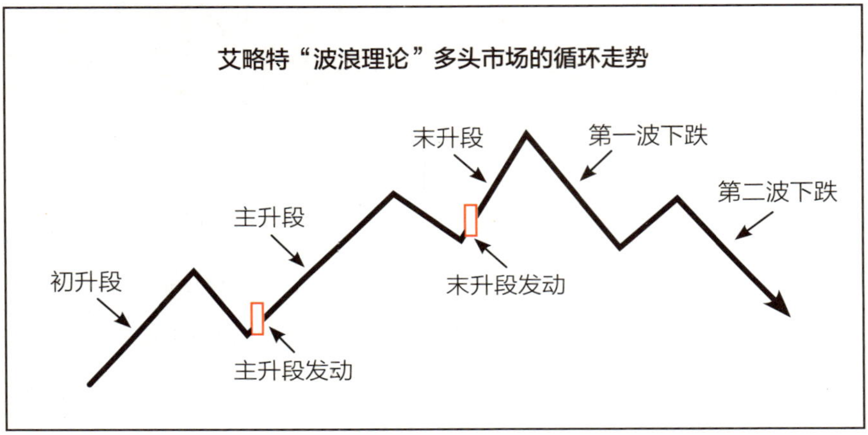

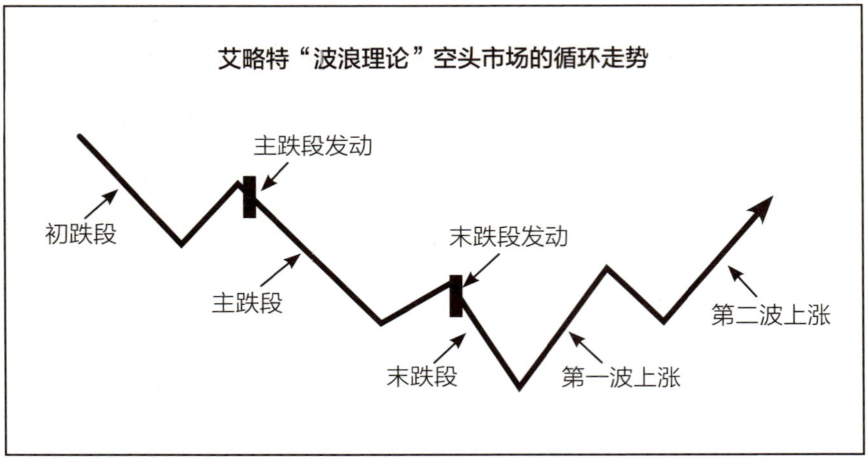

想要提高续势胜算应注意的重点

想要续势操作飙股，介入的时间点分为以下2种情况：

1. 强势续涨：盘中快速拉上涨停，或是跳空涨停。

2. 弱势续涨：股价回档后，再突破前高后往上续涨。

虽然续势战法是一种胜算概率相当高的操作，但是简单不代表容易，越是简单的东西往往越需要克服人性先天的弱点。由于飙股初升段发动得又快又急，股价一下子就拉高不少，稍做拉回之后再度上涨时股价太高，大多数人都不敢买进。

因此，一旦符合飙股连续强势上涨的条件时，在第2段发动的第一时间，就要以市价抢进，不可犹豫，必须要有果断的执行力。如果是一般强势多头续涨的股票，适合在接近收盘，确认为续涨的形态时，才以市价进场买进。

这套操作战法的风险控制，可以参考前面“飙股战法”及“飙股战法调整术”的止损及止盈守则。

续涨，有时不是一次就顺利成功，在实际案例中，也会出现没有如期飙涨，反而拉回的情况。因此，要依纪律执行止损，可是止损出场之后，一旦再度出现续势飙涨的讯号机会，要继续尝试，不可放弃，否则经常会错失一次赚大钱的机会。

遇到空头趋势时也是一样，掌握主跌段及末跌段的起跌机会，续势做空。

续势战法的重点说明

每次上课时一讲到飙股，最能引起同学的兴趣，因为飙股人人爱。记得有一次说明一只刚开始起飙的股票，连续上涨3个涨停板，同学个个都说：“那么高价了，怎么追？”我叫他们每天都盯着它看，总有一天会休息回档，当回档休息1或2天，再次发动攻击时就要立刻上车。

到了下一星期上课时，追问他们有赚到第2段的3个涨停板吗？结果整个教室中60位同学，只有3位抢到该只飙股回档后的再飙行情，其中2位学生只赚到一个涨停板就卖了，另一个学生赚到2个涨停板。

想要赚到飙股的钱，你一定要了解续势战法的精髓，说明如下：

战法优点：

1. 规则简单清楚，容易执行。
2. 操作成功概率高，获利高。
3. 看盘等待续势机会，自在轻松。
4. 操作简单，成交量、基本面参考即可。
5. 适合一般中、小额资金操作。

基本功力：

熟练技术分析的“四大金刚”，执行能力要100%。

操作目标：

走势明确时，赚取继续上涨或下跌的波段。

交易条件：

1. 以波浪形态为最优先考虑，顺势交易。多头做多，空头做空，不做逆势交易。

2. 采用技术指标看日线走势图，专门锁住第1波上涨的强势股或飙股。

在多头走势中如何操作续势战法？

想用续势战法在多头走势做多，必须注意以下交易规则：

买进 在第1段上涨修正后，符合下列情况时，买进。

（1）当天开低走低，股价在低点出现大量，股价随即向上突破前一日最高点，并且再创新高价。

（2）昨日下跌，今日却上涨拉出红K线，股价突破昨日最高点。

（3）回档修正几天（最多3—5天，不能回档太久），拉出长红K线突破下降急切线。

（4）横向整理几天（最多3—5天，不能盘整太久），拉出长红K线突破上颈线。

止损 止损点设在进场当天长红K线的最低点。

续抱 飙股股价未跌破上升切线或前一日低点，续抱。一般上涨走势股票，采取自行应用的战法续抱。

出场 飙股用飙股战法出场，或者用飙股调整战法出场。一般上涨走势股票，采取自行应用的战法出场。

在空头走势中如何操作续势战法?

想用续势战法在空头走势放空，必须注意以下交易规则：

放空 在第1段下跌出现反弹后，符合下列情况时，放空。

（1）当天开高走高，股价在高点随即向下跌破前一日最低点，并且再创新低价。

（2）昨日反弹上涨，今日却跌破昨日最低点时。

（3）一连数天反弹后，出现黑K线跌破上升急切线。

（4）横向盘整后，出现长黑K线跌破下颈线。

止损 止损点设在进场当天长黑K线的最高点。

续抱 飙股股价未突破下降切线或前一日最高点，续抱。一般下跌走势股票，采取自行应用的战法续抱。

回补 飙股用飙股战法回补，或者用飙股调整战法回补。一般下跌走势股票，采取自行应用的战法回补。

阳光能（9157）多头续势战法

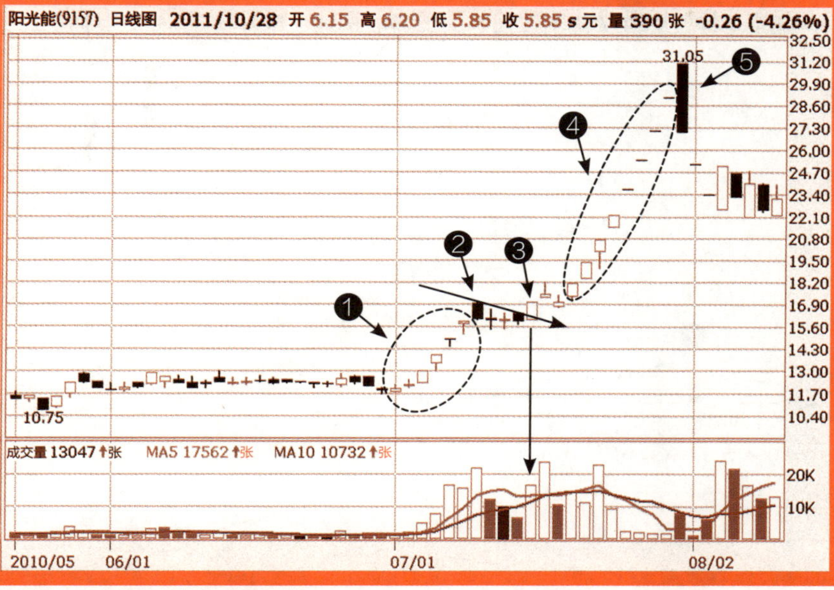

资料来源：富邦e01电子交易系统

▲上图说明：

❶ 飙股起涨的第1段，没有买到不要追高。

❷ 回档修正时，要锁住续势的机会。

❸ 修正4天，股价出大量突破下降切线，要抓住续势机会，立刻买进。

❹ 出现第2段的飙涨。

❺ 不管是用飙股战法，或是用飙股调整战法操作，均在黑K线❺处卖出。

大饮（1213）多头续势战法

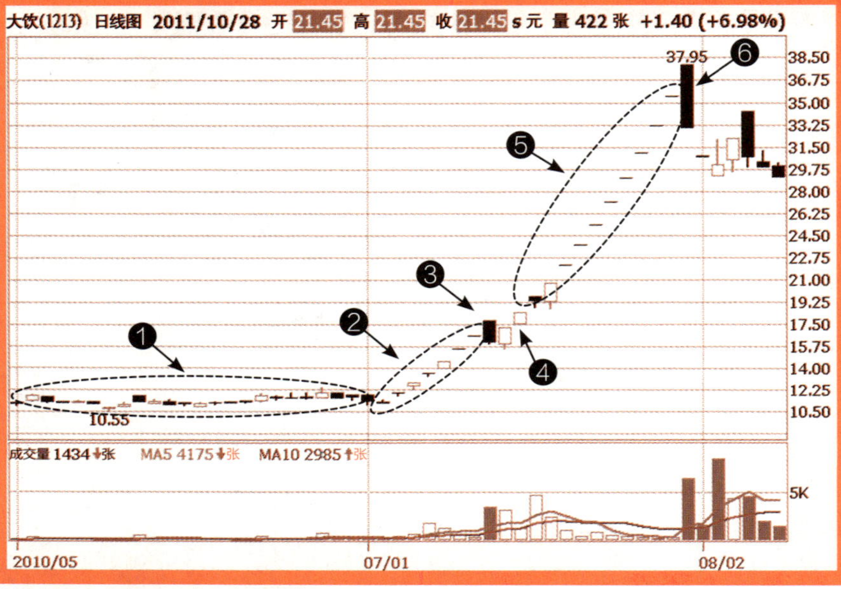

资料来源：富邦e01电子交易系统

▲上图说明：

❶ 大饮（1213）股价在底部盘整3个月以上。

❷ 起涨的第1段，没买到不要追高。等待回档续势再涨的机会。

❸ 出现黑K线，第1段出场。

❹ 修正2天，股价继续向上突破前一日最高点，抓住续势机会，立刻买进。

❺ 出现续势的第2段飙涨。

❻ 不管是用飙股战法，或是用飙股调整战法操作，均在黑K线❻处卖出。

华冠（8101）多头续势战法

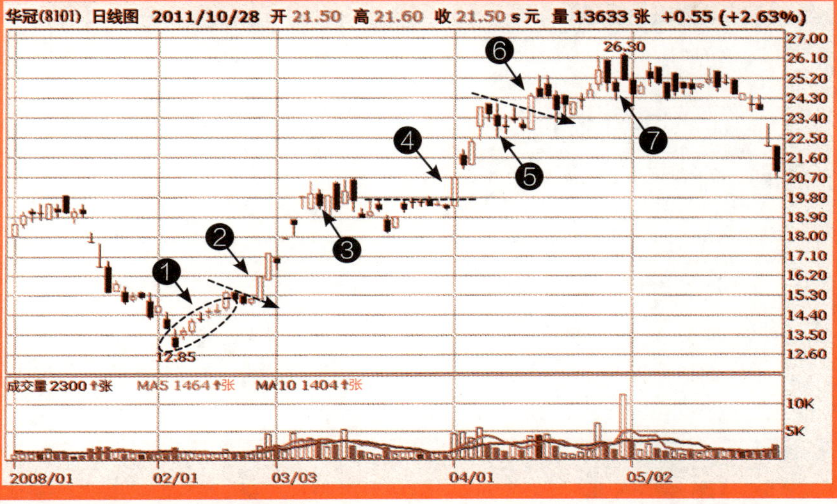

资料来源：富邦e01电子交易系统

▲上图说明：

❶ 华冠（8101）股价自底部快速反弹第1段。没有买到不要追高，等待回档续势再涨的机会。

❷ 修正3天，股价继续向上突破下降切线及高点，抓住续势机会，立刻买进。

❸ 不管是用飙股战法，或是用飙股调整战法操作，均在黑K线❸处卖出。

❹ 盘整完的再次爆大量拉出长红K线突破上颈线，抓住续势机会，买进。

❺ 不管是用飙股战法，或是用飙股调整战法操作，均在此黑K线❺处卖出。

❻ 股价继续向上突破下降切线及高点，抓住续势机会，立刻买进。止损点守红K线的最低点。

❼ 跌破上升切线，出现黑K线，出场。

华冠（8101）空头续势战法

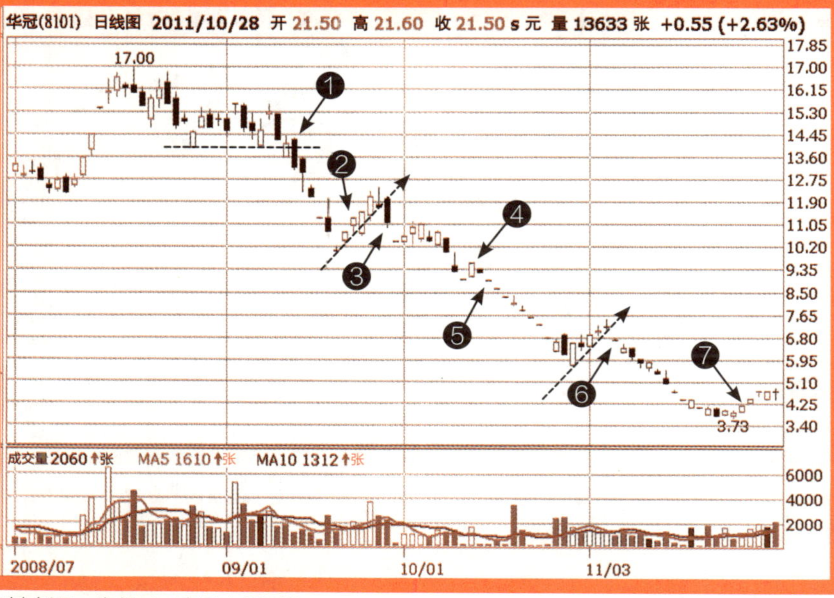

资料来源：富邦e01电子交易系统

▲上图说明：

❶ 华冠（8101）股价在头部跌破下颈线，开始空头走势。

❷ 突破下降切线，股价过昨日最高点，回补。

❸ 反弹修正5天，出现长黑K线跌破上升切线及前2日最低点，抓住做空续势机会，放空。

❹ 突破下降切线，股价过昨日最高点，回补。

❺ 当日开盘就跳空跌停，无法券到空单，后面一段下跌没有做，等待看是否有末跌段的机会。

❻ 反弹4天，向下跳空跌破上升切线及前2日最低点，抓住做空续势机会，放空。

❼ 按照纪律回补。

士纸（1903）续势战法第2次才成功

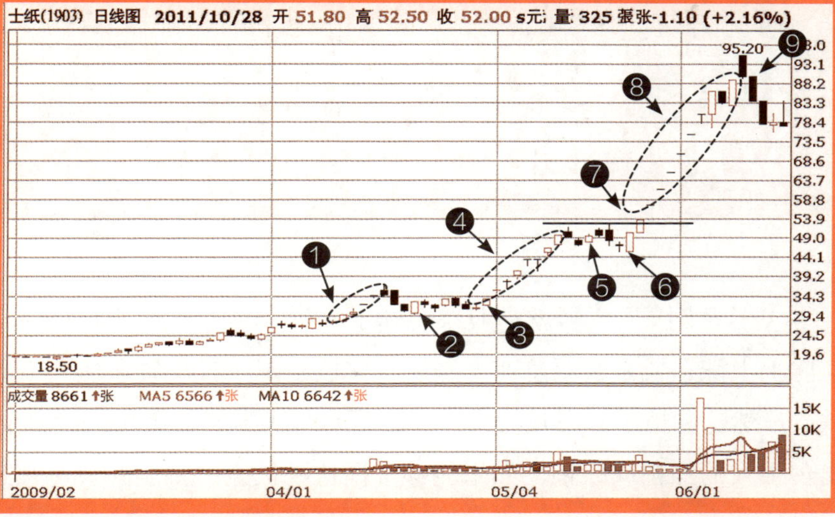

资料来源：富邦e01电子交易系统

▲上图说明：

❶ 士纸（1903）股价在第1段飙涨5个涨停板，等待回档续势再涨的机会。

❷ 修正2天，股价继续向上突破下降切线及前一日最高点，抓住续势机会买进，但是后面几天没有如预期上涨，会止损1次。

❸ 第2次符合向上突破下降切线及最高点的进场条件，买进。

❹ 做到第2段飙涨。

❺ 修正2天，股价又向上突破最高点，抓住续势机会，立刻买进，但是后面几天没有如预期上涨，会止损1次。

❻ 第2次符合向上突破下降切线及最高点的进场条件，买进。

❼ 股价再度突破回档盘整的上颈线，为加码点。

❽ 做到第3段飙涨。

❾ 跌破上升切线，出现黑K线，出场。

第14章 抢反弹及放空密技：V形、倒V形反转战法

V形及倒V形反转就是股票急速下跌后，突然出现一日反转急速向上上涨，或是股票急速上涨后，突然出现一日反转急速向下下跌。虽然这种情况并不是经常出现，可是每次出现都会在3—5天内出现很大的涨幅或跌幅，如果能够掌握这种机会，就能够快速赚到不错的利润。

以下说明V形、倒V形反转战法的重点：

战法优点：

1. 规则简单清楚，容易执行。
2. 操作成功概率高，能够快速获利。
3. 看到急跌或急涨时，锁住等一日反转机会。
4. 适合一般中、小额资金操作。

基本功力：

熟练技术分析的“四大金刚”，执行能力要100%，绝对遵守操作纪律。

操作目标：

条件明确时，快速赚取一段急涨或急跌的利润。

交易条件：

1. 完全以技术面操作，属于逆势交易。

2. 以日线操作，专门锁住急跌急涨或乖离过大的股票。

当空头出现急跌时的操作定法

由于V形及倒V形反转的速度很快，许多投资人常常无法在第一时间发现及时介入，因而错失赚钱的机会。

事实上，只要了解它的特性，知道如何操作，大胆进场，果断出场，要赚这种小飙一段的利润，实非难事。

以下提供当空头出现急跌时的操作定法：

买进 一定要同时符合下列条件才可以买进。

（1）出现连续重挫急杀3天或3天以上的长黑K线或跳空跌停。

（2）下杀出现爆大量的情况。

（3）当天出现下列K线止跌讯号：

• 开低走高的长红K线。

• 长下影线的红K线或黑K线。

• 长下影线的十字线。

• 股价当天跌破昨日最低点后，收盘时上涨突破昨日最高点的吞噬红K线。

（4）具备以上（1）至（3）项条件时，在以下两个位置可以买进：

❶ 积极型投资人：在当天收盘前出现（3）项K线止跌讯号，可以立刻抢进。

❷ 稳健型投资人：次日开盘向上，突破下降急切线，或股价

突破昨日最高点的红K线时，可以立刻买进。

止损 止损点设在进场K线的最低点，最多不超过7%。

续抱 股价未跌破上升急切线，续抱；或股价未跌破前日K线低点，续抱。

出场

（1）跌破上升急切线，立刻出场。

（2）出现黑K线，出场。

（3）收盘跌破前一日K线最低点，出场。

（4）股价跌破3日均线时，出场。

当多头出现急涨时的操作定法

放空 一定要同时符合下列条件才可以放空：

（1）出现连续大涨急拉3天或3天以上的长红K线或跳空涨停。

（2）上涨出现爆大量。

（3）当天出现下列K线止涨讯号：

- 开高走低的长黑K线。
- 长上影线的红K线或黑K线。
- 长上影线的十字线。
- 创下昨日新高价后下跌，出现跌破昨日最低点的吞噬黑K线。

（4）具备以上（1）至（3）项条件，以下两个位置可以做空：

❶ 积极型投资人：在当天收盘前出现（3）项K线止涨讯号，可以立刻放空。

❷ 稳健型投资人：次日开盘向下，跌破上升急切线或股价跌

破昨日最低点时，可以立刻放空。

止损 止损点设在进场当天K线的最高点，最多不超过7%。

续抱 股价未突破下降急切线，续抱；或股价未突破前一日K线最高点，续抱。

回补

（1）股价突破下降急切线，立刻出场。

（2）出现红K线，出场。

（3）收盘突破前一日最高点，出场。

（4）收盘突破3日均线时，出场。

乖离过大的逆势交易法

葛兰碧（Granvile Joseph）在1960年提出“移动平均线”的理论，他通过对股价走势与均线关系的观察发现，股价在一轮涨跌过程中有4个好买点时机及4个好卖点时机，统称为“葛兰碧8大法则”。

“葛兰碧8大法则”中，在下跌趋势时的逆势买点及上涨趋势时的逆势卖点，基本上是指股价与月均线乖离率达到15%以上，很容易产生下跌时的反弹或上涨时的回档，这时要抢短线的反弹或回档的利润，操作方法可以参考V形、倒V形反转战法。

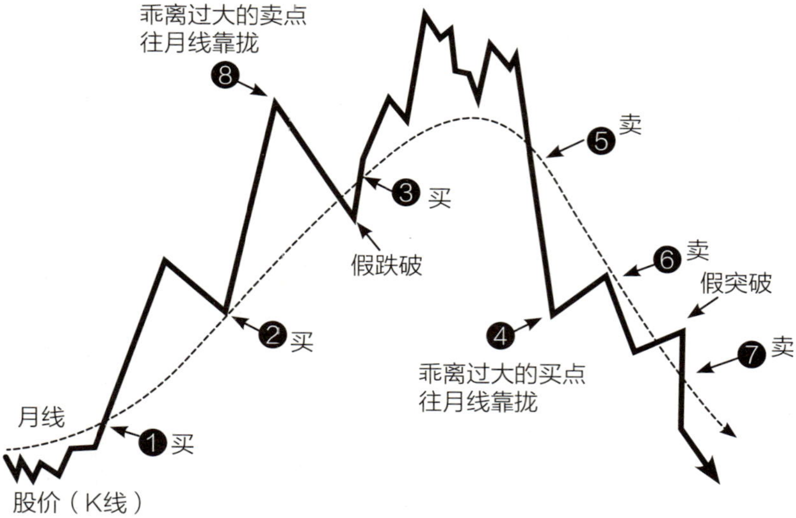

V形反转与乖离过大的反弹或回档，这两者的不同点为：

1. V形反转是指在底部或头部的位置，乖离过大的反弹或回档是指在趋势行进当中出现的波浪形态走势。

2. V形反转的目标价是急跌或急涨的起点，乖离过大的反弹或回档的目标价是靠近月线。

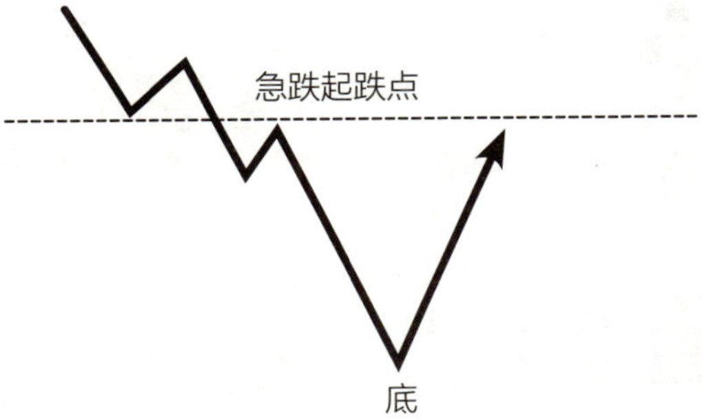

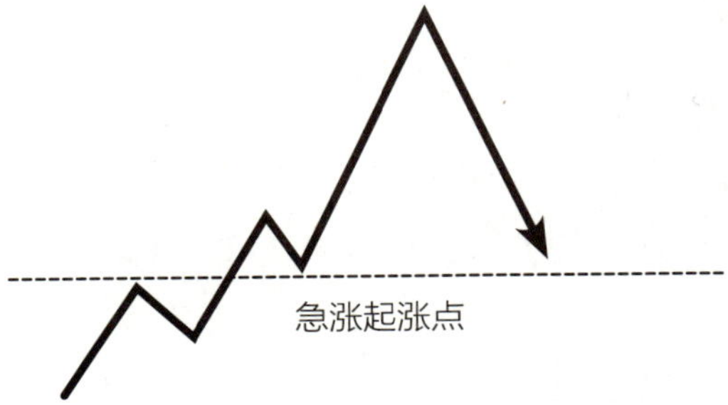

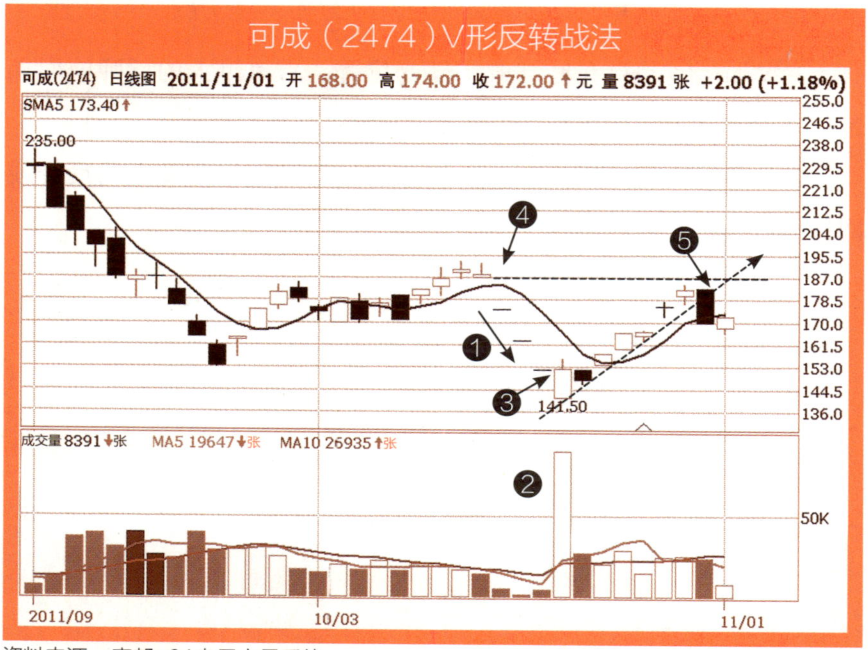

资料来源：富邦e01电子交易系统

▲上图说明：

❶ 出现连续4个跌停板急杀。

❷ 爆大量开低走高，拉出长红K线，突破下降切线。

❸ 符合V形反转的条件，在收盘前以152元买进，止损点守K线最低点141.5元。

❹ 反弹目标价在急跌的起跌位置。

❺ 跌破上升急切线，跌破前一日K线最低点，在176元出场。

总结：操作8天，获利24元，获利率15.7%。

台湾中磊（5388）V形反转战法

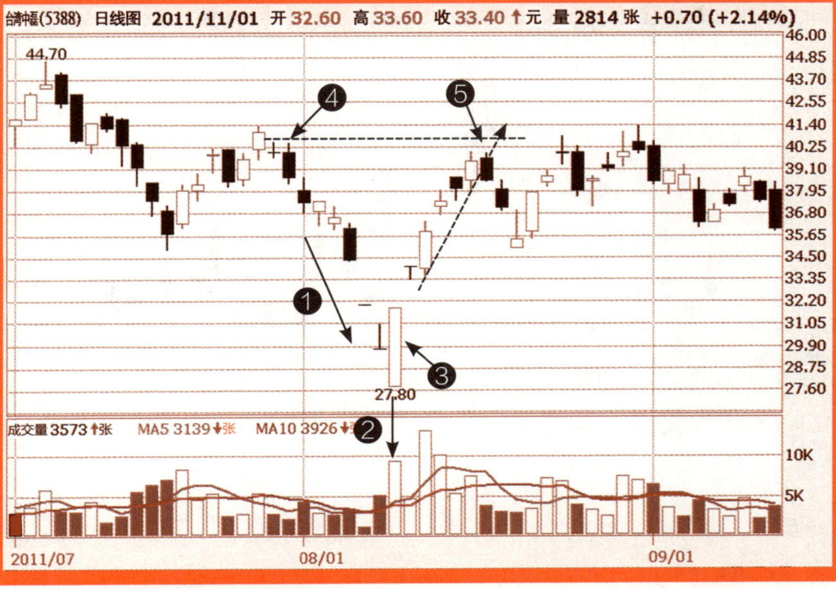

资料来源：富邦e01电子交易系统

▲上图说明：

❶ 出现连续4个跌停板急杀。

❷ 爆大量开低走高，拉出长红K线，突破下降切线。

❸ 符合V形反转的条件，在收盘前以31.8元买进，止损点守K线最低点27.8元，但是如此一来，止损幅度超过12.5%太大，改守K线的1/2价位29.8元为止损价。

❹ 反弹目标价在急跌的起跌位置。

❺ 跌破上升急切线，接近目标价，在收盘前以38.5元出场。

结算： 操作7天，获利24元，获利率21%。

科风（3043）倒V形反转战法

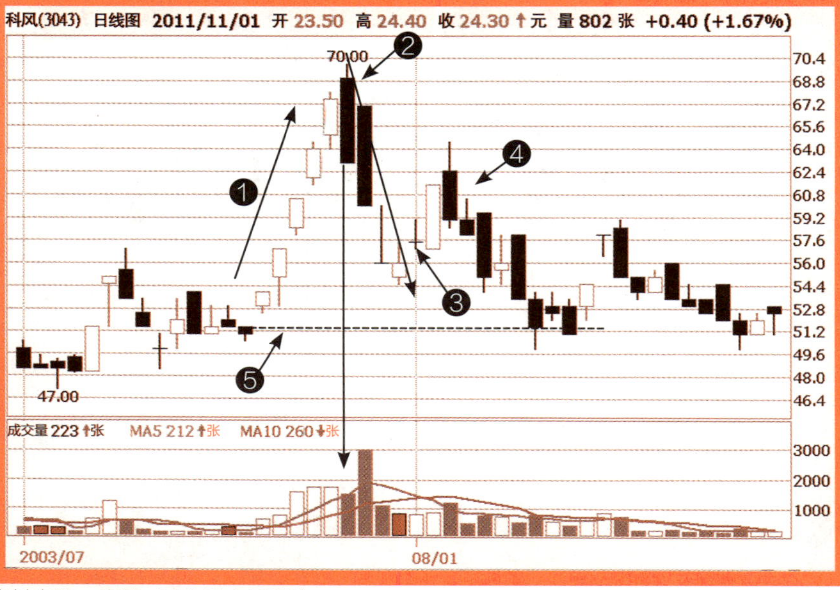

资料来源：富邦e01电子交易系统

▲上图说明：

❶ 头末升段出现急涨走势。

❷ 创新高后下跌，跌破上升切线及昨日K线最低点，出现吞噬的长黑K线，多单要立刻出场，空手可以抢倒V形反转的获利机会，短空。

❸ 突破下降切线，回补。

❹ 波浪形态出现“头头低”的下跌走势，继续做空。

❺ 倒V形反转下跌的目标价在急涨的起涨位置。

新日光（3576）V形反转战法

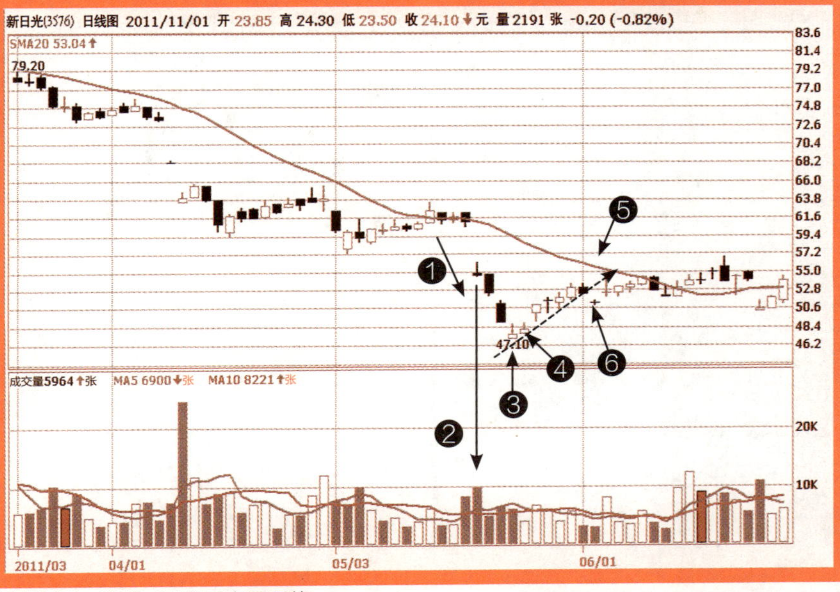

资料来源：富邦e01电子交易系统

▲上图说明：

❶ 出现连续4个跌停板急杀。

❷ 爆大量继续下跌。

❸❹ 连续出现变盘线的止跌讯号。

❺ 反弹目标价在急跌的起跌位置。

❻ 跌破上升急切线，跌破前一日K线最低点，出场。

台湾中美晶（5483）上涨乖离过大回档

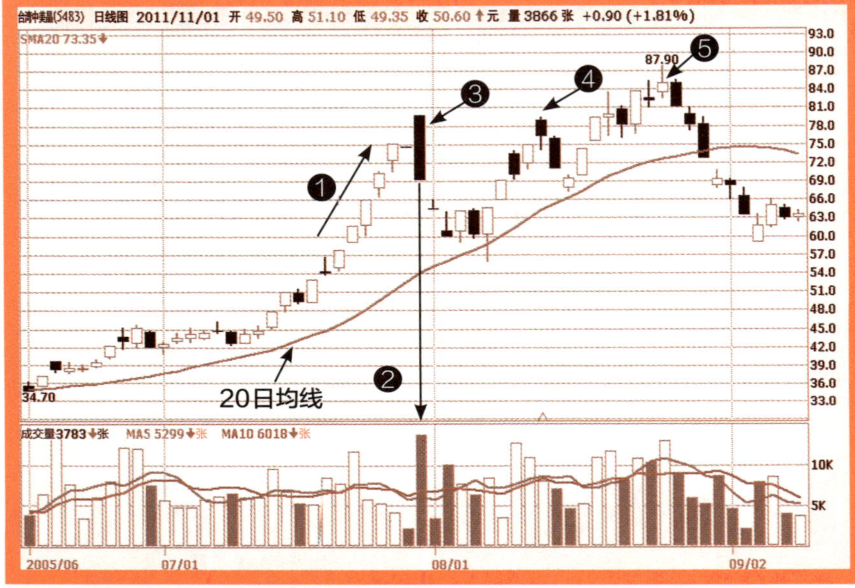

资料来源：富邦e01电子交易系统

▲上图说明：

❶ 连续上涨。

❷ 爆大量，与月线（20日均线）的乖离率达15%。

❸ 开高走低，出现长黑K线，跌破上升切线，回档向月线修正。

❹ 与月线的乖离率达23.4%，回档向月线修正。

❺ 与月线的乖离率达21%，回档向月线修正。

晶电（2448）上涨乖离过大回档

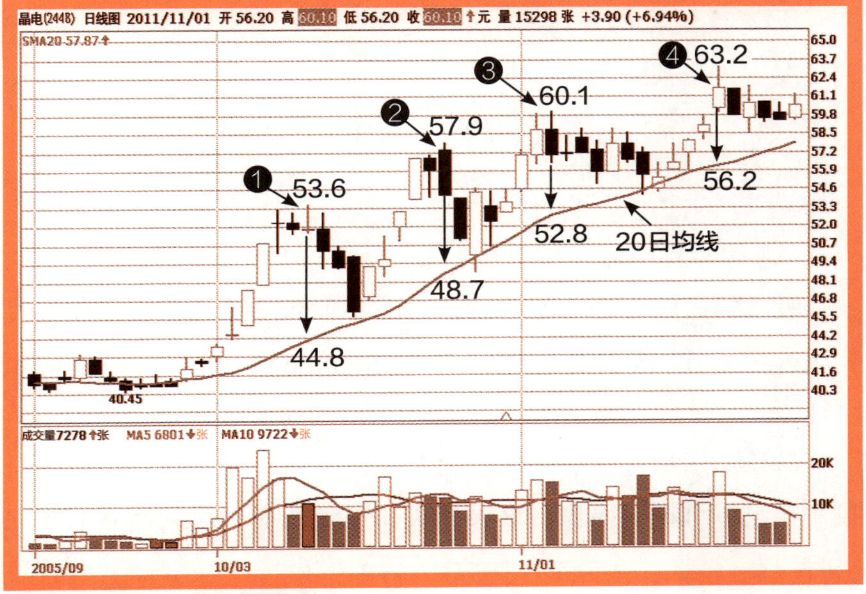

资料来源：富邦e01电子交易系统

▲上图说明：

❶ 与月线的乖离率达19.6%，跌破上升急切线后向月线修正。

❷ 与月线的乖离率达18.9%，跌破上升急切线后向月线修正。

❸ 与月线的乖离率达13.8%，跌破上升急切线后向月线修正。

❹ 与月线的乖离率达12.5%，跌破上升急切线后向月线修正。

说明：多头走势上涨乖离率超过12%，跌破上升急切线后，都容易回档向月线（20日均线）修正。

结　语

股市的操作方法有数百种，以上多种战法概括了短线及波段长线方法，若能够熟练掌握并在不同情况下交互运用，可赚一生财富。

以技术图形操作，方法愈简单愈好，简单才易执行。放弃自我，守纪律机械式操作，该买就买、该卖就卖是获利制胜的不二法门。

波段操作往往时间长达3—6个月，在这期间只要趋势没有改变，持股长抱赚得更多，当然也能长线短做，以长护短扩大利润。

要有正确的操作观念，勇于认错，看错做错，立刻止损认赔。100万元如赔10万元，还有90万元，另外找好机会低点买进，只要

结语

一只股票涨停、次日开高卖出，10%就赚回来了；如果死不认错，100万元赔掉90万元，只剩10万元，那么，要再赚回90万元，可就很难了。因此，做股票千万不要硬拗，因为不认错就会永远无法翻身。

技术分析加各种指标千百种，自己熟练一两种会赚钱的就好，学太多太繁杂，反而无法果决判断，犹豫不决是股市操作的大忌。

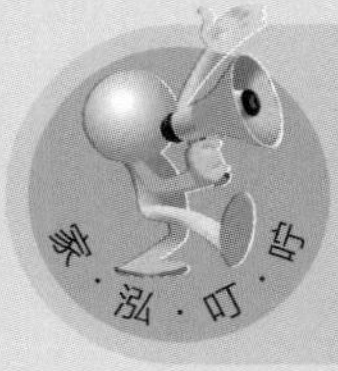

股票操作秘诀：

1. K线看转折，均线看方向。
2. 进场做波段，操作做短线。